Beiblatt zu „Eschenbach: Der Ich-Komplex und sein Arbeitsteam“

Liebe Leserin, lieber Leser,

dieses Buch eröffnet neue und originelle Einsichten in die Jung'sche Gedankenwelt, in die tiefenpsychologisch orientierte Diagnostik und Therapiemethoden. Aufbauend auf der Typenlehre C. G. Jungs hat Frau Dr. Eschenbach die hier ausführlich beschriebene „Typenuhr“ entwickelt und deren Anwendungsmöglichkeiten in Ihrer täglichen psychotherapeutischen Arbeit aufgezeigt, die deutlich über das hinausgehen, was C. G. Jung selbst entwickelt hat. Wegen ihrer leichten Handhabbarkeit und sicheren „Ergebniskontrolle“ wird sie zum unverzichtbaren Instrument im Arbeitsfeld der angewandten Analytischen Psychologie.

Diese Typenuhr wird ab März 1997 im Buchhandel erhältlich sein. Sie hat einen Durchmesser von 14 cm, ist vierfarbig und wird in einer stabilen Verpackung zum günstigen Preis von nur DM 24,80 geliefert. Geben Sie darum den unteren Abschnitt bei Ihrer Buchhandlung ab, die Ihnen die Uhr nach Erscheinen sofort zusenden wird, oder senden Sie ihn, falls keine Buchhandlung in Ihrer Nähe ist, an:

Adolf Bonz Verlag GmbH,
Auslieferung Verlag Vandenhoeck & Ruprecht,
Robert-Bosch-Breite 6, 37070 Göttingen

Bitte liefern Sie

____ **Ex. Eschenbach, Typenuhr**

zum günstigen Preis von DM 24,80 zzgl. Porto an:

Name, Vorname: ______________________________

Straße, PLZ, Ort: ______________________________

Datum: Unterschrift: ______________________________

März, 1987

Ursula G. Eschenbach

DER ICH-KOMPLEX UND SEIN ARBEITSTEAM

BONZ.

CIP-Kurztitelaufnahme der Deutschen Bibliothek

Eschenbach, Ursula G.
Der Ich-Komplex und sein Arbeitsteam: Topographie der Selbstentfaltung/Ursula G. Eschenbach. – Leinfelden-Echterdingen: Bonz 1996.
(Therapeutische Konzepte der Analytischen Psychologie C. G. Jung; 4)
ISBN 3-87089-382-6

Satz und Druck: Gulde-Druck GmbH, Tübingen

ANNÄHRUNGSFELD
ANNÄHRUNGSFELD
ICH-BEWUSSTSEIN
ICH-BEWUSSTSEIN
INTROVERSION
HORIZONT
BEWUSSTS.
EXTRAVERSION
PERS.-KOLL.-UNBEWUSSTES-KOLLEKT.-PERS.
ANNÄHRUNGSFELD
ANNÄHRUNGSFELD

4

Therapeutische Konzepte der Analytischen Psychologie C. G. Jung

Herausgegeben von Dr. Ursula G. Eschenbach

Ursula G. Eschenbach

Der Ich-Komplex und sein Arbeitsteam

Topographie der Selbstfaltung

BONZ.

WER BIN ICH?

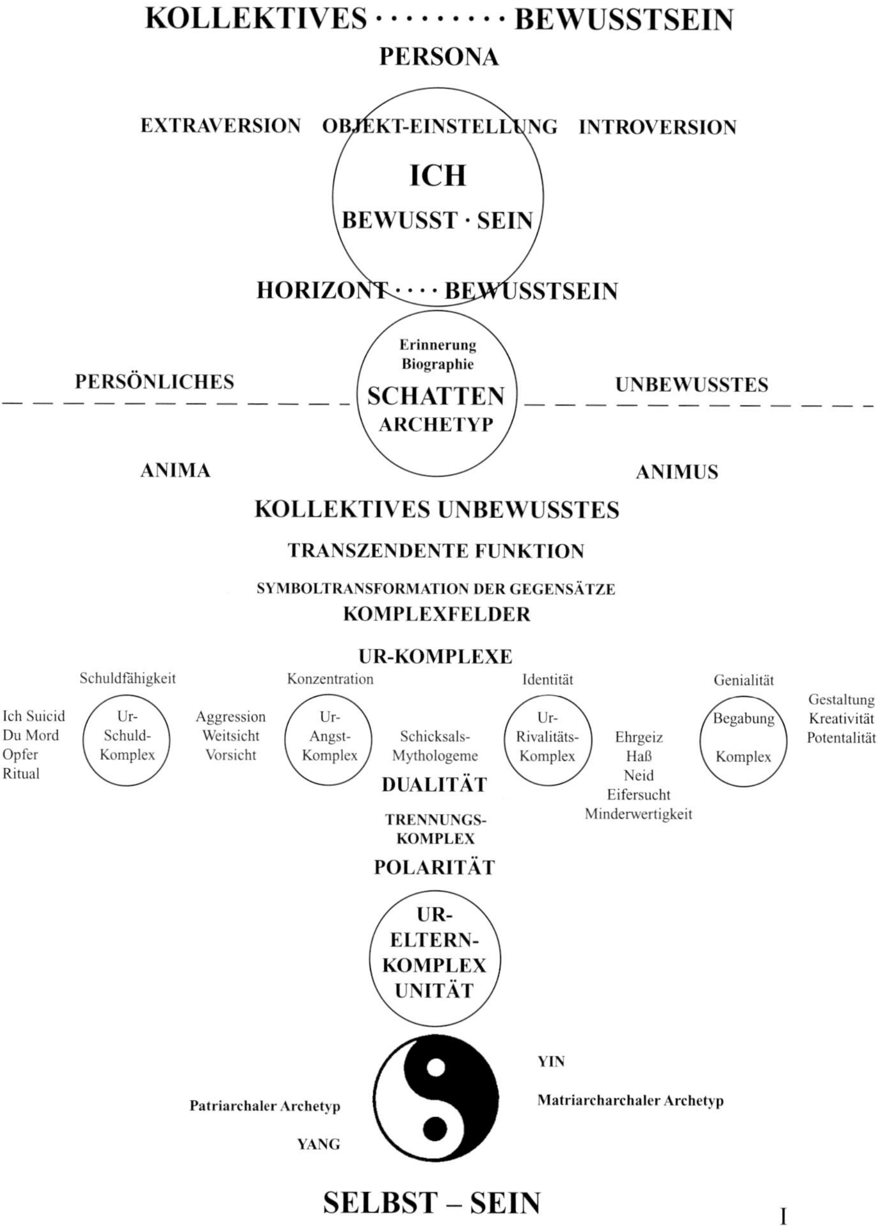
KOLLEKTIVES ········· BEWUSSTSEIN
PERSONA
EXTRAVERSION
OBJEKT-EINSTELLUNG
INTROVERSION
ICH
BEWUSST · SEIN
HORIZONT ···· BEWUSSTSEIN
Erinnerung
Biographie
SCHATTEN
ARCHETYP
PERSÖNLICHES
UNBEWUSSTES
ANIMA
ANIMUS
KOLLEKTIVES UNBEWUSSTES
TRANSZENDENTE FUNKTION
SYMBOLTRANSFORMATION DER GEGENSÄTZE
KOMPLEXFELDER
UR-KOMPLEXE
Schuldfähigkeit
Konzentration
Identität
Genialität
Ich Suicid
Du Mord
Opfer
Ritual
Ur-Schuld-Komplex
Aggression
Weitsicht
Vorsicht
Ur-Angst-Komplex
Schicksals-Mythologeme
Ur-Rivalitäts-Komplex
Ehrgeiz
Haß
Neid
Eifersucht
Minderwertigkeit
Begabung
Komplex
Gestaltung
Kreativität
Potentalität
DUALITÄT
TRENNUNGS-KOMPLEX
POLARITÄT
UR-ELTERN-KOMPLEX
UNITÄT
YIN
Matriarcharchaler Archetyp
Patriarchaler Archetyp
YANG
SELBST – SEIN

Unbewußt gemaltes Bild einer jungen Frau nach einem Traum

Aussage zum Bild: »Aus mir sind Vierlinge geboren worden. Ich weiß nicht, wer Junge oder Mädchen ist. Ich weiß ihre Namen nicht…«

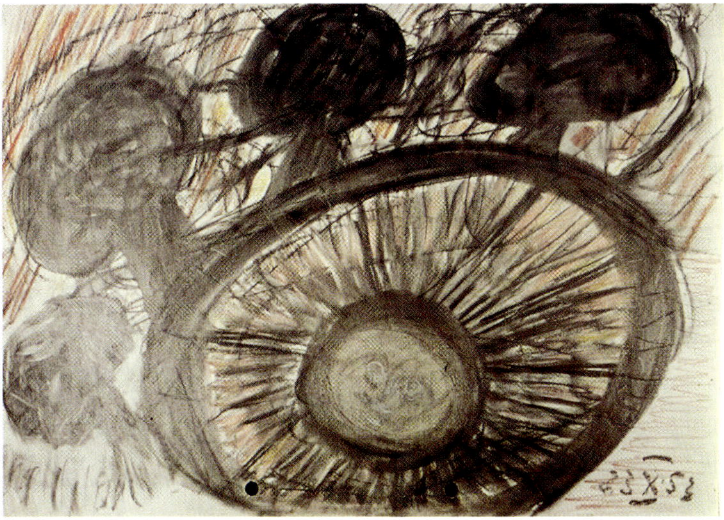

Unbewußt gemaltes Bild eines 49jährigen Mannes

Bildbedeutung: Das Gesicht in einer Kreisdynamik mit starker energetischer Ausstrahlungstendenz als Signal für das Ich-Bewußtsein mit vier Komplexzentralen, die ebenfalls stark energetisch aufgeladen erscheinen und möglicherweise Signale für die vier Ich-Funktionen enthalten.

Inhaltsverzeichnis

Zweiter Teil

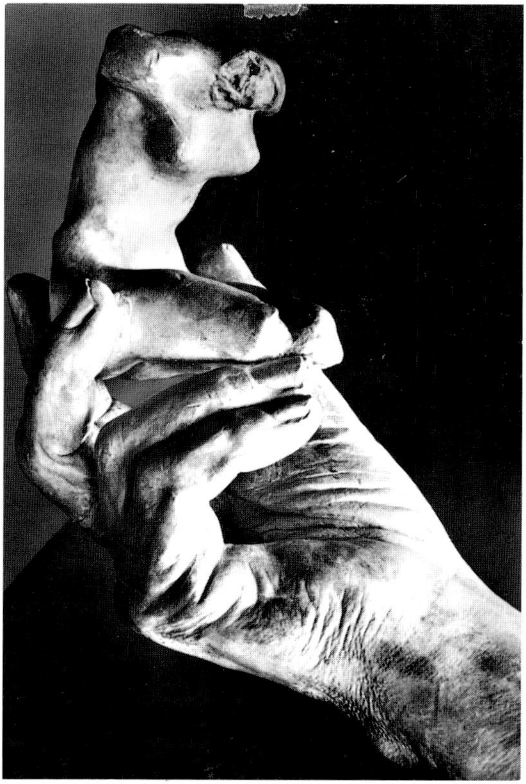

Die Hand Rodins mit seiner »Schöpfung« (Auguste Rodin, 1840–1917)

Hältst du in der Hand den Ton,
den dir Gott im Anfang gab
zur Gestaltung?
Sahst im Ganzen du
das Eine?
Täglich schmerzliche Geburt,
da der Tag nur Torso ist
in der Kette eines Lebens.
Sieh die Spur im Bild der Hand. Runen einer Meisterschaft,
die die Lehrzeit ewig spürt.

Ursula G. Eschenbach

Wer bin Ich?

Einleitung mit Bild-Worten

Bilder mit Wortchiffren aus der pränatalen Entwicklungsphase, vom Baby und Kleinkind; unbewußt gemalte Bilder mit archetypischer Chiffrierung aus dem kollektiven Unbewußten

Unbewußt gemaltes Bild während eines analytischen Arbeitsprozesses

Aussagen zum Bild: »… wer bin ich… aus Erde geboren… zur Sonne erkoren…«

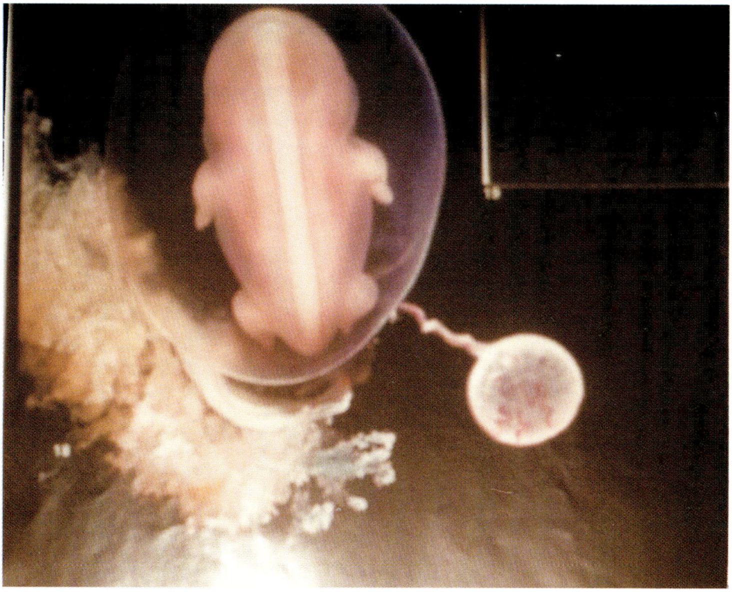

Der etwa sechs Wochen alte Embryo nach der Einnistung in die Gebärmutter

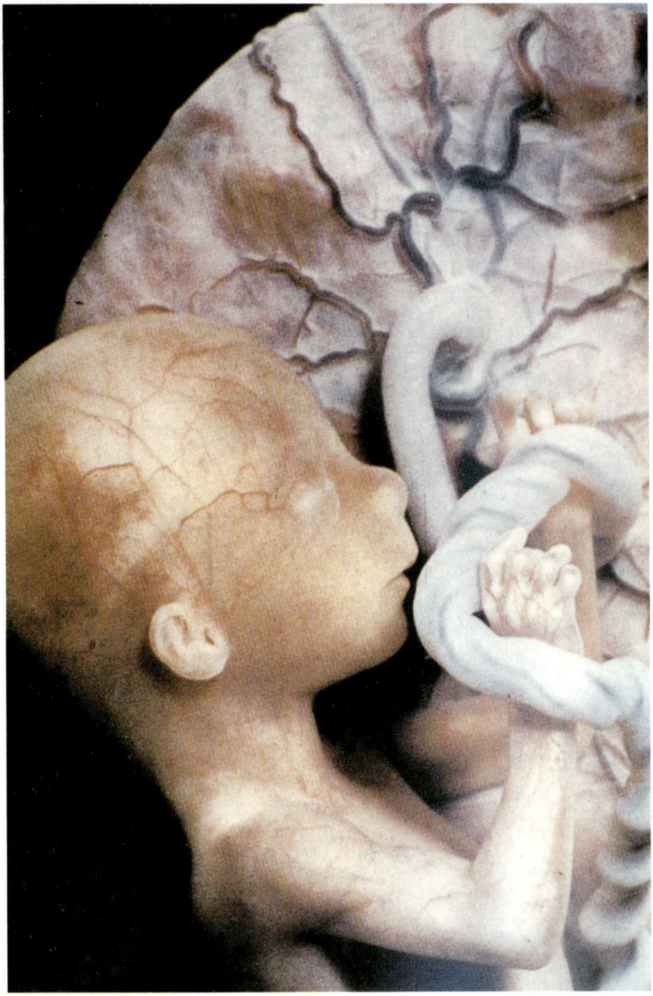

Der Fötus (Fetus) einige Wochen nach der Befruchtung der Eizelle, Hintergrund der Mutterkuchen (Placenta), die Händchen berühren die Nabelschnur

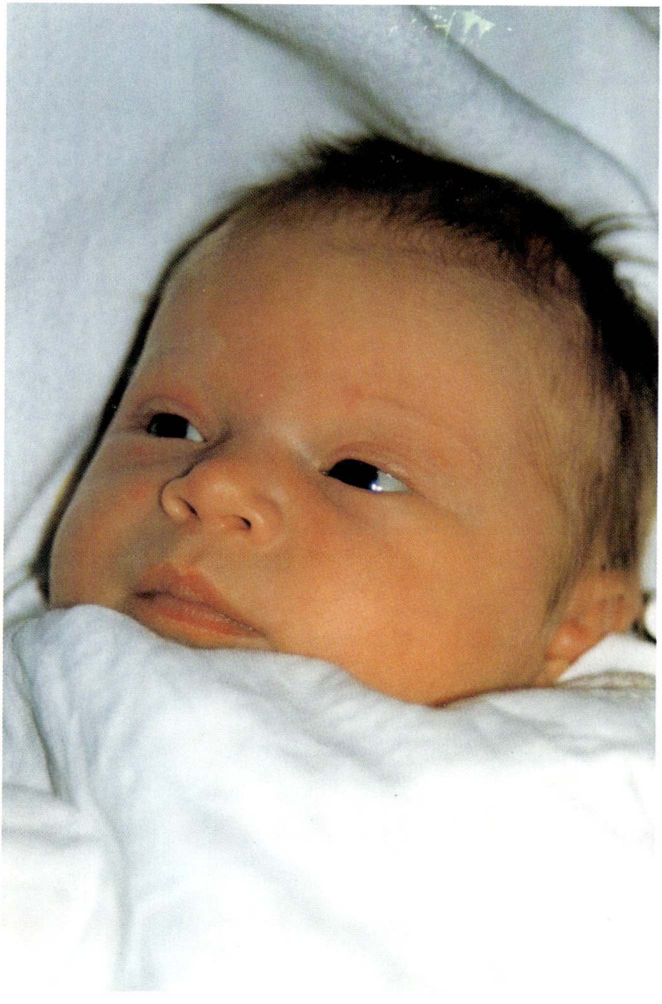

Vor einem Tag geboren (1990)

Psychodynamik in einem unbewußt gemalten Bild eines 59jährigen Mannes während einer Individuationsanalyse (Theologe)

Aussagen zum Bild: »Das ist die dunkle Hand Gottes, in der der Plan des Embryo ruht. Er liegt wie in einer durchsichtigen Hülle, aus der große Blüten aufsteigen – wie Verheißung zum Blühen – eigentlich schön, so als würden sie Wachstum und Entfaltung als Schöpfungsplan enthalten…«

Wer bin Ich?

Wer bin Ich?

Unbewußt gemaltes Bild eines 17jährigen Mädchens mit schwerer Depression

Das bin Ich!

Ich bin…

Gespräche mit Sri Nisargadatta Maharaj

Der wahre Suchende ist der,
der auf der Suche nach sich selbst ist.
Gib alle Fragen auf außer der einen:
»WER BIN ICH«
Schließlich bist du dir nur einer Tatsache gewiß:
DU BIST!
Das »ICH BIN« ist sicher,
das »ich bin dies« ist es nicht.
Bemühe dich herauszufinden,
was du in Wirklichkeit bist.
Um zu wissen, was du bist, mußt du zunächst
das untersuchen und kennen, was du nicht bist.
Entdecke alles, was du nicht bist: Körper,
Gefühle, Gedanken, Zeit, Raum, dies oder das
Nichts, was du konkret oder abstrakt
wahrnimmst, kannst du sein. Gerade der Vorgang
der Wahrnehmung zeigt, daß du nicht das bist,
was du wahrnimmst.
Je genauer du verstehst, daß du auf der Ebene
des Verstandes nur in negativen Begriffen
beschrieben werden kannst, umso schneller wirst
du zum Ende deiner Suche kommen und
realisieren, daß du das unbegrenzte Sein bist.

Sri Nisargadatta Maharaj

Vorwort

Nach heutiger Betrachtungsweise leitete die »Tiefenpsychologie« als »empirische Wissenschaft« einen entscheidenden Paradigmawechsel innerhalb der Bewußtseinspsychologie – speziell des 19. Jahrhunderts – ein. Willy Obrist setzte sich in seinem 1990 erschienenen Buch: »Archetypen, Natur- und Kulturwissenschaften bestätigen C. G. Jung« mit den im Wissenschaftsbereich auftauchenden Fragen auseinander.[1]

Obrist berichtet dabei über seine langjährige interdisziplinäre humanwissenschaftliche Arbeit. Im Laufe der allgemeinen tiefenpsychologischen Forschung entwickelten sich unterschiedliche und umfassende Arbeits- und Modellvorstellungen vom sogenannten Unbewußten und Bewußtsein bzw. Ich-Bewußtsein. Denn obwohl man bereits seit Mitte des 19. Jahrhunderts das Bestehen eines unbewußten Bereiches in der Psyche vermutete und entsprechende Phänomene wahrzunehmen vermochte, war es erst Sigmund Freud, der Psychiater und Tiefenpsychologe, der durch die von ihm entwikkelte Methode der »freien Assoziation« als therapeutische Technik bei der Arbeit mit Träumen die Existenz unbewußter »Seelenanteile« nachweisen konnte.

Im gemeinsamen Forschungsraum von S. Freud, E. Jakobson und H. Hartmann entwickelte sich – über die allgemeine Bewußtseinspsychologie hinaus – eine Theorie der »strukturellen Ich-Psychologie« und, durch ganz spezielle Beobachtung (und Behandlung) von Kindern, eine Ich-Entwicklungspsychologie.[2]

Die breit – wenn auch nicht zusammenhängend – angelegte Ich-Psychologie von C. G. Jung basiert weitgehend auf der Erforschung der »Beziehung zwischen dem Ich und dem Unbewußten«[3] und seiner Modellvorstellung der »psychologischen Typologie«.[4]

Dabei haben sich die empirischen Beobachtungen der »Bildersprache« des kollektiven Unbewußten (Träume, Imaginationen, unbewußtes Males) als fruchtbarer Forschungsbereich erwiesen. Die unbewußte Symbolsprache, in der die Inhalte und die Bedeutung für das Bewußtsein/Ich-Bewußtsein kodiert sind, konnten über die Schlüsselfunktion der »Archetypenlehre« dekodiert und dem Bewußtsein zugänglich gemacht werden.

Durch die zunehmende und bis heute andauernde theoretische und empirische Forschung der Entwicklungsstadien, Schichten, Strukturen und dynamischen Energiebereiche (Komplexe), hat nicht nur das kollektive Unbewußte, sondern auch das Bewußtsein und, in besonderem Maße, auch das Ich-Bewußtsein erheblich an Bedeutung zugenommen.

In allen Modellen, die sich im Forschungsbereich des Ich-Begriffes entwickelt haben, wird ersichtlich, daß das »Ich« ganz allgemein als Funktionssystem aufgefaßt wird. Es verfügt über kognitive, integrative und steuernde Fähigkeiten. Es bestimmt aber auch als seelische Instanz ganz wesentlich das Identitätsgefühl des Menschen. Speziell im Zusammenhang mit der Identität und Freiheit der Persönlichkeit ist das Modell von C. G. Jungs psychologischer Typologie als praktisch-therapeutisches Instrument von Bedeutung.

Sowohl die kontinuierlich sich verbreiternde Forschung, als auch die fast unerschöpfliche Aussagekraft des kollektiven Unbewußten erschwert es – weniger im Dialog mit dem einzelnen als besonders für ein Lehrsystem –, allgemeingültige und erlernbare Kategorien zu finden. Der symbolische Bilderreichtum der Psyche läßt den »Interpreten« vor immer wieder überraschenden und nicht vorhersehbaren Situationen stehen. Der Kulturraum der Welt- und Menschheitsgeschichte scheint hier Pate zu stehen. Ein Symbol, das in seiner Vielfältigkeit und polaren Vieldeutigkeit zeitlos Gültiges (Ur-Bilder = Archetypen) signalisieren kann, konzentriert und intensiviert das sich aktuell erweiternde Bewußtsein/Ich-Bewußtsein in die Beziehungsfelder von Außen- und Innenwelt und vermittelt auf diese Weise »Ganzheits-Erlebnisse«.[4]

Wer oder was ist das Ich, das sinnlich wahrnimmt oder plötzliche Einfälle hat? Was ist ein oder der Ich-Komplex? Wer oder was ist das Selbst? Ist das Ich eine eigene psychische Ganzheit?

Uralte Menschheitsfragen klingen hier an, die von jeher gestellt und bis heute, trotz unzähliger Antworten aus allen Wissenschaftsbereichen und Kulturräumen, der Philosophie, Medizin, Psychologie, Theologie, offengeblieben sind. Auch das weltweit bekannte Wort, das über dem Tempeltor des Orakels von Delphi stand: »Erkenne dich selbst« hat bis heute seinen Werde- und Wegweiser-Charakter nicht verloren.

In diesem Sinne ist dieses Buch nicht als Lehr- oder Lernbuch von feststehenden Fakten gedacht, sondern – so wie es entstanden ist – als Erfahrungsbuch des praktischen Umganges mit der dynamischen Fragestellung. Wie entwickelt sich das individuelle Ich-Bewußtsein aus seiner psychogenetischen Keimsituation? Was enthält die primäre Ganzheit der Psyche als Entwicklungsentwurf für die Persönlichkeit? Ken Wilber formuliert es in seinem Buch »Psychologie in der Wende« wie folgt: »Der Fötus besitzt das Grund-Unbewußte, die Gesamtheit aller Tiefenstrukturen, ein Potential, das darauf wartet, irgendwann in der Zukunft durch Erinnern ans Licht zu kommen. Alle Tiefenstrukturen, die der Menschheit gegeben sind und den verschiedenen Ebenen des Bewußtseins – Körper, Geist/Verstand, Seele, grobstofflich, feinstofflich und kausal – zugehören, sind in das Grund-Unbewußte eingefaltet.«[5]

Die Ganzheit des Ich-Komplexes mit seinen einzelnen Funktionsbereichen, den Einstellungs- und Orientierungsfunktionen sowie das breit gefächerte und vernetzte Beziehungsfeld zum persönlichen und kollektiven Unbewußten, soll von seinem Ursprung her und auf seinem Entwicklungsweg betrachtet und verstanden werden. Die empirischen Fakten und theoretischen Abstraktionen sollen durch praktische Beispiele aus analytischen Dialogen (Kasuistik) und Träumen, aber vor allem durch Bilddokumente unbewußten Malens kommentiert werden.

Die schöpferische Selbstentfaltung wird in einem Entwicklungsmodell grafisch dargestellt. Dadurch ergibt sich für den Leser die Möglichkeit, die mitgeteilten Erfahrungen selbst nachzuprüfen und durch eigene Erfahrungen zu ergänzen. Die Verbindung des Diagramms der Selbstentfaltung mit dem Diagramm des Ich-Komplexes ermöglicht darüberhinaus wichtige Selbsterfahrungen über die vielfältigen, funktionell angelegten Möglichkeiten des Ich-Selbst-Bezuges. Besonders wichtig wird von der Verfasserin betont, daß sich aus diesen breit gestreuten Möglichkeiten die Erfahrung ergeben hat, daß ein spezifisches Konzept der therapeutischen Behandlung und Bewußtwerdung der einzelnen Ich-Funktionen entwickelt werden kann. Das Grundprinzip aller psychischen Dynamik, die Polarität, wird gerade bei den Ich-Funktionen sowohl in ihren autonomen Möglichkeiten als auch besonders in ihren Störbereichen, Dissoziationen, Komplexbesetzheiten und Undifferenziertheiten deutlich.

Der schöpferische Heilungsprozeß neurotischer Erkrankungen wird mit Hilfe der Energiefelder des Unbewußten (archetypische Komplexe) im transzendenten Umwandlungsfeld des kollektiven Unbewußten in der Traumsymbolik erkennbar. *Die Ich-Funktionen werden damit zum Empfänger für die Signale des kollektiven Unbewußten und zum Sender für das Ich-Bewußtsein.* Hieraus ergibt sich letztlich der Individuationsweg: Vom Ich zum Selbst.

Die nachfolgenden Betrachtungen möchten mit einem Themenkomplex vertraut machen, der im Paradigma der Analytischen Psychologie den wohl umfassendsten Entwurf überhaupt darstellt. Die Forschungen und Mitteilungen von C. G. Jung in seiner Archetypenlehre verbinden den westlich orientierten Menschen mit dem Urwissen und der Urweisheit menschlich-psychischen Seins. In seiner Lehre von der Energetik der Seele liegt der Entwicklungskeim für eine neue Bewußtseinspsychologie. Diese weist ebenso weit in die Zukunft, wie die Archetypenlehre uns mit der Vergangenheit, also mit archaisch-mythologischen Bereichen des kollektiven Unbewußten verbindet.

Die Basisforschung, speziell für den Ich-Komplex, findet sich zusammengefaßt und als Entwurf zu betrachten in der psychologischen Typenlehre.[4] Darüber hinaus gibt es, breit verstreut in den gesammelten Werken

C. G. Jungs, zu diesem Thema immer wieder wichtige Hinweise aus praktischer Erfahrung und mit praktischen Beispielen. Gerade die Beschreibung der einzelnen Ich-Funktionen gibt einen Überblick über die von ihm beobachteten psychodynamischen Fähigkeiten. Das bezieht sich sowohl auf die einzelnen Modalitäten der vier Orientierungsfunktionen – Denken, Fühlen, Empfinden, Intuieren – als aber auch auf die Einstellungsfunktionen und die damit zusammenhängenden Fähigkeiten der Objektbeziehung: Extraversion und Introversion.

Bei den am C. G. Jung-Institut Stuttgart, in den Polikliniken für Kinder, Jugendliche und Erwachsene durchgeführten Forschungen im Sinne von Sammeln und vergleichender Betrachtung psychischer Phänomene stand seit etwa zwanzig Jahren der Ich-Komplex mit seinen verschiedenen Funktionsbereichen als zentraler Bezugspunkt zur psychischen Ganzheit im Vordergrund. Das Forschungsmaterial stammte aus den klinischen Daten des diagnostischen Vorfeldes, z.B. der Indikationsstellung, oder den Prozeßverläufen psychotherapeutischer und psychoanalytischer Behandlungsfälle. Dazu gehörten ebenfalls katamnestische Abschlußuntersuchungen.

Diese Dokumentation vermittelt wesentliche Einblicke in die Funktionsphänomenologie und Tätigkeit der einzelnen Ich-Funktionen und ihrer Arbeitsbereiche im Zusammenhang mit der Gesamtpsyche.

Das sehr breite Beobachtungsfeld beinahe aller Altersgruppen – vom Säuglings- bis zum Seniorenalter – ließ die unendliche Fülle der Funktionsmodalitäten besonders deutlich werden. Gerade hierdurch ergaben sich Einblicke in primäre Entwicklungspotentiale und Differenzierungsmöglichkeiten; auch Hinweise schwerer und schwerster neurotischer Fixierung, Entwicklungsstopps und Retardierung (Entwicklungsrückstand). Die Motivation zur empirischen Erforschung des Ich-Komplexes resultierten aus dem Versuch, Einblick zu gewinnen in die inneren Wegspuren des Individuationsprozesses, der ohne das erkennende und integrationsfähige Ich-Bewußtsein nicht erfolgen kann.

Wenn heute im Begegnungsfeld von Biologie, Biogenetik, Psychologie, Tiefenpsychologie und Physik von »new age« gesprochen und geschrieben wird, von transpersonaler und Humanpsychologie, von »anderen Bewußtseinszuständen«, von kosmischem Bewußtsein oder der so notwendigen »coniunction« zwischen dem philosophisch-psychologischen Wissen des Ostens und den Ich-Erfahrungen des Westens, dann ist es sicherlich nicht falsch, wenn man mit aller gebotenen Zurückhaltung darauf hinweist, daß in dem Lebenswerk von C. G. Jung sehr viele, wenn auch oft verschlüsselte Hinweise für den Evolutions- und Individuationsweg enthalten sind, und zwar gerade, um das Bewußtsein mit seiner Ich-Instanz zu erweitern und zu differenzieren.

Evolution ist nicht nur ein Begriff, der in Zeiteinheiten von Millionen von Jahren gemessen wird, sondern es ist auch ein energetisch-genetischer Begriff für das Entwicklungspotential progressiv-schöpferischer Möglichkeiten innerhalb eines subjektiv-individuellen Lebens. Evolution ist also der Auftrag für jede psychische Funktion, für jeden Funktionskomplex.

In der Praxis ergab und ergibt sich daraus auch die Frage nach dem Ansatz einer Therapie gerade dann, wenn es zu Funktionsstörungen gekommen ist. Von daher ist es besonders wichtig, von den Entwicklungsfähigkeiten der psychischen Funktionen immer mehr zu wissen und sich immer wieder daran zu erinnern, daß die Aktivierung psychischer Energie eine Frage der Gerichtetheit einer Ich-bewußten Funktion ist.

C. G. Jung ist sehr mutig den einsamen Labyrinthweg der Erforschung der Geheimnisse der Seele gegangen; auch im Selbstversuch eigenster Erfahrung, meist ohne Führer, um zu den tiefsten Schichten der psychischen Matrix vorzudringen. Er hat über das innere Abenteuer nicht nur geredet oder geschrieben, sondern sich selbst darauf eingelassen.

Es mag vielleicht anmaßend sein, als Arbeitshypothese von einer inneren Struktur und Funktion der Psyche zu sprechen, als wäre sie ein überschaubarer Organismus wie der Körper mit seinen Organen, seinem Knochengerüst und seinem physiologischen Stoffwechsel. Aber nur eine Strukturanalyse vermag uns den Weg zu eröffnen, um die, den psychischen Modalitäten zugrunde liegenden, unbewußten Motivatoren und Dynamismen zu erkennen. Nur auf diese Weise können wir z.B. die Dynamik einer Symbolmanifestation (Träume/Imaginationen) entziffern und – über die dadurch erhaltenen Hinweise – eventuell die Ursache von Symptomen diagnostizieren. Umgekehrt läßt die »Symbolik eines Symptoms« häufig Rückschlüsse auf spezifisch-neurotische Fixierungen oder Komplexbesessenheiten zu.

C. G. Jung spricht von einem »... Apriori aller menschlichen Tätigkeiten, und das ist die angeborene und damit vorbewußte und unbewußte individuelle Struktur der Psyche...« und in diesem Zusammenhang von »Funktionsformen«, die er als »Bilder« bezeichnet. »Diese Bilder sind insofern Urbilder, als sie der Gattung schlechthin eigentümlich sind und, wenn sie überhaupt je entstanden sind, so fällt ihre Entstehung zumindest mit der Entstehung der Gattung zusammen... die spezifische Art liegt vererbt schon im Keim...«.[6]

Diese Worte enthalten den Schlüssel zur Archetypenlehre der Analytischen Psychologie, die uns noch sehr intensiv beschäftigen und in Zusammenhang mit der innerpsychischen Symboldynamik ausführlich zur Sprache kommen werden.

Obwohl der Ich-Komplex im weitesten Sinne das tägliche Leben zu bestimmen scheint, wirken alle begrifflichen (abstrakten) Definitionen darüber meist irritierend und fremd. Sie erhalten gelegentlich den Charakter einer »Geheimsprache«, die nur »Eingeweihten« zur Verfügung steht. Tatsächlich ist die Ich-Bewußtseinsinstanz mit ihren spezifischen Funktionsbereichen (Orientierungs- und Einstellungsfunktionen) die Evolutionsspitze der Bewußtseinsentwicklung der Menschheit. Es verwundert also kaum, bei R. Dawkins von einem »egoistischen Gen« zu lesen:[7] »Wie erfolgreiche Chicago-Ganster haben unsere Gene in einer Welt intensiven Existenzkampfes überlebt – in einigen Fällen Jahrmillionen lang.« Dazu betont Dawkins, daß eine solche Überlebenskraft nur durch die Eigenschaft eines »skrupellosen Egoismus« erklärt werden könne.[11] Das Ich-Bewußtsein birgt in sich die Möglichkeit einer kontinuierlichen Weiterentwicklung in jedem einzelnen. Weisheit ist dann die späte Frucht und Sinn des Alterns, bevor sie – nach buddhistischer Vorstellung – in den großen Raum der Welterfahrung zurückkehrt, in den Kreislauf kosmisch-geistiger Rhythmen.

Erster Teil

Wenn die Sprache nicht stimmt,
dann ist das, was gesagt wird,
nicht das, was gemeint ist.
Konfuzius

Ein Werkstattbericht

Sag nicht alles,
was du weißt,
aber wisse immer,
was du sagst.
Matthias Claudius

Theorie und Praxis
Praxis und Theorie

Prozeßstudie eines schwerstgestörten 8jährigen Jungen, der in tiefer Verzweiflung eines Tages die Frage stellte: »Wer bin ich?«

Vor vielen Jahren (1952) stieß ich, mehr zufällig, auf C. G. Jungs »Die Beziehungen zwischen dem Ich und dem Unbewußten«.[3]

Das mir damals »Zugefallene« wurde mir Wegweiser in ein neues, fremdes und mich ungemein faszinierendes Forschungsgebiet. Der letzte Absatz in diesem Buch beeindruckte mich besonders. Es war wie das weite Öffnen eines Tores, ohne Einschränkungen, ohne Vorschriften, ein geistiges Angebot für jeden, den eigenen Weg zu gehen, eigene Erfahrungen zu machen und diese zu vergleichen mit den Erfahrungen anderer. Unausgesprochen darin enthalten: Finde Dich selbst.

»Ich bin mir tief bewußt, daß ich in dieser Schrift keine gewöhnlichen Anforderungen an das Verständnis meines Lesers gestellt habe. Ich habe mir zwar alle Mühe gegeben, den Pfad des Verstehens zu ebnen, aber die eine große Schwierigkeit konnte ich nicht aus dem Weg räumen, nämlich die Tatsache, daß die meinen Ausführungen zu Grunde liegenden Erfahrungen wohl den meisten unbekannt und darum fremdartig sind. Ich kann infolgedessen nicht erwarten, daß meine Leser allen meinen Schlüssel folgen werden. Obschon jeder Autor natürlicherweise sich am Verständnis seines Publikums freut, so steht mir doch die Deutung meiner Beobachtungen weniger im Vordergrund als vielmehr der Hinweis auf ein noch kaum erschlossenes, weites Erfahrungsgebiet, das ich durch dieses Buch vielen zugänglich machen möchte. In diesem bis jetzt so dunklen Gebiet nämlich scheinen mir die Antworten zu liegen auf manche Rätsel, welchen die Bewußtseinspsychologie nie auch nur nahe gekommen ist. Ich möchte keinen Anspruch erheben, diese Antworten endgültig formuliert zu haben, daher bin ich ganz zufrieden, wenn meine Schrift als ein tastender Versuch zu einer Antwort gelten darf.«

Der folgende Werkstattbericht umfaßt Selbsterfahrung und Ganzheitserfahrung. Er vermittelt Einblicke in die Dynamik unbewußter Prozeßverläufe, in die Entwicklung und Reifung des Ich-Bewußtseins aus der Keimsituation im Selbst und die autonome Ganzheitsdynamik psychischer Phänomene.

Man könnte versucht sein, beim Wort von der Werkstatt an Schusterwerkstatt oder Schneiderwerkstatt, an Maurer- oder auch an Schreiner- und Schlosserwerkstatt zu denken. Jedenfalls assoziiert sich eine »Stätte«, bei dem das Werk den Meister loben sollte, ein Ort also, an dem es darum geht, Hand anzulegen, den Pulsschlag des Lebens zu erspüren und aus Einzelteilen ein Ganzes entstehen zu lassen. Es geht wie immer um Lehr- oder Lernzeit, bei der die Hierarchie vom Lehrling zum Gesellen führt, der innere und äußere Prüfungen zu bestehen hat, um sich dann eines Tages selber den Meistertitel des Ich-Selbst-Seins zuerkennen zu können, wenn das Bewußtseinslicht in der Werkstatt anfängt zu leuchten, das innere Haus Richtfest hat, Standpunkt, Standort und Weg für die Lebensquest gefunden sind.

Wer bin ich? Woher komme ich? Wohin gehe ich?
Unzählige Male hatten diese Fragen die Wegsuche beginnen lassen, die wegführt von Sackgassen und Stoppschildern, die Frage nach der eigenen Identität, das In-Frage-gestellt-Sein oder In-den-Gegensatz-Geraten. Oft steht sie am Anfang des Suchweges nach sich selbst. Es ist die eigentliche Sinnfrage schlechthin, die besonders häufig in Dunkelstunden des Alleinseins, des Verlustes oder der Enttäuschung auftaucht. Sie alle klopfen an die Werkstattür zur Selbstfindung.

Kinder verwandeln ihre Ängste, ihre Nöte, ihr Leiden, dem sie keine Worte zu geben vermögen, oder, wo es keine Ohren gibt, die hören, und keine Augen, die sehen, in Symbole. Ihre Verhaltensweisen, ihre Symptome und ihre Spiele verwandeln sich in Hieroglyphen ihres inneren Erlebens. Um einen Eindruck zu vermitteln von der Kraft und der Wirksamkeit der innerpsychischen Energien, soll hier am Anfang dieses Buches ein kurzer Einblick in das »Werkstattgeschehen« eines solchen innerpsychischen Wandlungsgeschehens in einer psychotherapeutischen Kinderbehandlung erfolgen.[8+9]

So wie die meisten Menschen, wenn sie gestolpert sind, oder es Schwierigkeiten in ihrem Leben gibt oder gegeben hat, sich nach rückwärts wenden und fragen, wie es am Anfang war, könnte man es beginnen lassen wie ein Märchen: Es war einmal...

Es war einmal ein kleiner Junge, knapp 8jährig, der seinen Namen nicht nannte, weil so viele böse Schimpfworte sich darübergedeckt hatten, und er ihn wohl selten hörte als Ruf nach dem, der er eigentlich war. Die diagnostische Wortchiffre, die er quasi wie eine machtvolle Abwehrmauer um sich herumgebaut hatte, hinter der er wohl allein sich noch verbergen konnte, war als Symptom: Widerstand.

Ist Widerstand Wider-Stand? Stehenbleiben im Dagegen oder Standhalten gegen...? Das psychoenergetische Potential, besonders des vom Unbewußten her motivierten Widerstandes enthält eine mächtige Provokation, das Gegenüber zum Widerstand herauszufordern und stellt damit eine brisante Infektionsquelle dar. Es ist die janusköpfige Doppelmünze, die Mühe macht, Ängste hervorruft, kraftvoll und machtvoll im Thema von Recht- und Unrechthaben angesiedelt ist, als tieferen Sinn aber auch eine Suche nach Identität, nach der inneren Wahrheit und Ganzheit sein kann.[8]

Der Umgang mit einem solchen Widerstand fordert eine hohe Form des pädagogischen Eros, damit die Fähigkeit der Psyche, Widerstand leisten zu können, aus dem Bereich von Abwehr (Aggression und Angst) entbunden werden kann. Denn: »Ein Held ist ein Held, weil er in jeglicher Schwierigkeit des Lebens den Widerstand gegen das verbotene Ziel sieht und diesen Widerstand mit der ganzen Sehnsucht bekämpft, die nach der schwer oder unerreichbaren Kostbarkeit strebt.«[10]

Welche Kostbarkeit ist gemeint in diesem Wort von C. G. Jung, und was bedeutet es für einen 8jährigen Jungen, der seinen Namen nicht mehr zu sagen weiß? Und was erleben der Vater und die Mutter, wenn die Töchter und Söhne die Generationserfahrung im Widerstand neu erwerben, neu erschaffen müssen und dem Ahnenerbe des kollektiven Bewußtseins die eigenen Engramme subjektiven Erlebens hinzufügen müssen?

Im Aufnahmeprotokoll des Kindes steht folgendes:

Erster Eindruck: Altersgemäß entwickeltes Kind, blaß, verspannt, unruhig, scheu, »einsam« wirkend, wenig Blickkontakt.

Symptomatik: Schwere aggressive Durchbrüche, autoaggressiv, häufige Unfälle mit Verletzungen, Kontaktstörungen, keine Freunde, stiehlt und lügt, Nägelbeißen.

Psychodynamik: Schwer gestörte Urbeziehung (unerwünschtes Kind, sehr enge Verhältnisse, Mutter berufstätig, Vater viel außerhalb), orale Fixierung, mangelnde Ich-Identität.

Typogramm: Konrad demonstriert bei den Testuntersuchungen eine stark extravertierte, möglicherweise mit einem Begabungskomplex gekoppelte

Intuition (viele rasche, aufeinanderfolgende Einfälle, phantasievolle Assoziationen). Dementsprechend wirkt die *Empfindungsfunktion* deutlich langsamer (teilweise etwas gehemmt – Angst?), unsicher, abweisend. Die *Denkfunktion* reagiert relativ rasch, altersgemäß relativ differenziert, kontaktfähig und intelligent (Schulschwierigkeiten nicht wegen Leistungsschwäche, sondern wegen Verhaltensstörung). Demgegenüber erscheint die *Fühlfunktion* nicht nur introvertiert, sondern stark komplexbesetzt zu sein und sich nur eruptiv bzw. affektiv als Komplexentladung und das Ich überschwemmend darzustellen. Eine Vertrauenssituation kann nur mühsam und offensichtlich angstbesetzt hergestellt werden.

Behandlungsplan: Es ist mit einem länger laufenden Prozeß zu rechnen. Bei der vorliegenden Frühstörung mit weitreichender Entwicklungsstörung und Komplexbesetztheit muß mit einer möglicherweise verlängerten Initialphase und Widerstand gegen die therapeutische Regression gerechnet werden. Nur langsame Integration der aggressiven Impulse und Polarisierung der Ich-Funktionen (Ich-Stärkung bzw. Differenzierung der bewußtseinsschwachen Ich-Funktionen).

Positive progressive Potentiale: Anscheinend libidostarker Begabungskomplex mit gestaltungsfähiger Koppelung an die Intuition. Intellektuell gut potenzierte Denkfunktion bei IQ 126 und beginnender Differenzierung (d.h. Bewußtwerdung). Die beiden introvertierten Funktionen erscheinen ansprechbar bei Vertrauensbeziehung und beide entwicklungsfähig. Von daher ist eine Entwicklungsbeziehung zwischen dem Ich-Bewußtsein und den unbewußten Wirkfeldern im positiven Sinne zu erwarten.

Die Schwierigkeiten des familiären Umfeldes müssen dabei allerdings gut bedacht werden.

Widerstand (aggressive Abwehr) gegen ein kollektivierendes Bewußtsein – (Handlungsfreiheit und Kreativität). Wider-Stand eines individuellen Ich-Bewußtseins?

Den ersten Aufstand »Gegen« leistet die Geburt aus dem zu eng gewordenen Schoß der Mutter. Aber »Gegen« ist auch die Trotzphase des Kleinkindes, wenn es beginnt, »ich« zu sagen und im »Nein« und »Warum« die Machtworte der Individualität des Erkennens erfährt. Widerstand heißt dann einsam sein und einer sein. Und damit beginnt in Form des Widerstandes ein Kraftfeld von Mißverständnissen, Entzweiung, Kampf, Verzweiflung, aber eben auch Wachstum und Identität.

Wer aber lehrt den Umgang mit diesen Energien ohne Vergewaltigung, Kastration oder Verbiegung der individuellen Persönlichkeit zum Heile eines mündigen Erwachsenseins?

Bei dem kleinen Jungen war an die Stelle des heiteren Spielens eine lärmende Symptomatik getreten und das »Nicht-mehr-geliebt-Werden« wurde mit einem kontinuierlichen »Schaut auf mich, liebt mich doch, auch wenn ich noch so scheußlich bin...« unbewußt kompensiert. Im Vordergrund standen heftige, anfallsweise auftretende Aggressionen, die teilweise beängstigende Ausmaße annahmen. Wie ein Wirbelwind brach er in gemeinsame Spiele mit anderen Kindern ein, störte und zerstörte. Er gefährdete sich und andere, um dann tränenlos und stumm das Zerstörte oder eben auch leider Verletzte anzustarren. Unansprechbar konnte er sich nur in eine Ecke verkriechen, böse und aggressiv, wie ein ängstliches kleines Tier.

Im Grunde genommen schrie alles an ihm nach Hilfe, und gleichzeitig wehrte er sich verzweifelt gegen jeden helfenden Zugriff.

Er konnte weder sich selbst noch die Welt bejahen, da ihm das primäre Erlebnis von Geborgenheit gefehlt hatte und das Ungeliebtsein sich wie ein Menetekel schicksalhaft immer wieder vollziehen mußte. Als sehr kleines Kind erlebte er maximale Einengung. Sein Bewegungsraum war viel zu lange ein Gitterbett. Er durfte keinen Lärm machen und seine Lebhaftigkeit wurde auf kleinsten Raum abgebremst. Jeglicher Widerstand scheiterte. Sein Weltkontakt waren die wenigen Spielsachen, seine Optik: eine Gitterwelt. Anstelle sozialer Einübung wurde er rigoros zurückgewiesen auf sich selbst. Alle progressiven Impulse zerbrachen an dem Machtimperium einer *Widerstands-Umwelt.*

Hier fand sich das Frühengramm seiner unersättlich anmutenden Rollenspiele, motorischer Expansionen und scheinbar Egozentrizität.

Pädagogische Grenzsetzungen von Ordnung und Disziplin erwiesen sich verständlicherweise als untauglich. Die Symbolik dieses vom Unbewußten des Kindes motivierten Widerstandes signalisierte: Zulassen und Aushalten im schuldfreien Raum von Geborgenheit und Vertrauen.

Es ist immer wieder erstaunlich, welche »Kostbarkeiten« Kinder aus ihrer Tiefe entbinden, wenn ihnen der Raum für die Symbolsprache freigegeben wird; d.h. wenn man selbst in den Dialog mit einsteigt. Einiges vom Umgang mit dem Widerstand in den tiefen seelischen Notzuständen, wie dieses Kind sie durchlebte, soll hier erzählt werden:

Die Erlebnis-Zeitdimension, die das Kind Wochen und Monate in seiner inneren »Werkstatt« verbrachte, läßt sich nur ahnen, denn Tage sind für Kinder in diesem Alter noch sehr viel länger als für einen erwachsenen Menschen. Nur ganz langsam gelang es ihm, durch einen Wall von Aggressionen und Ängsten (Ur-Angst-Komplex), durch Dunkelstrecken mit tiefer Depression, Vereinsamung – so daß körperliche Erkrankung hilfreich wenigstens Bettwärme vermittelte – Augenblicke zu finden, in einem ersten zaghaften Versuch, einen heilenden Kontaktbereich zu den stummen Pflanzen herzustellen. Gerade die Kraft seines Widerstandes hatte dabei zu einem entscheidenden Durchbruch verholfen. Bei einem seiner überfallartig einbrechenden Aggressionsstürme hatte er auch Blumen und Pflanzen geköpft und Blumentöpfe einfach zerschlagen. Totenblaß und elend saß er zwischen den Trümmern. Er spürte das Schweigen, die Trauer, aber er erlebte keinen Widerstand, und keine Wortlogik mischte sich in diesen Schlagabtausch mit der Großen Mutter der Natur und der Materie.

Er war bei jemanden, der einfach zuhörte und zusah (psychotherapeutischer Behandlungsraum). Vielleicht war dies der Grund, daß seine bisherige »Seelenblindheit« sich nun öffnete. Er erlebte, daß die von ihm geschlagenen Blumen in einer Glasschale weiterlebten und mehrere Tage für ihn »sichtbar blieben« – ohne Anklage, ohne feedback, einfach nur schön und wehrlos. Es war fast so, als hätte die Große Mutter Natur selber sich des kleinen Wildlings angenommen und ihm etwas von ihrem Rhythmus von der Kontinuität und der naturhaften Ordnung signalisiert. Sichtbar eröffnete sich die archetypische Erlebnisschicht des »Sich-eingebettet Erlebens« in einem Kollektiv, das teilhat an Wachstum und Ernten. Es war wie die Rückkehr an einen Anfang, in den Bereich der Un-Schuld. Es war auch erschütternd zu beobachten, wie dieses verzweifelt aggressive Kind mit zaghaften Fingern tastend die Pflanzen berührte, als könne es über die Schwelle seiner Abwehr erstmalig die Hand ausstrecken nach einem Objekt, das ihm standhält.

In diese Zeit fiel die sonderbare Stunde der totalen Dunkelheit, in der das Kind alle Lichter im Raum löschte und auch die Fenster verdunkelte. Dann verkroch es sich unter dem Tisch und nach langem Schweigen sagte es plötzlich: *»Wer bin ich? Ich habe keinen Namen.«*

Groß stand diese Frage in seinem Protokoll und wurde zur Überschrift der Lebenskapitel in seiner »Werkstattzeit«, der Suche nach sich selbst.

Es war so, als wäre er wirklich an den Anfang seines Seins zurückgekehrt, denn ohne Namen ist, wer nicht »ich« sagen kann. Gerade da aber hatte auch sein vergeblicher Kampf gegen alle Widerstände begonnen. Nach dem Verlassen der Geborgenheit des umgrenzenden Schoßes war keine Geborgenheit mehr gesetzt worden, keine Grenzwelt seines Lebensraumes mit Schutz oder Freiheit zur Entwicklung, sondern Widerstand gegen alle seine Lebensäußerungen.

Wie ein tatsächlich neugeborenes Kind brauchte er noch viele innere Wege, viel Kampf, Untergang und Neugestaltung – im Sandspiel, mit Bausteinen (Scenokasten), Waffen, Tieren, Indianern, Rittern, Monstern, Krieg, Tod und Wiedergeburt, Überschwemmungen, Explosion und Vulkanausbrüchen –, um die vielen neurotischen Ängste vor dem Rückweg (Regression) in den Trennungsraum seiner Frühentwicklung ebenso ertragen zu können, wie die abweisende und verachtende Reaktion seiner Umwelt. In den vielen Monaten dieser Quest entstand aber doch allmählich ein Bereich des Vertrauens, in dem sein Ich aus der notvollen Abwehrhaltung in eine zunächst nur inselhaft auftretende Stillhalte-Position hineinwachsen konnte. Dies zeigte sich in einem symbolischen Spiel darin, daß es bei den heftigen und mörderischen Kämpfen auch einmal einen Sieg (einer Gruppe) und später auch eines einzelnen Kämpfers oder sogar Führers gab.

Das sich allmählich stabilisierende Ich-Bewußtsein intuierte neue Möglichkeiten der Spielgestaltung. Er nahm Abschied von der Sand- und Wasserebene. Es war so, als hätte sein bisheriger Kampf gegen die komplexbesetzten negativen matriarchalen »Fixierungsfelder« die Kraft wachsen lassen, sich dem Sog der frustierenden Frühengramme zu entziehen.

Die symbolische Wahrheit, die Wasser ebenso mit Mutter wie aber auch mit dem Unbewußten schlechthin koinzidieren (zusammentreffen) läßt, wurde nun durch ein neues Signal ersetzt. Mit der sonderbaren Konsequenz, die wie ein unbewußter Gehorsam den inneren Signalen gegenüber anmutet, vollzog das Kind ein ganz neues Geschehen. Es entzündete ein Feuer. Symbolisch betrachtet war es wie das Entzünden einer neuen Lebensflamme, gleichzeitig aber auch ein Lichtsignal, für den Jungen selbst wohl so etwas wie ein Schöpfungsereignis. Amplifikatorisch könnte man hier an das Gotteswort denken: »Es werde Licht!«, also an den polaren Schöpfungsentwurf von hell/dunkel, Tag/Nacht, bewußt/unbewußt.

Für Konrad bedeutete es damals – denn nun begann er, mit seinem Namen umzugehen – tatsächlich die Begegnung mit dem bewußten Wort. Er vermochte nun, die vielen urtümlichen Bilder seines Inneren in das Wort zu übersetzen und ließ zahlreiche kinderkluge Dialoge entstehen.

Er begab sich in den kleinen Bühnenraum hinter der Fassade des Kasper-Theaters und spielte, sich delegierend in den Kasper-Puppen, indem er ihnen seine Stimme lieh und sie mit seiner schöpferischen Phantasie lebendig werden ließ.

(Einige wenige Szenen werden aus dem Protokoll hier eingefügt.)

1. Szene (die Worte von Konrad):

»Es ist Nacht. Man sieht nichts. Manchmal sieht man etwas in der Nacht. Aber jetzt ist es ganz schwarz. Es ist unheimlich. Die Bäume haben Angst, weil sich das Böse bei ihnen verstecken kann. Und sie können sich nicht wehren. Jetzt kommt die Großmutter. (Sie erscheint an der Bühnenrampe.) Sie ist böse. Sie ist eine Hexe. Sie kann zaubern. Sie will den Kasper fangen und auffressen. –

Ich habe Angst.«

Hier ist er plötzlich und ohne Übergang selbst vom Spiel eingefangen und verliert seine Rolle als Regisseur. Er ist quasi in seinen alten Komplex gefallen, indem die matriarchale Negativchiffre mit allen Insignien auftaucht: die matriarchale Matrix des Waldes, die Bäume, das Dunkle, das Böse, die Hexe, das Verzaubern und das Fressen. Aber – und hier wird auch die Veränderung seiner Ich-Instanz für den Beobachter deutlich – er verwirrt sich nicht mehr in der alten Abwehrhaltung, sondern sein Text geht weiter:

»Aber mein Hase hilft mir weiter. (Ein langohriges Hasenköpfchen taucht auf.) Er versteckt mich in seiner Höhle.«

Das hilfreiche und bergende Tier im Erdschoß der Höhle – eine archetypische Chiffre der Ur-Geborgenheit – rettet und beschützt ihn.

»Aber die Hexe kann mich trotzdem sehen«, sagt Konrad.

Die jetzige Angst ruft keine aggressive Abwehr hervor, sondern einen Schutzreflex, der ermöglicht, daß man das Bedrohliche sieht und selbst von ihm angesehen werden kann.

Hier geht es um die totale Dunkelheit, um das Böse im matriarchalen Raum, das sich gerade hinter der Wehrlosigkeit verstecken kann. Es sind Vorgänge, die sich tief im Unbewußten ereignen. Und sie erinnern an die Frühgeschichte des Kindes, in der es eingefangen zwischen den hölzernen Gitterstäben von Bettchen und Laufstall den Mächtigkeiten seiner Umwelt hilflos ausgesetzt war. Bewußt weiß Konrad nichts von diesen anamnestischen Daten. Aber sein Unbewußtes hat sie mit emotionaler Stärke aufgezeichnet. Die Angst, in diesem so früh verletzten Raum immer wieder geschluckt und »gefressen zu werden«, ist sehr groß. Aber – und darin kann man die neuen Kräfte der Überwindung schon sehen – jetzt gibt es eine Hilfe, die in einen heilen Raum rettet, den warmen Instinktbereich einer Mutterhöhle in der Erde.

Mit einer unbewußt und sehr rührend kindlichen Vertraulichkeit beendet Konrad dieses erste Kasperspiel. Er sagt: »Ich bin müde«, und verkriecht sich unter eine Decke. Er vertraut sich also an und begibt sich in einen Schlaf. Die Müdigkeit zeigt an, welche große seelische Leistung hier vollbracht wurde.

Es wurde allmählich immer deutlicher, daß Konrad sich in einer neuen Bewußtseinsebene bewegte. Das Vertrauen in die Kontinuität der therapeutischen Spielsituation (eines der wichtigsten Heilelemente in jeder Therapie) sowie die sich bei ihm selber dabei entwickelnden eigenen Bewußtseinskräfte ermöglichten immer deutlicher eine therapeutische Regression zu den neurotisierenden Komplexfeldern.

Die psychischen Energien, die in seinen wilden Kampfspielen überwältigend und überschwemmend eingebrochen waren, begannen sich zunehmend in archetypischen Strukturchiffren zu symbolisieren (z.B. Hexe, Wald,

Tier usw.) und wurden dadurch ganz allmählich in den einzelnen Verwandlungsstufen für das Ich-Bewußtsein als neue Erfahrungsengramme integrierbar (Vermögen, aus Teilen ein sinnvolles Ganzes zu machen).

Der alles vernichtende Kampf wird allmählich zur Basis von Unterscheidung und Anerkenntnis, von Gegensatz und Friedensschluß als Möglichkeit.

Neue Szene im Kasperspiel:

»Die Hexe geht durch den Wald. Der Kasper schleicht ihr nach.« (Er ist also dem »gefühlsgeladenen Komplex« sozusagen auf der Spur.) »Er überfällt sie und schlägt heftig auf sie ein, bis sie wie tot liegenbleibt.«

Das Bewußtsein von Konrad könnte sich mit der Freude über diesen Sieg begnügen. Tatsächlich läßt er auch den Kasper jubelnd davonspringen. Aber die unbewußte archetypische (oder psychodynamische) Wahrheit bestimmt das scheinbar bewußt laufende Bühnengeschehen und läßt andere Einfälle in die Handlung einströmen. So schnell läßt sich die Hexe nicht besiegen.

»Die Hexe langt mit ihrem Stock nach dem Kasper und bringt ihn zu Fall. Sie umwickelt ihn fest mit einer langen Schnur (Konrad läßt das mit großer Gewissenhaftigkeit seine Hände tun) so sehr, daß er sich nicht mehr rühren kann.«

Die »fixierende Nabelschnur« wird erneut sichtbar, und dazu taucht ein Engramm aus seiner eingeengten Kleinstkinderzeit auf (das Gitterbett): »Und dann schleppt sie ihn in ihr Hexenhaus.«

»Was soll ich nur machen?«, jammert der Kasper, »was soll ich nur machen?« Er wiederholt es immer wieder und Konrad hat dabei ein ganz jämmerliches Stimmchen bekommen.

Plötzlich klopft es im Kaspertheater an die Tür. Sie öffnet sich, und der Teufel erscheint.

Für den erfahrenen Beobachter ist dies ein wichtiges psychodynamisches Geschehen. Es klopft etwas an. In manchen Träumen taucht dieses Bild auf. Es will etwas zu mir, in mein Bewußtsein. Man muß (sich) öffnen. Der Teufel ist in unserem Seelenhaushalt vielschichtig determiniert. Es sind dynamische Zielstrebigkeiten, die bewußte oder latente Wirkungen in Richtung einer gestellten Aufgabe auszuüben vermögen.

Wie oft mag Konrad gehört haben, daß er ein »richtiger Teufel« sei, daß er Teufeleien aushecke, oder daß er sich zum Teufel scheren möge. Im Protokoll seiner Anamnese taucht das Wort jedenfalls auch auf. Aber wo die Hexe ist, ist eben auch der Teufel nicht weit.

Auf der Kasper-Bühne geht das Spiel weiter:

»Der Teufel sagt: ›Ich rieche Menschenfleisch‹. Aber die Hexe ist selber gierig«, sagt Konrad.

Hexe und Teufel streiten und prügeln sich höchst eindrucksvoll und laut.

Dabei schlagen sie alles kaputt. »... und dabei fällt der Kasper in den Keller und seine Fesselung löst sich und er kann durch einen langen, schrecklich dunklen Gang wegkriechen.« Man hört das mühsame Kriechen im Hintergrund der Bühne.

»Erst hat er Angst, daß er da niemals mehr rauskommen kann.« Aber nach einer Weile erscheint er dort wieder am Bühnenrand und nach einem tiefen Seufzer sagt Konrad:

»... und wandert ganz allein weiter.«

Dieser sonderbare Sturz in die Tiefe – mit Hilfe des Teufels –, das Entbunden-Werden aus den Fesseln der Hexenschnur, das Sich-selbst-Entbinden aus dem langen, dunklen, wie ein Geburtskanal wirkenden Gang und das »allein« Weiterwandern wie auf dem endgültig eigenen Lebensweg, sind alles Elemente von der gleichen symbolischen Bildschärfe wie die Bilder in allen Märchen der Welt und in den Träumen. Die unmittelbare Annäherung, die hier an die Hexe erfolgt, zeigt wiederum die beginnende Ich-Kraft, die nach Überwindung der negativen Einflußnahmen aus dem Unbewußten drängt. Die Annäherung an den nur oral-aggressiven Bereich, in dem es um das rein egoistische Haben-Wollen geht im geschützten Raum des therapeutischen Spielzimmers, in dem er sich mit dem dunkelsten Geheimnis der Schuld ohne Straferwartung auseinandersetzen kann, bewirkt in seiner gewohnten Umgebung eine ganz allmähliche Rücknahme seiner aggressiven Durchbrüche. Seine Isolierungssituation beginnt sich zu lokkern. »Seine Fesseln lösen sich« in dem Maße, wie er in die Geburtsgänge seiner eigenen schöpferischen Tiefe vorstößt. Ob ein neues Ich sich konstellieren kann auf dieser »Wanderung ganz allein«?

Das Schlüsselwort vom »Wandern« deutet bereits auf die zu erwartende Dynamik hin. Denn keine Hexe läßt sich eine solche Flucht ohne Wider-Reaktion gefallen. Ein so belastender negativer Mutterkomplex, wie Konrad ihn auflösen mußte, enthält ein Heer von Hexen und Teufeln. Aber das faustische Ich des kleinen Konrad hatte die Schwelle in die Tiefendimension des mephistophelischen: »... neugierig bin ich, ob er wiederkommt« überschritten und das Erlebnis des Überleben-Könnens als neues, aktuelles Wegengramm erfahren.

Viele Kasperspiele in der folgenden Zeit zeigen immer wieder heftige Kämpfe, in denen auch wilde Tiere auftauchen, die auseinanderreißen, auffressen, selbst verzaubert, gebannt oder gefangen werden. Die Einübung neuer seelischer Verhaltensmodi bestimmt von innen her die immer erneute Konfrontation mit den starken Entwicklungsimpulsen. Sieger und Besiegte starben in schnellem Wechsel, um immer erneut im Raum des »Bösen« wieder aufzuerstehen. Die Hexe triumphiert mit allen Tricks gegen Kasper, Seppl, Teufel und Räuber.

Es mutete den Beobachter so an, als würde das Kind etwas wissen von den geheimen Ordnungsplänen und den dynamischen, natürlichen Kreislaufgesetzen von Werden und Vergehen, von Geburt und Tod. Es folgte mit seinen geduldigen Wiederholungen dem inneren Motivator so lange, bis sein Bewußtsein einen neuen Schritt vollziehen konnte.

Ein kurzes, aber besonders eindrucksvolles Bild leitete eine neue Phase des inneren Prozeßgeschehens ein bzw. bereitete sie vor: Die Bühne ist ganz dunkel und Konrad beschreibt:

»Es ist Nacht.« Konrad weiß nicht mehr, daß mit eben diesen Worten sein erstes Kasperspiel begann.

»Kasper wandert wieder durch den Wald. Es ist ein fremdes Land. Weit weg. Vielleicht ein Urwald. Es ist kalt. Kasper will ein Feuer anzünden. Es ist schwer. Er muß Holz aneinanderreiben, ›bis das Feuer springt‹. Jetzt muß man aufpassen, daß es nicht wieder ausgeht.« Der Kasper baut eine Mauer um das Feuer.

Hier hat Konrad auf seinem symbolischen Weg durch seine Seelenlandschaften wohl den tiefsten Grund seiner »Muttergebundenheit« erreicht »im fremden Land«, im »Urwald« und in der »Nacht«. Und gerade hier entzündet er mühsam, als neuen Bewußtseinsakt – denn mit dem ersten Feuer begann ja dieser Weg – das Feuer, vielleicht als Symbol der Beendigung des dunklen Zustandes unbewußter Abhängigkeit.

Viele Feuerspiele werden in der folgenden Zeit für das Kind zu wichtigen Wegzeichen seiner inneren Entwicklung. Es gewinnt große Sicherheit im Umgang mit ihm, kann es hoch entflammen lassen, aber auch begrenzen oder ihm Wege vorschreiben, indem er es von Holz zu Holz springen läßt. Oder er beobachtet es stumm und versunken, versucht seine Farben zu differenzieren und »füttert« es mit den verschiedensten Materialien. Er demonstriert dabei die »symbolische Wahrheit«, daß der Sieg über die Materie den Weg für die Identität des Ich-Bewußtseins initiiert.

Das Feuer wurde ihm zum Lehrmeister für Grenze und Raum, für Macht und Verzicht, für Freude und – ganz besonders wichtig – für Strafe bei Ungehorsam gegen das innere Gesetz. Ganz ernsthaft vermittelte er seinem Zuhörer: »Die Flamme beißt mich, wenn ich ihr nicht gehorche. Aber sie gehorcht mir, wenn ich sie richtig behandle.«

Er beendet seine Feuerspiele mit einem fast bacchantisch anmutendem Feuertanz, bei dem er mit brennenden Pfeilen in einen Flammenkreis von Kerzen hineinschoß und jauchzend seine gut gezielten Treffer genießen konnte. Sein *Widerstand* gegen sich selbst war von der Angst entbunden. Er konnte siegen, aber auch besiegt werden, ohne zu fürchten, daß er sein Ich oder sein Lieben-Können verlieren müßte. Und er hat unverlierbar erfahren, daß er so geliebt wurde, wie er in seinem *ganzen* Wesen war.

Er überwuchs die magische Welt des matriarchalen Bewußtseins und gewann den patriarchalen solaren Raum. Der Sonnenheld als Pfeile schießende Gottheit gehört zur Grundsymbolik dieses archetypischen Männlichen in seiner Einheit von schöpferischem Zeugen und Zerstören, die im Zerstörerischen zeugend und im Zeugen zerstörerisch sein kann... So ist z.B. der tanzende indische Gott Shiva in einer Einheit von Zeugung und Zerstörung Ausdruck einer Dynamik, welche zeugend bewegend und aggressiv zerstörend schon seit Urzeiten Symbol des Archetypisch-Männlichen ist, lange bevor man den männlichen Samen in seiner befruchtend aktiven Bewegung und seiner in das weiblich ruhende Ei eindringenden befruchtenden Aggression entdeckte.[9]

Wenn man die Einsamkeitsschicksale von Kindern in solcher Nähe verfolgen kann, wundert man sich nicht mehr über Krieg, Terror, Verbrechen, Ängste, Machtstreben und Neurose im Leben der Erwachsenenwelt. Aber diese spielen den Krieg nicht mehr im Sandkasten, und sie haben verlernt, auf die Symbole ihres eigenen Inneren zu lauschen.

Im Hinblick auf sein ganzes Leben war dieser »Werkstattbesuch« in seinem eigenen Seelenraum für Konrad nur eine kurze Zeitspanne, die er über kurz oder lang fast völlig vergessen könnte. Aber als er sie verließ, erweckte er den Eindruck, als hätte er ein gutes Gewand für seine neue Identität gefunden, als hätten die inneren Maurer das Haus der psychischen Ganzheit von Ich und Selbst mit neuen Fenstern für die Außen- und Innenoptik fertiggestellt, und als hätte er einen Schlüssel gefunden, um es immer dann, wenn es notwendig ist, auf- und abschließen zu können.

Es war sicherlich kein Zufall, daß die langandauernde und wie eingefroren wirkende Symptomatik des Kindes schon sehr früh eine Amplifikation evozierte, die in ihrem geistigen Gehalt einerseits die kindliche Persönlichkeit weitreichend zu transzendieren schien, andererseits aber von der Bildintensität her ganz besonders nachdrücklich zu Konrad zu passen schien. Es handelte sich dabei um das Märchen »Die Schneekönigin« von Hans Christian Andersen. Der kleine Hans im Märchen – ein klein wenig älter als Konrad und damit bereits in der Schwellensituation zu der nächsten Entwicklungsphase – wird von der Schneekönigin, einer Facette der Großen Mutter Natur, geraubt und festgehalten in ihrem Schneeschloß, wo er mit Eiswürfeln das »ewige Gedankenspiel« spielen muß. Er war blind geworden durch einen Eiskristall, den ihm die kalte Königin in die Augen gestoßen hatte. Seine Erlösung wurde durch die heißen Tränen seiner Freundin bewirkt, die ihn nach einem abenteuerlichen Weg (wunderschön zu lesen) endlich gefunden und durch ihre herzliche und *menschliche* Liebe wieder sichtig werden ließ.[11]

Konrad hatte das Märchen kennen und lieben gelernt. Und einmal meinte er nachdenklich: »Vielleicht habe ich auch manchmal einen Eisstern in meinen Augen. Aber wer ist denn dann wohl meine Eiskönigin?« Und nach einer Weile setzte er hinzu: »Ob wohl auch jemand so für mich weinen könnte?« Die Frage: »Wer bin ich?« hatte er damit in ein zeitidentisches »Ich bin…« verwandeln können.

Schlußtypogramm von Konrad nach abgeschlossener psychotherapeutischer Behandlung:

Die im Aufnahmeprotokoll sich deutlich darstellende extravertierte Intuition hat während des Prozeßverlaufes an Intensität eher zugenommen. Durch das reiche Angebot und den Freiraum im therapeutischen Spielzimmer: »Du kannst tun, was du gern tun möchtest«, konnte sich nach anfänglich überbordender Spieldynamik (nicht aufhören können, immer noch mehr Spiele anfangen, Chaos in der Fülle zurücklassen) das anfangs vermutete Begabungspotential ungestört entfalten. Es wurde bei langsam zunehmender Entängstigung auch möglich, die ebenfalls extravertiert eingestellte Denkfunktion für die eigene »Urteilsfähigkeit« dem Bewußtsein erlebbar werden zu lassen. Dieses wirkte sich im Laufe der folgenden Monate auch in der Schule positiv aus, was langsam ein vorsichtiges Vertrauen zu sich selber entstehen ließ. Die kompensatorisch zur extravertiert eingestellten Intuition recht deutlich introvertiert eingestellte Empfindungsfunktion, die besonders bei seinen Affektausbrüchen sehr undifferenziert und planlos agierte (einfach wie wild um sich schlagen), lernte ebenfalls **sehr** *langsam*, wachsam und achtsam seiner eigenen hohen Empfindlichkeit gegenüber zu sein und nicht mehr in jedem einen Feind zu sehen, der umgebracht werden muß. Die schwierigste Aufgabe im Bereich der Ich-Funktionen stellte sich in der Begegnung mit der neurotisch und stark komplexbesetzten Fühlfunktion, die dadurch zusätzlich zur primär introvertierten Einstellung in ihrer Funktion erheblich belastet war. Es waren also im Prozeßverlauf immer nur kleine Schritte, die eine Annäherung an den gefühlsgeladenen Komplex – ein schwerer Minderwertigkeitskomplex – ermöglichten. Aber er kann am Ende doch in seinem Bewußtsein das Wort finden: »Ob wohl auch jemand so für mich weinen könnte?«

Dieses Werkstattprofil ist trotz seiner Individualität vergleichbar mit vielen tausenden anderer Protokolle aus der Lebenswerkstatt von Kindern, Jugendlichen und Erwachsenen. Überall mischt sich in die individuelle Biographie die kollektive Chiffrierung archetypischer Symbole. Die Vergleichbarkeit liegt gerade in der sich wiederholenden Prozeßdynamik, die autonom die jeweilige regressive oder progressive Libidorichtung bestimmt, um Bewußtseinserweiterungen zu ermöglichen. Vergleichbarkeit ist ebenfalls möglich durch die kollektiv gültigen Organisationsmuster des kollektiven Unbewußten (archetypische Kernelemente), die als unbewußte Motivatoren in die Verhaltensweise der Ich-Instanz eingreifen und damit das Ich-Bewußtsein bestimmen.

Der kurze Einblick in den psychotherapeutischen Behandlungsverlauf des kleinen Konrad vermittelt aber auch exemplarisch Beispiele für die im allgemeinen unsichtbar verlaufende innerpsychische Dynamik und die starke Wirksamkeit der Beziehung des Ich-Bewußtseins zur Um- und Außenwelt, wie aber auch zur eigenen Seele. Das »Wer bin ich?« des Kindes sollte das Vorspiel sein für die folgende Betrachtung über den Ich-Komplex und die psychische Ganzheit:

Das Ich-Bewußtsein und sein Arbeitsteam.

Die zwar knappen, aber dramatischen Spielbilder des Kindes, vermitteln einen Eindruck von den mächtigen Energien innerpsychischer, unbewußter Komplexfelder (energiegeladene Zentren), aber auch der fixierenden Kraft schienenhafter Verhaltensweisen und der erschütternden Ausweglosigkeit, in der ein Kind unter solchen Umständen gefangen sein kann.

Topografie der Selbstentfaltung

als Diagramm, bzw. als zeichnerische Darstellung von der dynamischen Strukturabhängigkeit zwischen zwei oder mehreren Entwicklungsphasen der Bewußtwerdung und Entwicklung des Ich-Bewußtseins.

Diagramme werden als wissenschaftliche »Beweis-Fakten« benutzt, und erfahren manchmal kollektive Gültigkeit.

»Ein Modell sagt nicht, es sei so, sondern es veranschaulicht nur einen bestimmten Betrachtungsmodus.«[12]

Die zwei Lesarten des Diagramms: Vom Ich-Bewußtsein zum Selbst-Sein und vom Selbst-Sein zum Ich-Bewußtsein

Das Diagramm der Selbstentfaltung
enthält von oben nach unten gelesen die Grundthemen der Dynamik der ganzheitlichen Psyche: Vom Ich zum Selbst:

Das kosmische Bewußtsein

Das kollektive Bewußtsein

Die Persona

Das Kollektive Ich-Bewußtsein

Das individuelle Ich-Bewußtsein

Das allgemeine Bewußtsein

Das Horizontbewußtsein

Das persönliche Unbewußte
mit Anamnese, Biografie, Familienroman

Das kollektive unbewußte mit den archetypischen Energiefeldern und Symbolen, Urbildern.

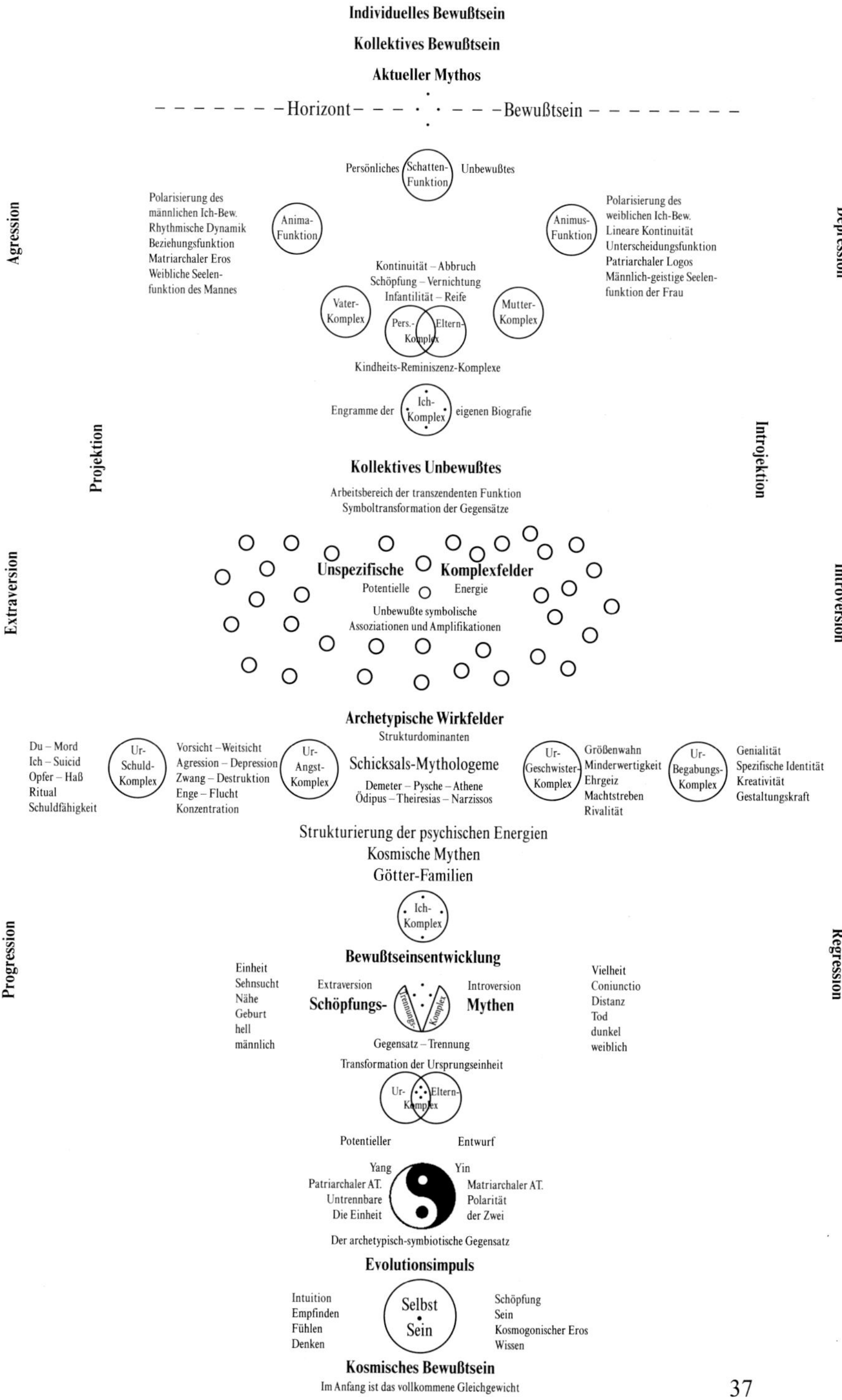

Individuelles Bewußtsein
Kollektives Bewußtsein
Aktueller Mythos
Horizont
Bewußtsein
Persönliches
Schatten-Funktion
Unbewußtes
Agression
Depression
Polarisierung des männlichen Ich-Bew.
Rhythmische Dynamik
Beziehungsfunktion
Matriarchaler Eros
Weibliche Seelenfunktion des Mannes
Anima-Funktion
Animus-Funktion
Polarisierung des weiblichen Ich-Bew.
Lineare Kontinuität
Unterscheidungsfunktion
Patriarchaler Logos
Männlich-geistige Seelenfunktion der Frau
Kontinuität – Abbruch
Schöpfung – Vernichtung
Infantilität – Reife
Vater-Komplex
Mutter-Komplex
Pers.- Eltern- Komplex
Kindheits-Reminiszenz-Komplexe
Engramme der
Ich-Komplex
eigenen Biografie
Projektion
Introjektion
Kollektives Unbewußtes
Arbeitsbereich der transzendenten Funktion
Symboltransformation der Gegensätze
Extraversion
Introversion
Unspezifische Komplexfelder
Potentielle Energie
Unbewußte symbolische Assoziationen und Amplifikationen
Archetypische Wirkfelder
Strukturdominanten
Du – Mord
Ich – Suicid
Opfer – Haß
Ritual
Schuldfähigkeit
Ur-Schuld-Komplex
Vorsicht – Weitsicht
Agression – Depression
Zwang – Destruktion
Enge – Flucht
Konzentration
Ur-Angst-Komplex
Schicksals-Mythologeme
Demeter – Pysche – Athene
Ödipus – Theiresias – Narzissos
Ur-Geschwister-Komplex
Größenwahn
Minderwertigkeit
Ehrgeiz
Machtstreben
Rivalität
Ur-Begabungs-Komplex
Genialität
Spezifische Identität
Kreativität
Gestaltungskraft
Strukturierung der psychischen Energien
Kosmische Mythen
Götter-Familien
Ich-Komplex
Progression
Regression
Bewußtseinsentwicklung
Einheit
Sehnsucht
Nähe
Geburt
hell
männlich
Extraversion
Schöpfungs-
Trennungs-
Komplex
Introversion
Mythen
Vielheit
Coniunctio
Distanz
Tod
dunkel
weiblich
Gegensatz – Trennung
Transformation der Ursprungseinheit
Ur- Eltern- Komplex
Potentieller
Entwurf
Yang
Yin
Patriarchaler AT.
Untrennbare
Die Einheit
Matriarchaler AT.
Polarität
der Zwei
Der archetypisch-symbiotische Gegensatz
Evolutionsimpuls
Intuition
Empfinden
Fühlen
Denken
Selbst
Sein
Schöpfung
Sein
Kosmogonischer Eros
Wissen
Kosmisches Bewußtsein
Im Anfang ist das vollkommene Gleichgewicht

1. Entwicklungsstadien der Selbstentfaltung

Das Diagramm der Selbstentfaltung in der Symbolchiffre des Verfahrens von unten nach oben gelesen)

Der Weg der Eins über die durch die Entzweiung entstandene Zwei zur Drei, wird der Weg der Weisheit genannt.

H. H. von Veltheim

Ich bin das Leben,
das leben will,
inmitten von Leben,
das leben will.

Albert Schweitzer

Die unterste Wortchiffre auf dem umseitig dargestellten Diagramm heißt:
Im Anfang ist das vollkommene Gleichgewicht.
Dieser Anfang ist als Zustand *vor* Schöpfung, *vor* der Trennung von Himmel und Erde als absolute immanente Polarität zu denken. In diesem Anfang liegt als symbolischer Schlüssel der Entwurf für einen Schöpfungs- bzw. Entwicklungsplan: die Selbstentfaltung zur Bewußtseins- und Ich-Bewußtseinsentwicklung. Das psychische Engramm des Anfangs enthält darüber hinaus das archetypische Urwissen von der Un-Endlichkeit des Seins und das Weg-Engramm vom Werden in die Polarität der Ergänzung oder des Gegensatzes: die »unio mystica« von Seiend-Empfangendem und Schöpferisch-Zeugendem. Der *Evolutionsimpuls* als Zeitdimension und der *Potentielle Entwurf* (siehe Diagramm) bestimmen psychodynamisch und inhaltlich die Entwicklungsebenen der Selbstentfaltung.

Für die grafische Darstellung der Selbstentfaltung wurde als Anfangschiffre ein Symbol gewählt, das Inhalt und Grafik sinnvoll erscheinen ließ: *Der Kreis mit dem Punkt in der Mitte:* In der religiösen Überlieferung des Hinduismus gilt diese Form der Zentrierung seit Urzeiten als »heiliger Punkt«, und wurde »Bindu« genannt. Er wurde als »Universum« in seiner unmanifestierten Form angesehen. In der vorstellbaren Bewegungsdynamik von der Mitte zur Peripherie des Kreises kennzeichneten sich die sich ewig wiederholenden Zyklen von Evolution und Involution ebenso von Extraversion/Introversion oder Progression/Regression. Es sind die vielleicht einfachsten, aber auch umfassenden psychodynamischen Chiffren für den psychischen Gesamtorganismus.

Es ist Entwurf und Wegstrecke für den »vir unus«, den ganzen Menschen, der, wenn man poetisch formulieren wollte: »... seines Lebens viele Widersinne/ versöhnt und in ein Sinnbild faßt/vertreibt die Lärmenden aus dem Palast...«, wie Rainer Maria Rilke es im »Stundenbuch« intuierte.

Der auf dem Diagramm benutzte Begriff *Evolutions-Impuls* enthält den Hinweis auf die psychodynamische Entfaltung der einzelnen Entwicklungsphasen aus dem Selbst-Sein.

Diagramm-Aspekt

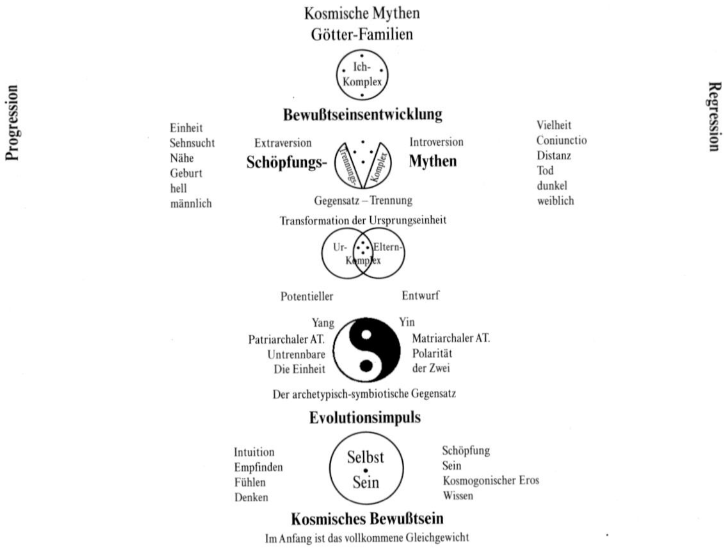

Das Selbst-Sein und der Ich-Keim mit seinen Ich-Funktionen in der Ursprungsform.

Es ist sicherlich nicht ganz leicht, diesen Seinszustand erlebnismäßig nachzuvollziehen. Man kann ihn umschreiben oder die bewußt imaginierten bzw. unbewußt gemalten oder geträumten Bilder in ihren vielen Variationen auch vergleichen. Dennoch besteht für den Menschen aus dem westlichen Kulturraum mit seinem bevorzugt analytischen Denken eine deutlich zu beobachtende Schwierigkeit, die Ganzheitlichkeit des Seins – besonders des eigenen – im Jetzt zu erkennen. Der aus dem chinesischen Kulturraum stammende Begriff des Tao, der zu einer »taoistischen Denkweise« geführt hat, vermag möglicherweise eher eine Vorstellung und Lebensweise von einem ganzheitlichen Wesen und Sein, das alle potentiellen Möglichkeiten primär umfaßt, zu vermitteln. Das wird als das All-Eine, oder als allgültiger Weg zu dem alleinigen Ziel aller Dinge, als Ursprung für alle erreichbaren Erkenntnisse, oder als der eigentliche Sinn jeden Daseins verstanden.

Das Selbst-Sein

Von diesem inhaltlich und dynamisch recht weitreichenden Entwurf kommt der Selbst-Symbolik eine sowohl theoretisch wie aber vor allem therapeutisch besonders wichtige Bedeutung zu. Dazu gehört vor allen Dingen das umfangreiche und auch vielfach beschriebene Thema des Kreises, der sich als kultisches und religiöses Symbol durch die ganze Menschheitsgeschichte zieht und sowohl als Tanz, als religiöses Kreisbild (Mandala), als Form aus Ton, Holz oder Stein, als Ring, Kette, Mauer, Zaun oder Gürtel seine Symbolik chiffrieren kann. Die dynamische Verwendbarkeit des Selbstbegriffes zeigt das reiche Angebot an »Wort-Ehen«, bei denen der ursprüngliche Ganzheitsbegriff noch den Reichtum seiner keimhaften Entwicklungsmöglichkeiten erkennen läßt, z.B.:

- Selbstannahme, als existentielle Annahme der eigenen Person als Ganzes,
- Selbstbewußtsein, um sich selbst als Subjekt/Objekt zu erkennen,
- Selbstdurchkreuzungstendenzen, die die fundamentalen Gegensätzlichkeiten (Polaritäten) erkennen und akzeptieren lassen sollen,
- Selbstdarstellung als Grundphänomen des Lebendigen (Portmann),
- Selbstmord, Selbstsucht, Selbsttäuschung, Selbstverwirklichung, Selbstverlust, Selbstfindung.

Das Selbst muß als ein energetisches Kraftfeld angesehen werden, dessen Ressourcen unerschöpflich zu sein scheinen.

Der gesamte psychische Funktionsorganismus wird durch das Grundprinzip des Selbst bestimmt. Das Selbst als Chiffre für die Ganzheit enthält das Wissen für die Urformen des Daseins, wobei das »Ur« nicht im Sinne eines historischen Jetztbeginns zu verstehen ist, sondern eher im Sinne eines im Anfangseins als Grundlage des Werdens. In diesem Sinne enthält das Selbst die Symbole, die phänomenologisch in den Chiffren des Anfangs, des Werdens und des Endes erscheinen.

C. G. Jung formulierte zur Dynamik des Selbst: »Wenn ich das Zentrum als ›Selbst‹ bezeichnet habe, so geschah dies in reiflicher Überlegung und sorgfältiger Abwägung der empirischen, sowohl wie der historischen Daten. Eine materialistische Deutung könnte unschwer sagen, daß ›die Mitte‹ nichts sei, als jene Stelle, wo die Psyche unerkennbar wird, weil sie dort mit dem Körper verschmelze.

Soweit meine Erfahrung reicht, handelt es sich um bedeutsame Kernvorgänge in der objektiven Psyche; um eine Art Bilder des Zieles, die sich der ›zielgerichtete‹ psychische Prozeß anscheinend selbst setzt, ohne dazu von einer äußeren Suggestion veranlaßt zu sein.«[6]

Die Bilder aus der Ursprungsmatrix des Selbst, die allein dem »ursprünglichen Selbst« entsprechen, signalisieren sich immer im Symbol. Das Symbol enthält die jeweilige aktuelle Dynamik und stellt den Zustand dar. In diesem Sinne »gültige Chiffren« sind z.B. das Quadrat, das durch die Polarität der gleichen Winkelpaare, von denen es umschlossen wird, eine vollkommene Form der Welt symbolisiert. Ebenso ist es der Kreis, weil er die ununterbrochene Bewegung, bzw. die Anfangs- und Endlosigkeit vermittelt; oder auch das Dreieck in seinen polaren Variationen nach oben (als männliches) oder nach unten (als weibliches) weisend und damit das Schöpferische und das Empfangende symbolisierend.

Ethymologisch erscheint die Substantivierung des Adverbs »selbst« erst etwa Anfang des 17. Jahrhunderts nach dem englischen Vorbild »self« und wird im Pietismus als »böse, sündlich und verderbt« einem »better self« gegenübergestellt. »Ich und das andere Ich« bzw. »Selbst« soll von den Mystikern benutzt und eingeführt worden sein.[16]

Bei der Auffassung von C. G. Jung wird seine Erfahrung und auch geistige Beziehung zur östlichen Psychologie und Philosophie erkennbar. Das zeigt sich deutlich, wenn man in der Terminologie zu den Schriften von Sri Aurobindo liest: »Das Selbst ist der fundamentale Aspekt des Geistigen mit einer gewissen Betonung seiner Unpersönlichkeit. Wir sind selbst als ewig, ungeboren, unverkörpert, als nicht in seinen Werken enthalten, bewußt. Es ist allgegenwärtig, ist das Gleiche in Allem, innig, rein und unberührbar. Das Selbst kann als Selbst des Individuums verstanden werden. Es ist der Aspekt des Geistigen, in welchem es zugleich individuell, kosmisch und transzendent innig gefühlt wird. Es zu verwirklichen bedeutet, die ewige Freiheit des Geistes zu verwirklichen. Freiheit und Unpersönlichkeit sind der Charakter des Selbst.«[13]

In diesen Worten kann man nachspüren, daß die Auffassung des, wie C. G. Jung es formulierte, »empirischen Selbstbegriffes« nicht gleichgesetzt werden kann mit den Begriffen vom »schwachen, fragmentierten Selbst« (Kohut)[14] oder »geteilten Selbst« (Laing)[15], oder auch die sehr eindrucksvollen Praxiserfahrungen von A. Gruen über das Ringen um eine soziale Selbstverwirklichung, bzw. »Das ungestörte Selbst«.[16] Der Begriff ist also variabel einsetzbar und dann eben nur innerhalb des ihm gesetzten Rahmens zu verstehen.

C. G. Jung gibt einige, besonders für den praktisch-therapeutischen Umgang mit der Phänomenologie des »Selbst« wesentliche Hinweise. Er bezeichnet es als »empirischen Begriff« für den Gesamtumfang aller psychischen Phänomene im Menschen und betont ausdrücklich, daß es »unanschaulich, transpersonal und bewußtseinstranszendent« sei. Das heißt, daß das Selbst sich durch seine Phänomene, also seine spezifische Symbolik ausdrücken und seine Wirksamkeit signalisieren kann, aber selber als

Diamantzepter (Donnerkeil), ein Schutzsymbol außergewöhnlicher Macht, das alle gegensätzlichen (polaren) Kräfte symbolisiert, die um die Silbe »AH«, dem Laut der Urenergie (Ursein), angeordnet sind.

»Selbst« nicht »in Erscheinung« tritt. Der Kreis oder die Kugel sind also nicht das Selbst, sondern dessen Symbolik.[17]

Alle mit »Inhalt« gefüllten Kreisdarstellungen (z.B. auf unbewußt gemalten Bildern) etwa in einer Spirale oder durch ein Kreuz oder einen Embryo, sind Weg- oder Werdechiffren aus dem geistigen Wurzelbereich des Selbst, was in der Aktualität auf ein beginnendes Wandlungsgeschehen im Bereich des Bewußtseins hinweist. Eine sichtbar werdende Gegensatz-Dynamik (konflikthaft oder korrigierend) wird zwar im allgemeinen vom Selbst initiiert, enthält aber auch immer die Zieldynamik einer Coniunctio (Vereinigung) als eigentliche schöpferische Möglichkeit einer Bewußtseinserkenntnis und dadurch erst möglich werdende Änderung von Standorten. Hier ist wohl auch der tiefere Grund zu suchen, weshalb in den noch unbewußteren Kulturbereichen die Eros- und Liebeskultur eine so hohe Wertung erhalten hat und in den religiösen und rituellen Bereich mit einbezogen wurde. Der Mensch hat wohl in dieser Wahrnehmungsebene sowohl in der biologischen (sexuellen) Vereinigung, als aber vor allem mit dem damit verbundenen Erlebnis der totalen *Hingabe* eine Ahnung ganzheitlichen Seins erfahren.

Zu allen Zeiten hat der Mensch versucht, die wichtigsten Ereignisse seines Lebens bildhaft darzustellen, um sein Eingebettetsein in die kosmischen Bezüge – und das bedeutete von jeher die Ganzheit und das Ganz-Sein – sichtbar zu machen. Von daher ergab sich sein geistiger Standort. Aus dem Ahnenerbe unzähliger Generationen und Entwicklungsstadien spiegelte sich, entweder im symbolischen Bild oder im Kunstwerk, das jeweilige Weltbild, aber auch das Selbstverständnis und die Selbsterfahrung des Menschen. Sie entstanden aus der Meditation, dienten der Meditation, waren Leitbilder und Schutz. Zu den archaischen Ur-Symbolen solcher Ganzheitserfahrungen gehörte der Kreis mit der Wurzelchiffre der Sonne mit der Kontinuität des »Kreisens«, als Lebensweg schlechthin, dem Baum ähnlich mit Wachsen, Gestalt – Werden und Vergehen – und zur Ganzheit polarisiert durch die Rhythmik des Mondes.

In besonders eindrücklicher und einfacher Weise wurde dies von dem japanischen Maler Sengai Gibon dargestellt. Er formulierte zu seiner Kalligraphie: »Der Kreis stellt das Unendliche dar und das Unendliche ist die Basis alles Seienden. Das Unendliche ist jedoch in sich selbst formlos. Wir Menschen, die mit den Sinnen und dem Intellekt ausgestattet sind, verlangen nach greifbaren Formen. Daher das Dreieck. Das Dreieck ist der Beginn aller Formen. Aus ihm kommt zuerst das Viereck. Das Viereck ist ein doppeltes Dreieck. Dieser Verdoppelungsprozeß setzt sich unendlich fort und so gelangen wir zur Vielheit der Dinge, welche die chinesischen Philosophen die zehntausend Dinge – das ist das Universum – nennen.«[18]

Sengai Gibon: Der Kreis stellt das Unendliche dar und das Unendliche ist die Basis alles Seienden… Das Dreieck ist der Beginn aller Formen. Aus ihm kommt zuerst das Viereck… Das Viereck ist ein doppeltes Dreieck…[18] Das Bild wird von rechts nach links gelesen.

Aus der religiösen Überlieferung des Hinduismus kennt man ebenfalls seit Urzeiten den heiligen Punkt, »Bindu« genannt, der als ein Symbol für das Universum in seiner unmanifestierten Form angesehen wird. Gerade weil die Manifestation des absoluten Seins in die Erscheinungswelt der Materie so schwer verständlich ist, wurde der Punkt, aus dem alle Linien und Formen entstehen können, als Chiffre benutzt. Der Punkt im Kreis gehörte zu den hinduistischen Kräfte-Diagrammen, die einerseits spezifisch einzelnen Göttern zugeordnet waren, aber auch den Schülern bzw. den Mönchen auf ihrem geistigen Weg zugänglich gemacht werden konnten. Hierbei begegnet man einer unendlichen Vielfalt von Darstellungen, besonders in der Kunst, wobei sich bestimmte geometrische Formen immer wiederholen: der Punkt, der Kreis, das Dreieck und das Viereck, alles Variationen der Selbst-Symbole.[19]

Unbewußt gemaltes Bild einer jungen Ärztin nach einer aktiven Imagination.

Der leuchtende »Punkt im Kreis« mit Energie-Strahlen in das Lichtfeld des Kreisinneren. Der Kreis endet in einer Lemniskate, die aber auch wie dunkle Augen aussieht und »ansieht«.

Lichtpunkt in der Kreisdynamik (1982)

Unbewußt gemaltes Bild einer 47jähr. Pat. nach Unfalltrauma.

Bilddeutung: Das folgende, aus dem Unbewußten einer 47jährigen Pat. aufsteigende (gemalte) Bild läßt die gleiche Form erkennen und damit auch einen vergleichbaren Inhalt assoziieren. In diesem Fall wirkte es auf die Patientin wie ein Mandala, stark konzentrierend. Die für die Patientin selbst sehr überraschende Bewegungsdynamik innerhalb des »dunklen« Kreises setzte in ihrem Bewußtstein etwas in Bewegung, das sie aus einer aktuellen regressiv-depressiven Krisensituation herausführte. »... das Licht in der Dunkelheit – das muß ich einfach in mir wissen...«

Das strahlende »dynamische« Selbst

Unbewußt gemaltes Bild eines 58jährigen Mannes.

Individuationsprozeß bei stark introvertierter Wesensbetonung, Wissenschaftler, z.T. unbewußte sehr impulsstarke Extraversionstendenzen, die zu Konflikten führen können.
Bilddeutung: Zentrumssymbolik von intensiver Strahlen- und Leuchtkraft vom Mittelpunkt her frei in den Raum hinein. Die Sonnen-Analogie bietet sich als Assoziation zur Selbstsymbolik an. Die spontane Gestaltung unterliegt dem inneren »Ruf« im Sinne einer Meditation zum Mandala. Die Konturen von Quadrat und Kreis bleiben transparent und sind ohne Wollen und Ziel. »Ich habe noch nie malen können. Das malt hier mich und ist immense Kraft.« In dieser Dimension ist es tatsächlich Warnung und Schutz zugleich vor drohender Dissoziation zwischen Ich-Bewußtsein und dem Unbewußten, oder vor Inflation ungesteuerter Komplexenergien ins Ich-Bewußtsein.

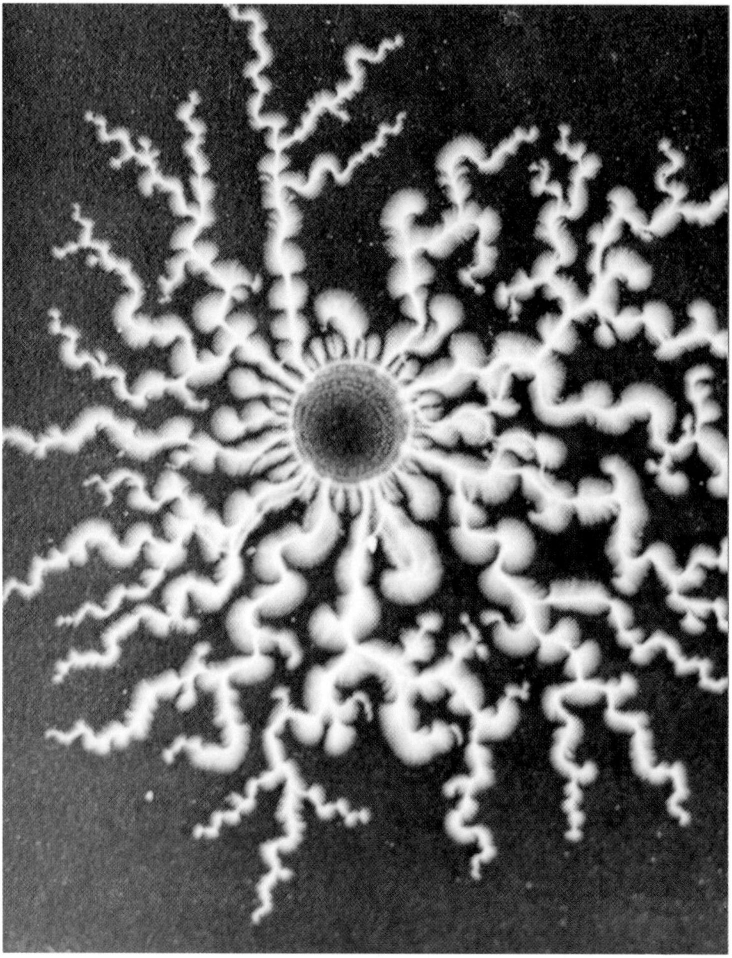

Vergleichsbild aus dem Forschungsraum der Physik: Die Lichtenberg-Figur

Sie entsteht als elektrische Entladung zur Erzeugung von Nukleinsäure als Bausteine des Proteins. Diese Naturerscheinung wirkt wie ein Mandala (Meditationsvorlage) und zeigt eine vom Zentrum her (Kreis-Figur) zentrifugal ausstrahlende Energie.[20]

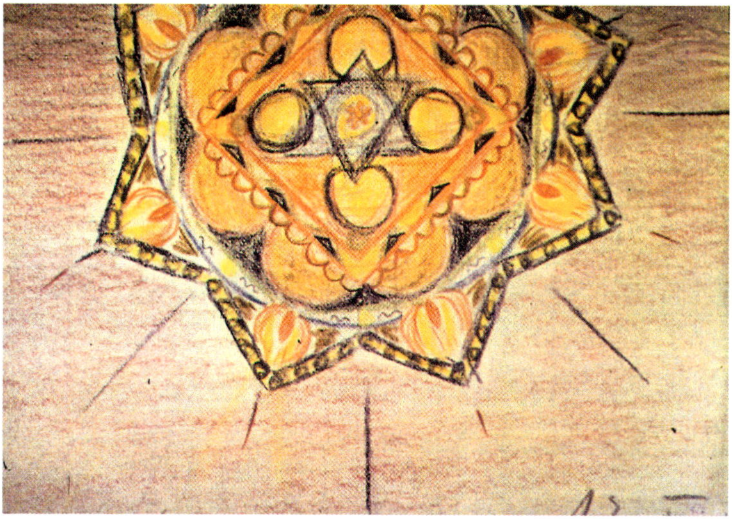

Selbst-Signale

Tagebuchzeichnung eines 52jährigen Patienten.

Symptomatik: Schwere Schlafstörungen, labiler Hypertonus, Aggressionsproblematik.
Bildbedeutung: Die Zeichnung zeigt in der Anordnung der Details eine Auseinandersetzung mit dem Prinzip der Form und Zahl: Dreieck, Quadrat, Kreis, vier und acht. Die Kerzenflammen in den Außendreiecken wirken wie in den Raum hinausstrahlend. Das ganze wirkt spielerisch und unfertig. Der bewußte Kommentar heißt: »... weil der Platz nicht größer war...« Die unbewußte Motivation signalisiert: Für die innere Ordnung ist kein Platz. Die Fülle der geistigen Symbolik spricht für eine spirituelle Begabung, die mit einer sehr nach Innen orientierten (introvertierten) Intuition verbunden zu sein scheint, was durch das signalhaft wirkende »gelb« für das Bewußtsein betont wird. Die den innersten Kreis mit der kleinen, sechsblättrigen Blüte umschließenden Dreiecke enthalten den Ur-Gegensatz: Mit der Spitze nach oben wird das Dreieck als Symbol der männlichen Zeugungskraft oder auch des Feuers angesehen. Das Dreieck mit der Spitze nach unten gilt als Symbol des weiblichen Empfangens oder auch des Wassers. In dieser Zeichnung ist die Verbindung nach oben – siehe obere Bildgrenze – verwehrt. Es signalisiert eine aktuelle Drucksituation.

Unbewußt gemaltes Bild einer 62jährigen Frau während der Prozeßphase in einer Individuationsanalyse.

Ausgelöst wurde das Bild durch einen Traum, den die Patientin dazu assoziiert: »... irgendwie bin ich im Traum gefallen, langsam – im Dunklen und ins Dunkle, fast wie auf einem vorgezeichneten Weg... ich kam nicht an, aber da war dann eine Helligkeit, aber nicht wie von einem konzentrierten Licht (Kerze oder Lampe), eher wie ein Schein, und ich sah die dunklen Wurzeln...«
Bildbedeutung: Auch hier symbolisiert sich das Kreishafte und das Zentrum, das durch das – trotz seiner Winzigkeit – ganz individuelle deutlich erkennbare Gesicht und damit vermutlich an das Ich signalisiert wird. »... es hat offene Augen und sieht mich an...«

Das Selbst und der Ich-Keim

Unbewußt gemaltes Bild in einer Prozeßphase tiefer therapeutischer Regression von einer 29jährigen Frau.

Aussage zum Bild: »Das ist ganz tief im Meer und wartet auf das Auftauchen…«

Bildbedeutung: Die Kreis- bzw. Kugelform signalisiert die dynamische Selbstsymbolik. Die sehr locker, dynamisch-anmutende Innenschicht am Kreisbogen, die offensichtlich keinem geometrischen Ordnungsprinzip unterliegt (im Gegensatz zum typischen Mandala), umschließt mit kräftiger Farbigkeit bei überwiegendem Rot, – »wie blütenförmig…« – eine wie ein Tor oder eine Kapelle anmutende Form in tiefdunklem Grün. Hier leuchtet im tiefen Innendunkel dann eine nur chiffrenhaft erkennbare kleine Gestalt auf, die keimhaft auf einen Werdevorgang hinweist. Bemerkenswert ist es, daß im Zentrumsbereich die vier Farben blau-rot-gelb-grün von der jungen Patientin benutzt wurden, und das Motiv vom Ich-Keim im Selbst assoziiert bzw. amplifiziert werden kann.

Das Mandala als Selbstsymbolik

62jährige Patientin. Ein Mandala, das nach geometrischen, stark zeichnerisch betonten ich-nahen Vorstellungsprinzipien entstanden ist (Musikerin). Farbe und Form sind harmonisch abgestimmt und vom Bewußtsein gesteuert. Es wirkt blütenhaft und durch die helle Zentrums- und Randbetonung tief und leuchtend. Die den eigentlichen Kreis überlappenden, halbmondförmigen Randfacetten sind mit einer hauchfeinen blauen Grenzlinie abgeschlossen, auf die sich aber nach einem winzigen »Luftraum« eine ebenso winzig rote Zackenlinie anschließt.

Bildbedeutung: Die konzentrative Dynamik des Bildes sowohl des Malvorganges selber, als aber auch der optische Umgang damit, bedeutete für die Patientin symbolisch den Versuch, eine existenziell-materiell überfordernden Lebenssituation, die psychosomatisch in eine bedrohliche Symptomeskalation geführt hatte (Hypertonie, Unfall, Depression, Schlafstörungen), durch Regression (der Libido von Außenobjekten) und Konfrontation mit dem inneren Bild aus dem Ordnungsraum des Selbstes zu kompensieren. Der dazu notwendige »Zeit-Raum«, denn ein solches Bild kann nicht schnell gemalt werden, wurde von der Patientin als ein »Geschenk an mich selbst« erlebt.

Wenn man das »Wissen aus der Tiefe« solcher Bilder zu erfassen versucht, wiederholt sich der Eindruck, daß hinter der Dynamik der Bewußtwerdung ein Urplan steht, in dem schon in diesem Frühstadium eine Ichinstanz bzw. der Ich-Komplex bereit liegt. Viele Hinweise aus Träumen und die Beobachtung sehr junger Kinder haben diesen Eindruck verdichtet. Speziell für die Ich-Funktionen ergaben sich folgende Überlegungen und Formulierungen (siehe Diagramm).

Die vollkommen wert- und grenzfreie *Intuition* gehört primär in den Raum der Schöpfung und behält diese schöpferische Möglichkeit als Reaktionsfähigkeit den geistigen Objekten gegenüber bei.

Das *Empfinden* gehört primär in den Raum des »Seins«, des unmittelbaren taktilen und universalen Verbundenseins und wird dadurch im Bewußtwerdungsprozeß zur am stärksten bezogenen Realitätsfunktion in der Objektwelt der Materie.

Das *Fühlen* hat im Frühstadium aufgrund der noch undifferenzierten emotionalen potentiellen Energie Teil an der Macht des Liebesgottes und damit am kosmogonischen Eros.

Das *Denken* ist in diesem Frühstadium noch frei von moralischer Wertung und dient dem Erfahrungsraum kognitiven Wissens.

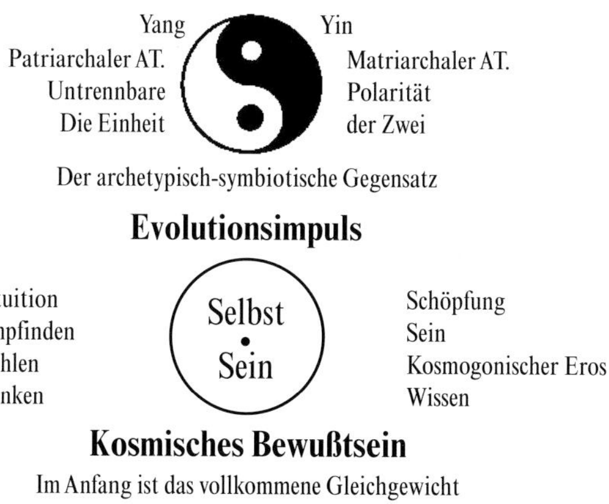

Das Selbst-Sein und der Ich-Keim mit seinen Ich-Funktionen in der Ursprungsform

Bei den Betrachtungen über die Entwicklungsmöglichkeiten und Wirklichkeiten des Bewußtseins aus dem Urbeginn heraus ist es interessant und erscheint auch notwendig, das aus dem Bereich der Kulturphilosophie stammende Hauptwerk von Jean Gebser, »Ursprung und Gegenwart«[21], mit einzubeziehen. Er entwickelte in dem Modell der »fünf Bewußtseinsstrukturen« – archaisch, magisch, mythisch, mental-rational und integral – eine vergleichende und vieldimensionale Studie eines aus dem »Ursprung« in den Evolutionsstrom sich entwickelnden Bewußtseins. Eine vergleichende Betrachtung ist deswegen besonders bereichernd für das tiefenpsychologische »Modell der Selbstentfaltung«, da Gebser seinen Entwurf nicht im Sinne des statisch fixierenden Historie betrachtet, sondern ganz ausdrücklich bei der wachsenden Struktur und den mutierenden Entwicklungssprüngen in spiralig gedachter Beziehung die früheren Strukturen immer als bleibende Basis und Gegenwärtigkeit mit einbezieht. Dies stimmt in der Vorstellung mit den in der Tiefenpsychologie bekannten »Engrammen« der Früh- und Frühestentwicklung (pränatal) überein, bzw. den archetypischen Wirkfeldern. Psychische Entwicklungsstrukturen liegen als abrufbereite (latente), energetische Potentiale im »kollektiven Unbewußten«. Dieser von C. G. Jung etwa 1919 entwickelte Begriff, der auch als »überpersönliches Unbewußtes« bezeichnet wurde, meint, in einer moderneren Sprachform ausgedrückt, ein phylogenetisch erworbenes Unbewußtes (Vererbungslehre) als die Gesamtheit angeborener, bzw. ererbter Entwicklungs-, Verhaltens- und Erkenntnismuster.

Für den Ursprungsbereich des Bewußtseins intuierte Gebser den Begriff der »archaischen Bewußtseinsstruktur«. Diese muß im tiefenpsychologischen Vorstellungsmodell sehr nahe im Bereich des »Selbst-Seins« liegen oder mit ihm identisch sein. Der Erlebnisbereich ist nur vorstellbar als vollkommene Um- und Innenwelt-Identität, als Zeit- und Raumlosigkeit, ein vollkommenes Gleichgewicht bei einem kosmischen Bewußtsein.

Gebser spricht in diesem Zusammenhang von der »gänzlichen Ununterschiedenheit von Mensch und All«.[21]

Von dieser archaischen Bewußtseinsstruktur liegen verständlicherweise keine Beweise vor, da sie wortlos, bildlos (traumlos) und ohne Manifestationen verlief. Sie wurde aus dem dynamischen Entwicklungsmodell der folgenden Bewußtseinsstrukturen rückblickend-denkend intuiert (Gebser). Tiefenpsychologisch aber sind archaische Identitätsrelikte bekannt. Man beobachtet sie bei Kindern nicht ganz selten, aber sie kommen auch bei Jugendlichen und – seltener – bei Erwachsenen vor. Die im Unbewußten zentrierte psychische Energie motiviert projektive Identifikationen mit Naturgewalten wie Stürmen, Überschwemmungen, Vulkanausbrüchen. Aber auch Dämonen, Monster oder totale Vernichtung können vom Ich Besitz ergreifen. Phänomenologisch erscheint das Ich dann vorübergehend identisch mit dem projizierten Objekt und ist es unterschiedslos selbst. Ein erkennendes und reflektierendes Bewußtsein (Ich-Bewußtsein) vermag zwischen einem »archaischen Bewußtsein (Regressionszustand) und aktueller

Jetzt-Bewußtheit zu unterscheiden und dadurch die energetisch-schöpferischen Impulse der Bewußtseinsvertiefung und -erweiterung zuzuführen.

Die sehr alte Geschichte der menschlichen Bewußtseinsentwicklung (Evolution) läßt das Thema des Ursprungs als »Beginn von«... sowohl tiefenpsychologisch als Spezialgebiet, aber auch in anderen wissenschaftlichen Disziplinen wie Theologie, Philosophie und Physik, sowie Medizin als breites interdisziplinäres Forschungsgebiet, als immer noch »in Entwicklung befindlich« erkennen.

Der Ursprung und Beginn der Bewußtseinsentwicklung beim einzelnen Individuum beginnt *physiologisch* mit der Empfängnis (Beginn der Schwangerschaft). *Psychologisch* ruht der »Ich-Keim« im »Selbst-Sein« (siehe Diagramm), umgeben vom »kosmischen«, d.h. unpersönlichen Bewußtsein. Ist dies im allgemeinen Evolutionsstrom der Bewußtseinsentwicklung auch der Beginn von Individualität?

Folgende Sequenz von C. G. Jung erscheint in diesem Zusammenhang überlegenswert: »Die Psychologie des Identitätszustandes, welcher dem Ich-Bewußtsein vorangeht, zeigt, was das Kind ist, vermöge seiner Eltern. Was es aber als eine von den Eltern unterscheidbare Individualität ist, läßt sich aus der Kausalbeziehung zu den Eltern wohl kaum erklären. Ja, man dürfte fast den Satz aufstellen, daß nicht die Eltern, sondern vielmehr deren Stammbäume, die Groß- und Urgroßväter und -mütter die wahren Erzeuger der Kinder seien und mehr an deren Individualität erklärten, als gerade die unmittelbaren, sozusagen zufälligen Eltern. So ist auch die wahre seelische Psyche abzuleiten. Sie ist eine Kombination von Kollektiv-Faktoren, die in der Psyche der Eltern nicht nur potentiell vorhanden und des öfteren überhaupt sichtbar sind. Nicht nur der Körper des Kindes, sondern auch seine Seele geht aus der Ahnenreihe hervor, insofern sie individuell von der Kollektivseele der Menschheit unterscheidbar ist.«[22]

Immer aber ist Beginn, Anfang und Weg in der individuellen Psyche: *Selbst-Entfaltung*.

Wachstum und Differenzierung der Bewußtwerdung

Im Diagramm der Selbstentfaltung verhüllen sich nicht nur die Wortdialoge aus zahllosen analytisch-therapeutischen Dialogen, aus Seminaren, Supervisionen, wissenschaftlichen Arbeitsteams und Familiengruppen, sondern auch Traumbilder aus den Nachtdialogen zwischen dem Ich-Bewußtsein und dem Unbewußten, oder den Bilddialogen aktiver Imaginationen. Dabei erwies die zunehmend sich erweiternde Erfahrungserkenntnis der »dynamischen Symbolik« sich als wesentliches Hilfsmittel für die Möglichkeit der Decodierung der Signale aus dem kollektiven Unbewußten, speziell für das jeweilige Ich-Bewußtsein. Der oft fast nicht überschaubare Reichtum eines dynamischen Symbols bewirkt seine ebenso oft ärgerniserregende *Vieldeutigkeit* – im krassen Gegensatz zu der *Eindeutigkeit* eines Zeichens – wie aber auch die subjektive Gestaltungsfähigkeit, das »Eine« aus der Fülle für das Subjekt in seinem Jetzt-Sein herauszufiltern.

C. G. Jung hat sich, wie in seinen gesammelten Werken nachlesbar ist, in vielfacher Weise mit der Symboldynamik auseinandergesetzt und z.T. einzelne Symbolchiffren ausführlich beschrieben. Gerade in der psychoanalytischen Traumarbeit erlebte er im unbewußten »Bildmaterial« (Traumbild) die zahlreichen Variationen in den Bildzusammenhängen. Dabei entwickelte sich bei ihm der Begriff vom Ur-Bild, bzw. Archetyp, der die kollektive Gültigkeit mit der archaischen Zeitdimension seiner Entwicklung verbindet.

Im Sinne der »Selbstentfaltung« hat sich z.B. die Wachstums- und Wandlungsdynamik des Baumes als urbildhafte Hieroglyphe angeboten, als ein lebendiges Modell erfahren zu werden für die Abstraktion in das »Diagramm der Selbstentfaltung«.

Seit Urzeiten gehört der Baum in den psychodynamischen Wahrnehmungsbereich: als Weltschöpfungsbaum, als Lebensbaum, als Bruder Baum oder als heiliger Ort einer Gottesanwesenheit.

Das Leben schlechthin scheint sich im naturhaften Sein des Baumes, aber auch in seiner Symbolik zu offenbaren: der Baum bezieht seine Lebensnahrung durch die erdschoßhafte Verwurzelung aus der Tiefe – wie die dynamische Verwurzelung des Bewußtseinskomplexes in der Tiefe des kollektiven Unbewußten. Das Wachstum des Baumes geschieht zwischen Himmel und Erde – also im Schöpfungsbereich der Urmythen. Das Blühen, Reifen, Fruchttragen gleicht dem Lebensrhythmus des Menschen, wie das Abfallen, die Trennung mit dem sich wieder ganz nach Innenwenden zu einem neuen Anfang – das archaisch-archetypische Urwissen vom Anfang der Schöpfung.

Yggdrasil

Der germanische Welten-Schöpfungsbaum.
Der Wurzel- und Nahrungsbereich in der Tiefe.
In der Mitte zwischen Höhe und Tiefe
der Menschen-Bereich vom lodernden
Lebensfeuer umgeben.
Im Luft- und Himmelsraum der Kopfbereich und
die Gott-Ebene.

Unbewußt gemaltes Bild einer jungen Frau, eines von vielen, die unter anderen, zur Entstehung des Diagramms der Selbstentfaltung beigetragen haben. Kommentar zum eigenen Bild: »… ich bin im Baum. Aber vielleicht werde ich gerade geboren…«
Die archetypische Baumchiffre zeigt sich hier angedeutet als »Banyan-Baum« mit den lang herabhängenden Luftwurzeln, die von oben nach unten wachsen, ein in Indien wachsender Baum, der hintergründig als Urbild für »the inverted cosmic tree« gedeutet wird und die Transzendenz zwischen Himmel und Erde symbolisiert. (Vom Selbst zum Ich – Vom Ich zum Selbst).

Urbilder des Baumes sind engrammiert im archetypischen Schatzhaus der Psyche, abrufbar in die Traumsymbolik als wichtige Signale für das Ich-Bewußtsein.

»Es gibt unvergessliche Begegnungen nicht nur mit Menschen, Gegenden und Kunstwerken, sondern auch mit Bäumen. Sie prägen sich in unsere Seele ein, tief und geheimnisvoll, denn sie sind im Grunde eine Begegnung mit uns selbst. Bäume werden geboren, sie leben und sie sterben, wie wir auch. Schon am dritten Schöpfungstag ließ Gott den Baum entstehen. Seither ist er da, mitten in der Welt und überall um uns herum, ein Wunder der Natur und unser nie vergehender Begleiter.«[23]

Der Baum als Leitmotiv und Symbol der Selbstentfaltung

Auf den zurückliegenden Seiten wurde die Entstehung des Arbeitsdiagramms der Selbstentfaltung einleitend beschrieben. Um es anschaulich und seine Entstehung aus der Empirie der täglichen Praxis verstehbar zu machen, stand am Anfang dieser Betrachtungen das Protokoll aus der »Lebenswerkstatt« eines Kindes und dessen innerpsychischer Dynamik.

Die zwar knappen, aber dramatischen Spielbilder des Kindes vermittelten einen Eindruck von den mächtigen Energien innerpsychischer Komplexfelder, aber auch der Festgefahrenheit schienenhafter Verhaltensweisen und der erschütternden Ausweglosigkeit, in der ein Kind durch diese Energien gefangen sein kann.

Wachstum und Differenzierung im psychischen Entwicklungsraum hat uralte seelische Vorstellungsbilder (Archetypen), die sich im Kontinuum der Bewußtseinsentwicklung ständig durch neue Erfahrungs- und Erlebnisengramme angereichert und vertieft haben. In diesem Sinne ist die Bewußtseinsentwicklung eingebettet in eine vieltausendjährige geistige Ahnenreihe. Und seit Urzeiten gehörte in den psychosomatischen Wahrnehmungsbereich der Baum – als Weltschöpfungsbaum als Lebensbaum als Bruder-Baum – aber auf der Basis dieser innerseelischen Identifikation, auch als heiliger Ort einer Gottesanwesenheit.

Das Geheimnis des Lebens schlechthin schien sich in der Baumsymbolik (und in seinem naturhaften Sein) zu offenbaren: Lebensnahrung aus der Tiefe des dunklen Erdschoßes durch die unsichtbaren Wurzeln (Nabelschnur); Wachstum zwischen Himmel und Erde durch den mächtigen Stamm (Stammbaum); das Blühen, gleichsam wie menschliches Erwachen von Innen nach Außen, Wandlung-Verwandlung und Reife und Reifen im Wachstum der Früchte; Trennung, das Abfallen (Loslassen, Entbinden) mit dem sich wieder ganz dem Innen zuwenden zu einem neuen Anfang (Urwissen vom Anfang der Schöpfung).

Im »Diagramm der Selbstentfaltung zum Bewußtsein und Ich-Bewußtsein« verhüllen sich also nicht nur die zahllosen Wortdialoge aus therapeutischen und analytischen Begegnungen, sondern auch viele Traumbilder aus den Nacht-Dialogen zwischen dem Ich-Bewußtsein und dem Unbewußten, oder aktiver Imaginationen. Ergänzend dazu fügen sich die vielfältigen schöpferischen Signaturen und Symbole aus formbarer und gestaltungsfähiger Materie wie z.B. Farben beim unbewußten Malen, Ton, oder wie oben beschrieben, der Symbolreichtum im kindlichen Spiel.[24]

Mit dieser Wachstums- und Wandlungssymbolik speziell im Zusammenhang mit der Baumchiffre, hat sich C. G. Jung auseinandergesetzt, da auch ihm im unbewußten Bildmaterial – auch in Serien – immer wieder in vielfachen Variationen der »Baum« als archetypisch-symbolische Wachstumshieroglyphe begegnete. Er hat mit ausführlichen Amplifikationen auf die Fülle der dynamischen Hintergrundsmöglichkeiten hingewiesen.[26]

Psychologisch und psychodynamisch taucht diese Urchiffre wieder auf in dem Vorstellungsmodell von der »Ich-Selbst-Achse«[25] und symbolisiert heute die Beziehung zwischen dem Ich-Bewußtsein und der psychischen Ganzheitsinstanz des Selbst-Seins.

Der Baum als Symbol für die Lebensganzheit und das Eingebettetsein im Universum: In den Wurzeln ruht die schöpferische Ganzheit der Polarität von Yin/Yang, im oberen Baumbereich polarisieren sich die rhythmischen Raum-Zeit-Symbole Mond/Sonne und die Ur-Polaritäten werden umschlossen vom Ganzheits-Symbol des Kreises. Das Bild wurde von Lama Govinda selber gezeichnet.
(Lama Anagarika Govinda, Die innere Struktur des I Ging)

Wie klar und wegweisend deutlich einzelne Strukturelemente aus den archetypischen Engrammierungen sich in die Bilddynamik eines unbewußt gemalten Bildes einer 56jährigen Frau (1979) während eines therapeutischen Prozeßverlaufes einmischen können, ist immer wieder eine überraschende Ich-Bewußtseinserfahrung.

Während eines »abaissement du niveau mental« gemalten Bildes in einer Gruppensituation, in der das Thema vom Schöpfungsmythos und der Schuld im Paradies entstanden war.

Psychodynamisch kann man den dunklen Raum im unteren Bildbereich wie eine »regressio ad utero« auffassen. Dazu paßt die Assoziation der Analysandin: »... die hocken wie im Mutterbauch der Erde.« Und sie schließt die Frage an: »Komisch, warum haben die denn Angst? Die könnten sich doch ganz geborgen fühlen.« Aber sie kam doch auch zu der nachsinnigen Frage, als einige Zeit später noch einmal das Bild im Zusammenhang mit einem Traum in den Dialog kam und meinte nun dazu: »Die Angst könnte ja auch heißen, raus müssen aus der Höhle, raus aus dem Bauch, Angst vor dem, was draußen lauert... Und so etwas ist ja heute noch manchmal in mir...«

Das Bild aber enthüllt noch weitere Möglichkeiten zur Assoziation und Amplifikation. »Das ist wie ein Urmenschenpaar, in der Nacht, denn der Mond steht am Himmel«, sagte die Analysandin, und man kann ergänzen: vielleicht als Symbol fast völliger Unbewußtheit. Sie sind sehr eng miteinander verbunden. Sehr eigentümlich und auffallend lebendig wirkend, erhebt sich rechts im Bild, über dem Höhlenrand sitzend, eine schwarze Schlange, die mit den eigentümlich lichthaft wirkenden Augen wie ein Fragezeichen wirkt. »Ist das vielleicht die Schlange, die eigentlich alles weiß und darum – oder warum? – zur bewußtseinsverändernden Versucherin von Eva wird? Hat sie darum Angst, und möchte dieser ›Adam‹ sie davor schützen, indem er seinen Arm um sie legt?«

Ohne daß sie es selbst merkte, war die Analysandin wie vom Bild selber her in die mythologische Chiffre der Schuld- und Trennungsmythologeme des christlichen Mythos gelangt und damit zu einer eigenen zentralen Innenthematik. (Vertreibung aus dem Paradies)

Die im linken Bildraum fast etwas »gespenstisch« wirkende Baumhieroglyphe wurde von der Analysandin anfänglich recht knapp kommentiert: »Der (Baum) steht auf dem Kopf und streckt seine Wurzeln nach oben. Was der sich wohl aus den Himmelswurzeln so in seinen Erdkopf holen wird?«

Das Bild ließ diese Frage offen, quasi »randständig«.

Bei der Suche nach dem Sinn dieser merkwürdigen und recht fremd anmutenden Chiffrierung tauchte eine antizipatorische Assoziation auf, die interessanterweise in einen der Analysandin fremden Kulturraum und damit auch fremden Mythos führte. Denn in dem um geistige Weisheiten so tief wissenden Osten, in diesem Fall in Indien, wurde tatsächlich der Weltenbaum umgekehrt als »arbor inversa« bzw. als »inverted tree« intuiert (Rig Veda), der mit seinen Wurzeln im Himmel verankert war und dadurch die Verheißung unsterblichen Lebens vermittelte. Für die Analysandin bedeutete die »Objektivierung« ihres ja ganz von innen und unbewußt entstandenen Bildentwurfes eine sie selbst überraschende Bewußtseinsbereicherung, aber auch Vertiefung im Sinne einer inneren Wahrheit.

Einige Zeit später entstand in ihrem Traumbuch eine flüchtige Bleistiftskizze, die nur durch Zufall im Zusammenhang mit einem Traum ins Gespräch kam. Es sah so aus, als wäre es eigentlich »ein Baumstumpf«, dessen abgeschnittene Fläche jetzt zu einem Munde sich verwandelt hatte. Die beinahe heftige Strichdynamik im Wurzelbereich, aber auch am Stamm aufsteigend, könnte etwas mit den auffallend großen Augen zu tun haben, die das ganze Bild beherrschen. »Die wollen sehen und wissen...« Es war der Analysandin nicht bewußt, daß die flüchtige Strichzeichnung eine Momentaufnahme ihres Bewußtwerdungsprozesses andeutete.

Es war wie eines der vielen Signale, in denen das Unbewußte andeuten kann, daß es eben mehr weiß als das aktuelle Ich-Bewußtsein. Gerade die Unauffälligkeit, Unabsichtlichkeit und Unterschwelligkeit solcher Bildmotivationen haben eine Wegweiserfunktion für den dialektischen Prozeß. Aber

sie sah und erkannte auch, daß die *»Riesenaugen unterhalb des Baumkronenbereiches«* etwas aus der Tiefe zu vermitteln versuchten.

Es ist immer wieder überraschend zu beobachten, mit welcher Konsequenz das Unbewußte seine motivierenden Bildsequenzen als Urchiffren mit den individuellen und auch aktuellen Seinssituationen des Menschen zu mischen vermag. Bis in heutige Zeit hinein kennt man z.B. den Brauch bei einer Hochzeit oder der Geburt eines Kindes, einen Baum zu pflanzen als Zeichen des sich immer wieder und weiter »fortpflanzenden« Lebens.

Viele Baumbilder sind in den zurückliegenden Jahren als unbewußte Symbolchiffren in den Prozeßverläufen (Individuationswegen) entstanden und haben ihre entschlüsselbare Hieroglyphenschrift aufleuchten lassen für den einzelnen (oder in tiefenpsychologischen Arbeitsgruppen).

Trotz der modalitätenreichen Variationsbilder – aber auch gerade durch diese – wurde die Grundform und Dynamik des Baumes als Ur-Bild für Wachstum und Differenzierung zum Modell für das Wortsystem des Diagramms. Die einzelnen psychischen Schicht- und Komplexbereiche ordneten sich von unten nach oben (Wachstumsrichtung). In diesem Vorstellungsmodell entwickelte sich der Differenzierungsweg »vom Selbst zum Ich« und der Individuationsweg »vom Ich zum Selbst«.

Semiotik reduziert und damit ihren symbolisch-vieldeutigen und dynamischen Charakter verliert. Das Entweder-Oder-Prinzip ist im christlichen

2. Der Evolutionsimpuls – die archetypisch-symbiotische Polarität

Die Entfaltung des psychischen Organismus, der Entwicklung der einzelnen Funktionen in Wachstum und Reifung (Differenzierung).

»Keiner der sucht, sucht nach nichts.
Jeder der sucht, sucht worum er insgeheim weiß,
sucht, was er insgeheim bereits gefunden hat.«

(J. Gebser)

Die im Diagramm als Selbst-Sein beschriebene psychische Ursprungsmatrix enthält in ihrem energetischen Potential den autonomen Entwicklungsimpuls zur Selbstentfaltung und Bewußtwerdung. Dies entspricht dem heutigen Wissen über die psychosomatische Entwicklung. Denn das gesamte genetische Material eines Menschen ist primär in den Kernen der beiden Keimzellen deponiert: im Kopf des Spermiums und im Zellkern der Eizelle. Hier bereits liegen alle Informationen für jede Körperzelle bereit. Denn das individuelle Erbgut des Vaters und der Mutter ist in der chemischen Substanz der DNS (Desoxyribonukleinsäure) manifestiert.

Sowohl die Eizelle wie die Samenzelle sind in sich geschlossene und ganzheitliche Organismen mit Sende- und Empfängermöglichkeiten, die die Vereinigung des Eis mit der einen Samenzelle bewirken.

Der Augenblick der »Befruchtung« ist der Anfang neuen Lebens, und die »Evolution« einer »Menschwerdung« beginnt.

In der Selekta vom 30. Juni 1980 erschien ein Bild, das symbolisch darstellen sollte, wie die Bausteine von Nukleinsäuren aus der chemischen Evolution einer anorganischen Atmosphäre hervorgingen.[26]

Adenosin-Cytidin-Guanosin-Uridin, vier chemische Symbole sind es, die die Möglichkeit anbieten, die ganze ungeheure Komplexität lebender Strukturen auszudrücken. Die vor älter als vier Milliarden Jahren beginnende chemische Evolution evozierte von der Urzelle bis zu ihrer heutigen Vielfalt – einschließlich der *psycho*genetischen Entwicklung – die Evolution des Lebens. Speziell also für die tiefenpsychologische Forschung ist es interessant, daß sich in der Struktur bestimmter DNS als Frühengramme eine »Erinnerung an jenes Urmolekül« enthalten hat.

Übertragen auf den individuellen »Evolutionsimpuls aus dem Entwicklungsstadium des Selbst-Seins« – also einer Mutation im Bewußtwerdevorgang – entsteht zunächst eine Polarität, die gleichzeitig Unität und Differenzierungsbeginn in die Dualität enthält: die Einheit der Zwei als die nicht trennbare Polarität (nicht Gegensatz, sondern Ergänzung). Es differenzieren sich die archetypischen Wirkfelder des patriarchalen und matriarchalen Archetyps und als Urchiffre der Polarität (Amplifikation im Diagramm) die Symbolchiffre Yin/Yang. Letztere wurde gewählt, weil sie in vollkommener Weise dem Prinzip der Polarität entspricht: Einheit ohne Aufhebung der polaren Spannung, Ergänzung statt Gegensatz, im Schwarz ist das Weiß, im Weiß ist das Schwarz. Die zwischen Yin/Yang liegende Linie, die auch Weg genannt wird, soll alle Polare in die Ordnung kosmischer Gesetze einbetten, während das ganze Zeichen vom »Kreis der Einheit des Seins« umgeben ist.

Auch M. Eliade greift das tiefreichende Thema auf und formuliert: »Aus dem Ur-Sein unter der Symbolchiffre von Punkt und Kreis entwickelt sich

Die vier chemischen Symbole: Cytidin-Guanosin-Uridin-Adenosin

»es könnte so gewesen sein«... intuiert der folgende Bildentwurf von Prof. Manfred Eigen von der Vor- und Frühgeschichte des Lebens.[26]

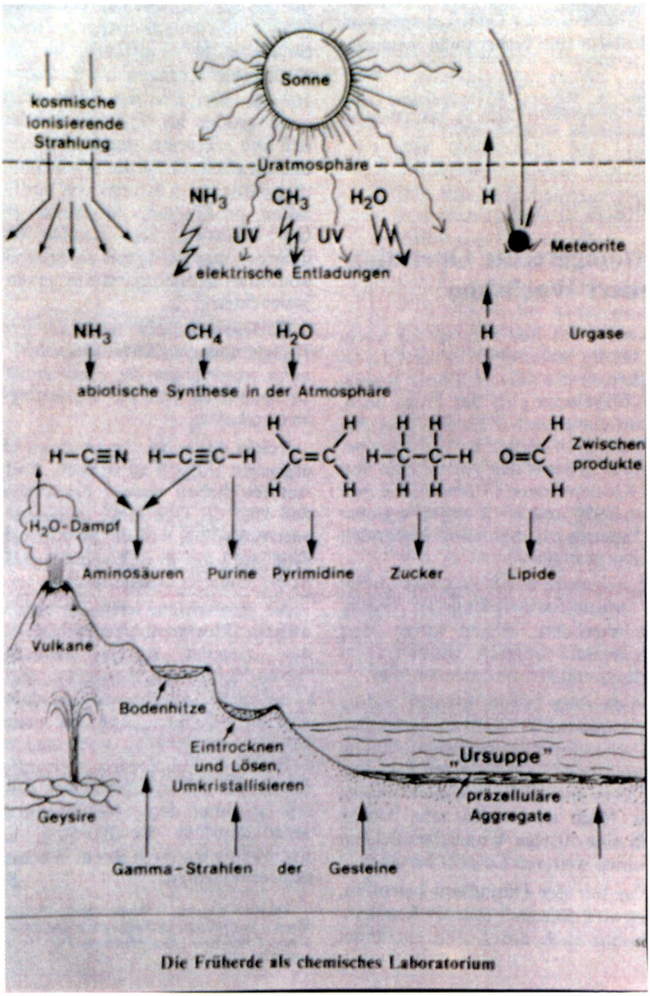

Die Früherde als chemisches Laboratorium

Wie die Chemie ihre »Urworte des Lebens« fand.

Auf molekularer Ebene, doch in ganz anderen Zeitspannen spielen die Prozesse, denen Eigens Forschungen gelten: Es geht um die Entstehung des genetischen Codes, die sich vor dreieinhalb bis vier Milliarden Jahren vollzogen hat. Diese Schrift oder Sprache bot die Möglichkeit, die ganze un-

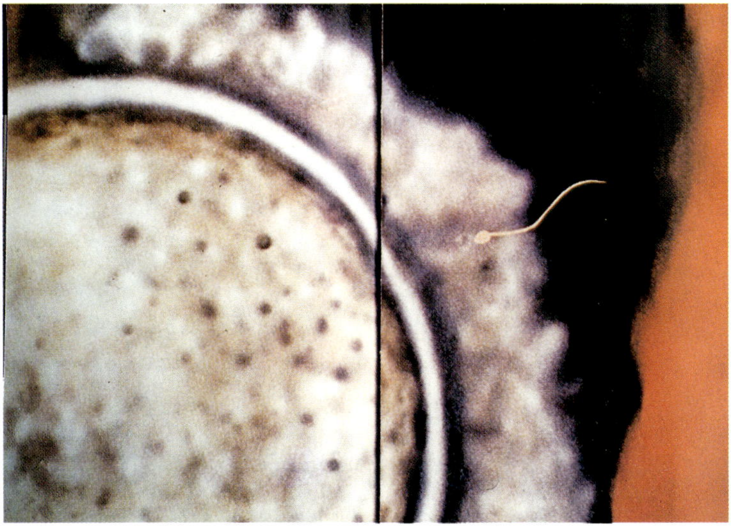

Das Schöpferische und das Empfangende

Eizelle und Samenzelle. Mysterium conjunctionis

geheure Komplexität lebender Strukturen auszudrücken, sie zu bewahren und weiterzugeben, ähnlich wie auf dem Alphabet die gesamte geschriebene und noch zu schreibende Weltliteratur aufbaut.

über den symbiotischen Gegensatz mit der Yin/Yang-Chiffre aus dem chinesischen Kulturraum und der aus dem indischen Kulturraum sich dazugesellenden Yoni/Lingam-Phänomenologie im Entwicklungsraum der Schöpfungsmythen eine neue Differenzierung der Zentrumssymbolik: Der Zeltpfahl als Raummitte sowohl des unmittelbaren Wohnbereiches, aber auch als Verbindung mit der Wachstumsvorstellung des Baumes, der die Erde mit dem Himmel verbindet, als Trägerachse des Weltalls – als Wirbelsäule die Trägerachse für den Menschen selber. Zu diesen kosmogonischen Bildern gehört auch das befruchtete Ei oder das biologische Anfangsstadium des Menschen: ›Der Embryo‹.«[27]

Die Bewußtseinsstruktur, die sich aus dem Bereich der archaischen Weltbetrachtung in die nächsten Entwicklungsbereiche mutiert, ist nach Gebser die »magische Bewußtseinsstruktur«. Aus der archaischen Unität und Allverbundenheit beginnt der Mensch, sich zu unterscheiden und ein Gegenüber wahrzunehmen. Allmählich vermag das magische Bewußtsein sich als Bezogenes auf ein Beziehungsobjekt zu erleben. Dabei besteht noch keine Ich-Instanz, aber statt dessen ein allgemein und kollektiv bestimmendes und ordnendes Gruppen-Ich bzw. ein gültiges magisches Kollektivbewußtsein. Zunächst besteht zur Ichlosigkeit auch noch eine Zeit- und Raumlosigkeit.

Die Unterscheidungsfähigkeit bewirkte aber auch eine Frühform der Machtergreifung über Naturvorgänge, die durch magische Riten beeinflußt werden. Die wirksame Basis dafür war die instinktive Beziehungseinheit mit allen Objekten der unmittelbaren Umwelt. Die einerseits instinktbedingte, aber durch die Gegenüberbeziehung auch spontan und libidostark betonte Emotionalität (Gefühle) sowie die ebenfalls im Beziehungsbereich deutlich werdenden Triebimpulse bestimmen nicht nur das magische Welterleben und -verhalten, sondern motivieren auch den nächsten Entwicklungsschritt im Bewußtwerdungsprozeß.

Unter diesen Aspekten wird es verstehbar, daß z.B. die sogenannte »Heilige Hochzeit«[28] ganz früh als magisch-religiöser Brauch ritualisiert und ganz real im Fruchtbarkeitskult als Dienst an der Großen Göttin in der »Tempelprostitution« vollzogen wurde. Darüber hinaus hat sich dies seit Urzeiten als symbolische Handlung über die ganze Erde verbreitet. Die körperliche Vereinigung des Gottes mit der Göttin galt von jeher als Schöpfungsrealität und materialisierte das Sein.[28]

Die Vereinigung von Körper (Sexualität) und Geist spielt im heutigen Bewußtsein eine weniger große Rolle und wird durch die »Aufklärung« rationalisiert. Um so deutlicher dagegen tauchen die Urchiffren der Vereinigung als religiöse Handlung immer wieder in Träumen auf. Sie werden sichtbar in unbewußten Schuldgefühlen, im Bedürfnis eines »irgendwie«

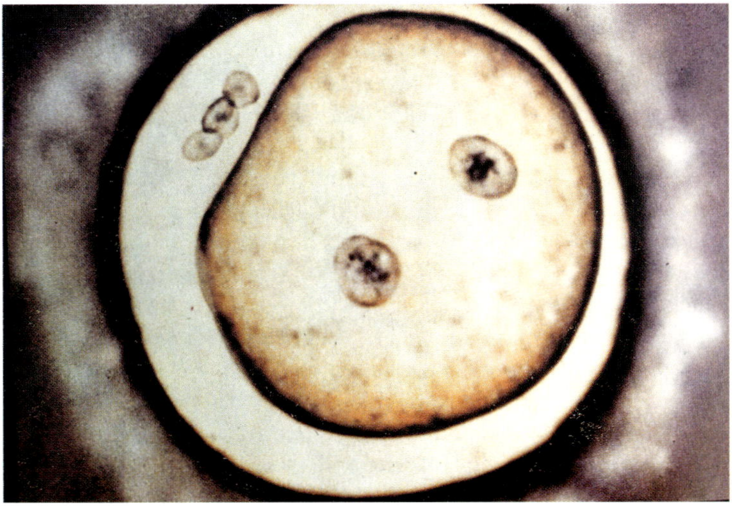

Biologische Ursprungseinheit

Vereinigung der weiblichen und männlichen Keimzelle; psychodynamischer Vergleich: der Ur-Elternkomplex

gearteten Wunsches nach »Segen«, in oft tiefen Wünschen nach geistiger Bestätigung und danach, fruchtbar und schöpferisch zu sein, damit aus der »Einheit der Zwei« das Eine, Dritte entstehen kann.

Es wäre durchaus auch möglich und vorstellbar, für die archetypisch-symbiotische Polarität ein Zeichen aus dem christlichen Kulturraum zu wählen. Dazu würde sich das Kreuz in seiner ebenfalls sehr weitreichenden Bedeutung anbieten. Das Kreuz trägt die Polarität ebenso untrennbar in seinen Balken wie das Doppelsymbol des Tao (Tai Ji) oder die Doppelhelix der DNS mit Plus- und Minusfaden als Erbbrief. Aber merkwürdigerweise kann man in der Praxis beobachten, daß im eigenen aktuellen Mythos (dem Christentum) die Symbolik für das Ich-Bewußtsein sich des öfteren zu statischer Semiotik reduziert und damit ihren symbolisch-vieldeutigen und dynamischen Charakter verliert. Das Entweder-Oder-Prinzip ist im christlichen Kulturbereich und im Alltag besonders in die »Geist-oder-Materie-Haltung« hineingewandert und hat zur Spaltung in sehr vielen Lebensbereichen geführt. Im östlichen Kulturraum ist dagegen die Vorstellung von der Einheit von Geist und Materie unverändert erhalten geblieben.

Die Wirkungen der magischen Entwicklungsengramme in der Tiefenschicht der Psyche des heutigen Menschen sind unverkennbar und, wenn auch sehr viel häufiger unbewußt, deutlich wirksam. Man glaubt oder hält für möglich oder tut es trotzdem, auch wenn man es nicht für möglich hält – schenkt und kauft Maskottchen, Schutzsymbole, segnet und verflucht, geht zum magischen Heiler, staunt über Synchronizitätsphänomene und kann rational nur schwer verstehen, daß Geist und Materie eine polare Einheit sind. Gerade aber die »tote« Materie erweist sich unter Umständen als »mana-geladen« (unbekannte, nicht sichtbare Energie) und bringt dem einen Glück und Freude, verwandelt sich aber für den anderen wie ein »böser Blick« in Fluch und Unheil.

Kinder haben es in dieser Beziehung noch leichter als die Erwachsenen. Ihre Rationalität ist meist noch biegsam und läßt der Phantasie und den magischen Einfällen im begrenzten Raum ihres Jetzt-Seins zu. Dabei identifizieren sie sich mit den Heldenfiguren des Fernsehens und erleben ichhaft den Erkenntnisschmerz der Realität der Ich-anders-heit. Diese Unterscheidungsfähigkeit ist dann jeweils eine Zunahme an Differenziertheit der Ich-Funktionen und des Ich-Bewußtseins.

Die Mächtigkeit und Unausweichbarkeit der psychischen Energien, die unter der Chiffre der Trennung in Bewegung gesetzt wurden, haben an aktueller Bedeutung in keiner Weise verloren. Es gibt eigentlich keinen psychotherapeutischen Prozeßverlauf, in dem nicht im Zeitraum therapeutischer Regressionen ein Bild von Trennung, Scheidung, Spaltung, Zerstükkelung, Zerreißung usw. auftaucht. Auch der Tod in allen Varianten erscheint

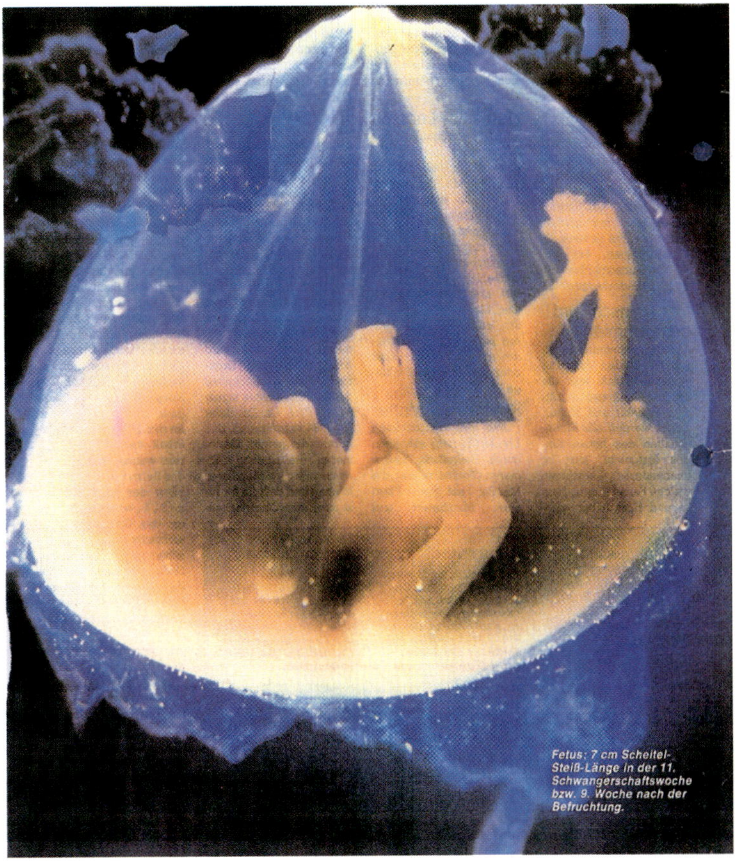

Fetus: 7 cm Scheitel-Steiß-Länge in der 11. Schwangerschaftswoche bzw. 9. Woche nach der Befruchtung.

Wer bin Ich?

Der Unterschied
la différence
the difference

als Wandlungschiffre von Ende und Wandlung und bietet das Signal für ein sich veränderndes Bewußtsein.

Das energetische Potential, das aus den archetypischen Tiefenschichten aufsteigt, enthält also einerseits »uralt Erfahrenes« und bietet symbolisch entsprechende Urchiffren an. Diese mischen sich aktuell im transzendenten Arbeitsfeld (siehe Diagramm) mit persönlich individuellen Signalen. Die mythologisch archetypische Hieroglyphenschrift aber ermöglicht in besonderer Weise dem einzelnen, sich selbst als eingebettet in größere geistige Zusammenhänge zu erleben.

Mit dem Trennungskomplex beginnt phänomenologisch die Symbolik des Weges und des Wachstums. Die dynamische Symbolik der Spirale mit der Polarität von Extraversion/Introversion begleitet von nun an alle dynamischen Vorgänge von Progression und Regression, von Aufstieg und Abstieg, für Anfang-Weg-Ziel und Rückweg-Mitte-Zentrum. Gleichzeitig aber drückt sich das energetische Entwicklungswachstum in entsprechenden symbolischen, aus dem Unbewußten motivierten Bildern aus.[29]

»Man kann sich kaum des Eindrucks erwehren«, formuliert es C. G. Jung, »als ob der unbewußte Prozeß sich spiralförmig um ein Zentrum bewege, dem er sich langsam annähert, wobei die Eigenschaften der Mitte sich immer deutlicher abzeichnen… Nicht selten wird darum auch die Mitte als Spinne im Netz dargestellt, namentlich dann, wenn im Bewußtsein noch die Einstellung der Angst vor den unbewußten Vorgängen überwiegt.«[6]

Die Spirale ist ein uraltes Symbol, das der Mensch aus den Bildern der Natur und der Tiere übernommen hat. Die wohl ältesten vom Menschen geformten Spiralen finden sich – und zwar als Labyrinth gestaltet – in Griechenland auf der Insel Kreta im Königspalast von Knossos, in dem der urweltliche, aus dem Meer stammende riesige »Stier Minotauros« vom König Minos eingesperrt wurde, ein mythisches Wesen mit Menschenleib und Stierkopf. Die ägyptische Ur-Spirale schätzt man auf ein Alter von 1900 Jahren vor Christus. Sie wurde im Tempel bei Medinet-eel-Fajum gefunden und wurde in den mythischen Vorstellungen als »Seelenweg« aufgefaßt. Aus dem indischen Kulturraum kennt man die Begriffe vom »Zug oder Weg des Lebens« sie symbolisierte aber auch den »schöpferischen Willen« (bzw. die Erektivität)« und die »Un-Endlichkeits-Chiffre Leben/Tod der magna dea«. In diesem Sinne sind die Doppelspiralen auf sehr alten Gräbern als Tor und Wiedergeburtssymbole zu verstehen, indem die Einkehr in dem Erdschoß die Rückkehr in einer geistigen Wiedergeburt intuiert werden konnte.

Die archetypische Engrammierung der Spirale im psychischen Organismus aber hat noch ältere Vorbilder. Denn die Spirale gilt biologisch als Grundprinzip für den Bau des somatischen Organismus. Die Doppelhelix

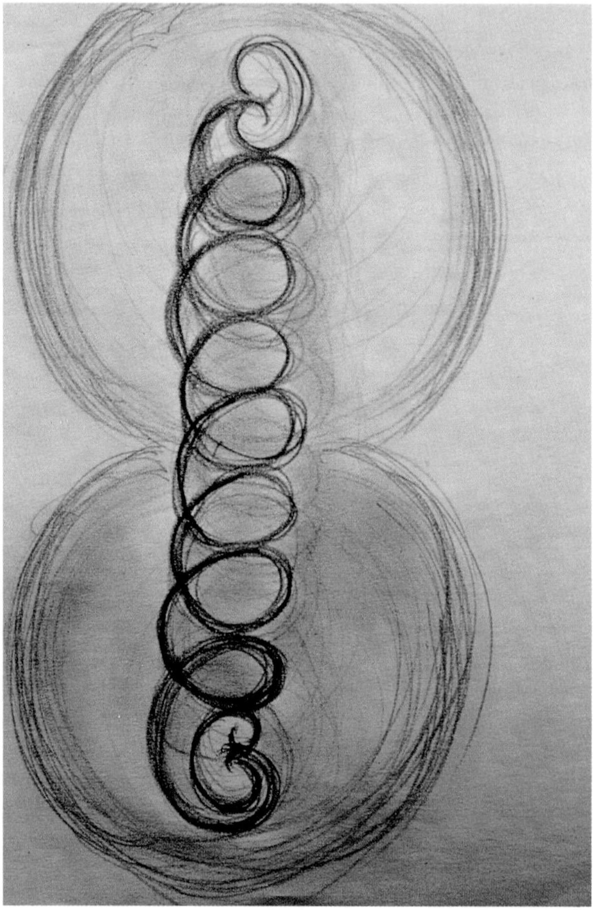

Unbewußt gemaltes Bild einer 46jährigen Patientin (1982)
Progression – Regression
Regression – Progression
vom Selbst zum Ich
vom Ich zum Selbst
Weg

Spiraldynamik aus unterer Keimsituation in obere Keimsituation.

Aussage zum Bild: »Das ist ganz tief unten mit Aufstieg, der immer auch etwas Rückweg ist – so spiralig – und ganz oben beginnt etwas… da ist etwas Neues, es ist offen und wird hell…«

der DNS (Desoxyribonukleinsäure Molekül) ist spiralig geformt (1962). Zwanzig Jahre früher schrieb M. Eliade schon: »Man glaubt heute zu wissen, daß im Keim und Samen spiralige Bildungen die Unsterblichkeit tragen.«

Es ist für das heutige Bewußtsein eindrucksvoll zu sehen, wie die Realistik der Natur-Phänomene sich mit den geistigen Imaginationen schon im frühen Raum der Bewußtseinsentwicklung mischte und den Erkenntnisweg der ganzheitlichen Dynamik initiierte.

3. Der potentielle Entwurf

Diagramm-Aspekt

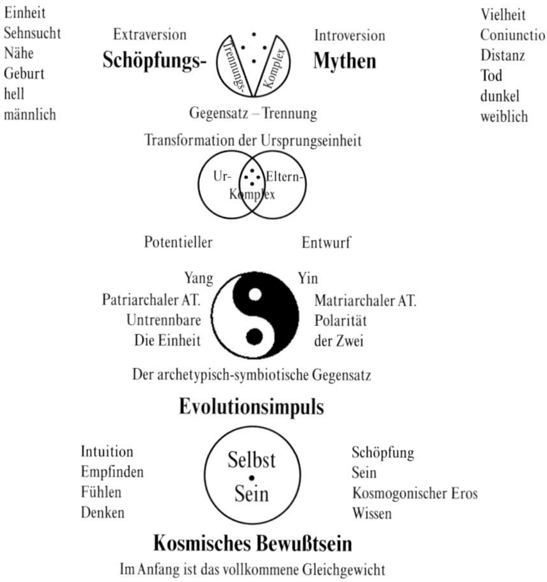

»Der Mythos ist das geheime Fasten des Denkens, er befreit uns von der Bürde, alles ausdenken und durchdenken zu müssen, und so öffnet er den Bereich des Seins.«

Raimund Panikar

Die auf dem Diagramm benutzten Begriffe, die aus dem *Evolutions-Impuls* aufsteigen: patriarchaler und matriarchaler Archetyp, Yin/Yang, als Chiffren für psychodynamische und polare Potentiale im kollektiven Unbewußten, führten auch zu dem Begriff des Ur-Paares, bzw. Ur-Eltern-Komplexes. Im Gegensatz zum persönlichen Eltern-Komplex, der im persönlichen Unbewußten im Zusammenhang mit der persönlichen Biografie seine Erlebnisengramme erfährt, enthält das archetypische Potential des Ur-Paar-Komplexes die patriarchal/matriarchalen Engramme von Himmel und Erde, Götter und Göttinnen, Zeugendem und Empfangendem bis zum bewußten Wissen von Mann und Frau, bzw. Vater und Mutter. In diesen Urbildern (Archetypen), und damit psychischen Energiepotentialen, sind alle Erlebnisengramme zu dieser Thematik in der Bewußtwerdeentwicklung gespeichert. Sie stehen für eine Auseinandersetzung des Ich-Bewußtseins mit energiegeladenen Symbolchiffren zur Verfügung (in Träumen, Imaginationen usw.) und vermögen im analytischen Prozeß entsprechende Negativ-Komplexe energetisch zu entbinden und die frei werdende Energie (Decodierung des Symbols) für das Ich-Bewußtsein verfügbar zu machen.

Das »Selbst-Sein« und die »archetypisch-symbiotische Polarität« kennzeichnen mit ihrer Symbolik (Punkt im Kreis, untrennbare Polarität) auf dem »Diagramm der Selbstentfaltung« die primäre und tiefste Schicht im psychischen Gesamtorganismus. Sie ist die heile und heilende Matrix, aber ebenfalls das luzide (hell, durchsichtig) energetische Element für alle transzendenten Erfahrungen und Erlebnisse des Ich-Bewußtseins. Heil und heilend ist dabei allerdings nicht gleichzusetzen mit »gesund bzw. nicht krank« und schon gar nicht mit sozialer Leistungs- und Arbeitsfähigkeit. Die heilende Wurzelschicht meint immer die individuelle Persönlichkeit und die gestaltungsfähige psychische Energie für das Ich-Bewußtsein.

Sogenannte »große Bilder« in Träumen und aktiven Imaginationen vermitteln in ihren Inhalten aus dieser Schicht oft ganz spontan uraltes Wissen, das bei einem unerfahrenen Ich-Bewußtsein zwar immer stark beeindruckt, aber oft auch ganz schlicht auf Unverständnis stoßen kann. Es sind also nicht etwa nur »elitär Auserwählte«, sondern jeder Mensch kann eine Ich-Selbst-Erfahrung mit seiner inneren schöpferischen Basis erleben. Die Erfahrung hat gezeigt, daß bei Vertiefung und Differenzierung des Ich-Bewußtseins diese »Bildbegegnungen« zu eindrucksvollen Erlebnissen und Erkenntnissen führen können. Es ist anzunehmen, daß die aus dem buddhistischen Kulturraum bekannten sogenannten »Satori-Zustände« – eine manchmal ganz plötzlich eintretende »Erleuchtung« – einem solchen Erlebnis von Selbst-Sein bzw. kosmischer Verbundenheit entspricht.

Satori ist ein japanischer Zen-Terminus für die Erfahrung eines inneren Erwachens (Erleuchtung). Es bezeichnet keine »Erkenntnis« im gewöhnlichen oder philosophischen Sinne, da es in dieser Form der Erleuchtungserfahrung keine Unterscheidung von Erkennendem und Erkanntem gibt.[30] Der aus der libidostarken schöpferischen Entwicklungsdynamik entstehende *potentielle Entwurf* läßt aus dem patriarchalen und matriarchalen Archetyp den Ur-Eltern-Komplex entstehen.

Die »mythologische Bewußtseinsstruktur«[21] hat in diesem Zusammenhang ein reizvolles mythologisches Bild intuiert. Denn Mythos ist, wie C. G. Jung formuliert, »ein unbewußter Symbolprozeß, der sich durch Äonen fortsetzt und als ursprünglichste Manifestation des menschlichen Geistes auch die Wurzel aller zukünftigen Schöpfung sein wird.«[10]

In einem indischen Schöpfungsmythologen heißt es im Sinne des Selbst-Seins: »Am Anfang war diese Welt allein der Atman. Der blickte um sich. Da sah er nichts anderes als sich selbst. Da fürchtete er sich; darum fürchtet sich ein jeder, wenn er allein ist. Da bedachte er, wovor sollte ich mich fürchten, da nichts anderes außer mir da ist?… Aber er hatte auch keine Freude; darum hat er keine Freude, wenn er allein ist.«[10]

Nach dieser göttlichen Selbstbegegnung bzw. Begegnung mit sich selbst und den schlichten, menschlich-tröstlichen Schlußfolgerungen entsteht das Urbild einer Schöpfung. Und es heißt weiter im Text: »Nämlich er war so groß wie ein Weib und ein Mann, wenn sie sich umschlungen halten. Dieses sein SELBST, zerfällte er in ZWEI TEILE, daraus entstanden Gatte und Gattin… mit ihr begattete er sich. Daraus entstanden die Menschen. Sie aber erwog: ›Wie mag er sich mit mir begatten, nachdem er mich aus sich selbst erzeugt hat? Wohlan, ich will mich verbergen!‹

Archetypische Phantasie

»Am Anfang war diese Welt allein der Atman in Gestalt eines Menschen. Er blickte um sich, da sah er nichts anderes als sich selbst. Da rief er zu Anfang aus: ›Das bin ich!‹ Er war so groß wie ein Weib und ein Mann, wenn sie sich umschlungen halten; dieses, sein Selbst, zerfälle er in zwei Teile, daraus entstand Gatte und Gattin.«

Da verwandelte sich die weibliche Hälfte erst in einen Hasen, aber Purusha erkannte es und wurde ein männlicher Hase. Die Frau wurde ein weiblicher Sperling, er verwandelte sich in einen männlichen Vogel und begattete sie. Und so ging es immer weiter, bis zu den kleinsten Tieren.

Also geschah es, daß er alles, was sich paart, bis hinab zu den Ameisen, dieses alles erschuf. Da erkannte er: ›Wahrlich, ich selbst bin die Schöpfung, denn ich habe diese ganze Welt geschaffen.‹«

Nicht nur das Selbst und das Ich tauchen in diesem Schöpfungsmythologem als erkennende und erkannte Ganzheit auf, sondern auch die untrennbare Polarität für den Schöpfungsvorgang selbst. Auf diese Weise realisierte sich der potentielle Entwurf eines Ur-Eltern-Paares, indem das kosmische Verlangen (Libido, Begierde) den Entwicklungsschritt zur Entstehung des Paares intuierte.

»Das Selbst als Chiffre für die Ganzheit enthält das Wissen um die Ur-Formen des Daseins. Es enthält die Symbole des Anfangs, des Werdens und des Endens. Alles Seiende, alles urtümliche Dasein ist eine Selbsterkenntnis und Selbstdarstellung...«, liest man bei Edgar Daqué[31] und er spricht von der »zweitlosen Einheit« und der Polarität mit ihrem inneren Rhythmus.

Das Mythologem dieser archetypisch-symbiotischen Polarität, die zwar nicht trennbar, aber in der Dynamik des dauernden Wandels sich befindet – gleichsam ein Rad des Lebens –, intuiert die Ur-Chiffre vom matriarchalen und patriarchalen Archetyp. Diese Polarität enthält ebenfalls die Dynamik des Lebens und vereinigt in der Bejahung des ständigen Wechsels die universelle Wirksamkeit des archetypischen Polaritätsprinzips. Die Doppelseitigkeit aller Dinge, d.h. die Bipolaritäten allen lebendigen Seins, die auf zwei entgegengesetzten komplementären Kräften beruht, emaniert (Ausstrahlung und Materialisierung psychischer Energie) sich aus dem spannungsfreien Seinszustand und wird damit zum sichtbaren Phänomen.

Der Ur-Eltern-Komplex

Der Diagramm-Aspekt

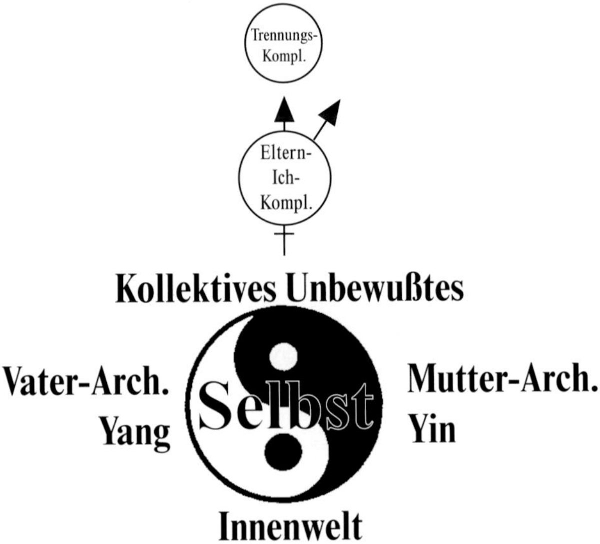

Aus dem Evolutionsimpuls und dem potentiellen (energetischen) Entwurf chiffriert sich auf dem Diagramm der Ureltern-Komplex. Er enthält die Wachstumsenergie für den Weg der Bewußtseinsentwicklung und der Konstellation des Ich-Bewußtseins. Er ermöglicht den Weg »vom Selbst zum Ich«, aber er ermöglicht auch die positiven Regressionen (Rückkehr) zum Ursprungsort des Werdens.[29]

Obwohl es in dem oben genannten Schöpfungsmythologem nicht explizit ausgesprochen wird, liegt im Vorgang der »Begattung« die symbolische Dreiheit verschlüsselt, wie, psychologisch vergleichbar, der Keim des Ich-Komplexes im Schoß des »Ur-Eltern-Komplexes«. Der Ich-Komplex enthält gleichzeitig die Urform (Fähigkeit) der Polarität, die alle weiteren Entwicklungsstufen mitbestimmt. Diese Urerfahrung der polaren Spannung ist also bereits so früh im Entwicklungsraum des Ich-Komplexes zu vermuten. Die Bilder, die sich bei therapeutischen Regressionen aus dieser tiefen Schicht symbolisieren, sind unpersönlich, archaisch, urtümlich, zeigen weite und vielfältige Dimensionen. Bei sehr frühen Störungen (Urstörungen in der Erstbeziehung) enthalten die späteren unbewußten Aussagen eine starke und unter Umständen fast sprengende Gegensatzdynamik (Dissozia-

Die »Vater-Mutter-Stellung« als Symbol der Unität und Polarität
Ausschnitt aus einem tibetischen Tantra

Unbewußt gemaltes Bild eines 42jährigen Mannes

Archaisches Bild aus dem Regressionsraum des therapeutischen Prozesses – archaisch-kosmische Identität
Aussage zum Bild: »Der Mann ist die Sonne – die Frau ist der Mond – das ist wie Tag und Nacht vereint…«

tionsgefahr). In diesen psychodynamischen Bereich gehören aber auch die Bilder der Lysis als Darstellung des Anfangs und Wachstums, von Rhythmus und Wiederkehr oder von Ende und Wandlung (Bilder der Ureltern und des Gegensatzes).

Der Bereich der Ur-Eltern enthält also die erste psychische Drei-Einheit, die alle späteren, im Laufe der Ich-Bewußtseinsentwicklung eintretenden *Aus-ein-andersetzungen* auf der Basis dieser Früherfahrungen organisiert. Das psychische Energiefeld (Komplex) enthält darüber hinaus die Engramme aller Evolutions-Stufen der Entwicklung der Menschheitsgeschichte sowie die unbewußte Möglichkeit ihrer Projektionen. Hier liegt die Bereitschaft, Uralterfahrenes, Gewußtes und Erprobtes im Sinne religiöser Urerfahrung immer neu dem Ich-Bewußtsein zur Verfügung zu stellen und damit ein Seins-Bewußtsein der kosmischen Ganzheit zu garantieren.

Unter der Wortchiffre *Potentieller Entwurf* verbirgt sich auch ein dynamisches Geschehen mit einer energetischen Konzentration zu einem wichtigen Komplexfeld. Aus den kollektiv-archetypischen Wirkfeldern, dem Archetyp der »Großen Gottes« und der »Großen Göttin« (Yin/Yang) konstelliert sich der menschlich näher erfaßbare Ur-Eltern-Komplex. Dieser Komplex spielt bei den Ablösungs- und Wandlungsvorgängen der persönlichen Eltern und vor allem bei den negativen Vater- und Mutterkomplexen eine wesentliche Rolle. Über die Regression in die Tiefenschicht des Ur-Eltern-Komplexes konstellieren sich anstelle der persönlichen Eltern die Imagines, und dadurch können neurotische Fixierungen entbunden werden.

Im Ur-Eltern-Komplex wird der Ich-Keim aus dem Selbst-Sein übernommen und zur Bewußtseinsentwicklung entbunden.

Symbolische Phänomenologie von Unität und Polarität

Diagramm-Aspekt

Das im Diagramm verwendete chinesische Symbol steht für die »untrennbare Polarität« (Yin/Yang) als energetisches Spannungsgefälle, in dem das Gegenüber-Sein (Gegensatz) als Ergänzung erkannt wird und eben nicht als »Gegensatz« und dadurch autonom das dynamische Lebensgefälle im psychischen Stoffwechsel (normalerweise) erhalten wird. Die chinesische Philosophie beruht auf den Grundprinzipien der beiden Elemente Yin und Yang, die mit ihren polaren Energien die taoistische Weltanschauung bestimmen.

Yin/Yang, weiblich/männlich lassen sich durch ihr Wechselspiel (Polarität) und ihre Interaktion das »ganze Universum« entstehen. Yin und Yang sind die polaren Manifestationen des höchsten geistigen Prinzips (Tao) und ihre konkrete Erscheinung wird auf die Polarität von Erde und Himmel, wie auf alle anderen Polaritäten projiziert.

Die Unität im androgynen Buddha – männlich/weiblich, Yin/Yang

Die Ur-Polarität – das Ur-Elternpaar

Unbewußt gemaltes Bild einer 68jährigen Frau

Symptomatik: 68jährige Patientin, Depression nach Unfall, Arbeitsbehinderung, traumatischer Diabetes, Progression nach langer therapeutischer Regression.
Bildbedeutung: Die Gegen-Teile (in uns) sind unter einem Hut geeint und wurzeln in der Spiraldynamik des Lebens. Die untere Halbspirale wendet sich nach rechts und enthält im Zentrum ein Auge als Hinweis, daß das Bewußtsein die tiefe Dimension erreicht hat und die Inhalte bewußtseinfähig bzw. integrierbar werden. Das Ur-Paar läßt an neue schöpferische Möglichkeiten (Konjunktion und neue Geburt) denken.

Ur-Polarität

bei Marc Chagall

Ur-Polarität, Regressionsphase im Individuationsprozeß

Unbewußt gemaltes Bild einer 59jährigen Frau

Bildbedeutung: Der Vogel taucht zwischen die Fische. Die Betonung der Dynamik liegt im Unten, wobei die Bewegungsrichtung der Fische nach rechts auffallend schmiegsam und wachäugig ist, während die des flügelstarken Vogels eindringend nach links weist. Es deutet sich dadurch die noch unbewußte (theriomorphe) Beziehung des geistigen Bezuges zu den schöpferischen Inhalten des Unbewußten (die Fische als Wandlungssymbole) im ganzheitlichen Bezug der Ergänzung an.

Die Ur-Polarität

Unbewußt gemaltes Bild einer 49jährigen Frau

Therapeutische Regression, spontan gemaltes Bild, inhaltlich für die Patientin fremd, »augenhaft« sie ansehend, geheimnisvoll und aussagestark. Von der Dynamik her sehr bewegt, an »etwas aus der Tiefe Kommendes oder in die Tiefe Weisendes« erinnernd. Das Bild vermittelt von jeder Seite her einen anderen Eindruck.
Bildbedeutung: Der in der Spirale enthaltene Gegensatz von Hell und Dunkel, die in die Spiralbewegung eingeschlossene Zahl Neun oder Sechs, der Spiral-Weg mit der Dimension von Zeit und Raum, signalisieren Ganzheit als Ergänzung und symbolisieren ein dynamisches Selbst-Symbol (siehe Tai-Ji-Zeichen im Diagramm).
Symbolik der Farbe: Hell-dunkel, Assoziation der Patientin: »Da ist es Nacht und es geschieht etwas Helles am Himmel.«

Die Ur-Polarität

Regressionsphase während einer Trauerarbeit wegen Tod eines Kindes. Spontan gemaltes Bild einer sehr guten Zeichnerin und künstlerisch tätigen Frau.

Aussagen zum Bild: »Verstehen tue ich dieses Bild überhaupt nicht, aber es hat eine mich ausgesprochen animierende Dynamik, da ist etwas sehr Verschiedenes, was aber vielleicht doch zusammengehört. Es ist für mich ein fremdes Bild, wenn ich nicht wüßte, daß ich es selber tatsächlich gemalt habe, würde ich sagen, es hat aus mir gemalt.«

Bildbedeutung: Dynamische Annäherung an die psychische Grundmatrix des Schöpferischen und des Empfangenden mit ich-ferner Chiffrierung. Im linken Bildraum (vom Betrachter aus) phallische Dynamik (Erektivität) mit augenähnlicher Zentrierung und Übergang in Rechtsdynamik. Die angedeutete Uterusform in der Bildmitte zeigt ebenfalls ein Augenmotiv. Beide Symbolformen sind voneinander getrennt, aber dicht aneinander geschmiegt. Neues zu empfangen und Neues zu gebären wird vom Ur-Grund der Seele aus enthüllt und als tragende und auffangende Matrix der Ich-Instanz (Augenmotiv) angeboten. Die mondförmigen Abschlußschalen (gelb) im »Uterusbereich« weisen in ihrer »zunehmenden« Dynamik auf einen progressiven Prozeß hin. Der schwarze Halbmond und der Balken, die beide den Uterusmund zu verschließen scheinen, deuten den noch nicht vollendeten Prozeß an.

Kosmische Polarität – Sonne – Mond – Tag – Nacht – Jahreskreislauf

Unbewußt gemaltes Bild eines 45jährigen Mannes.
Im phönixhaften Vogel symbolisieren sich Tod und Auferstehung.

Die Ur-Polare

Unbewußt gemaltes Bild einer Enddreißigerin, Kinderwunsch, (Fehlgeburten) Minderwertigkeitsgefühl.

Aussagen zum Bild: »Das links oben ist ein Mondgesicht mit sehr dunklen Augen, Armen und Händen oder Füßchen. Es ist voller Mond mit (silberner) zunehmender Sichel (oben) und abnehmender blauer Sichel (unten). Merkwürdig der Lichtschein oben rechts neben dem Mondkopf.«

Bildbedeutung: Geheimnisvoll mutet die »Sonne mit den Strahlen von Innen« an und das hohe Wellen schlagende Meer. Die Intensität der kosmischen Symbolik erweist sich als sehr ich-fern für das Ich-Bewußtsein, signalisiert aber auch starke innerseelische Energien, die transzendiert werden wollen.

Unbewußt gemaltes Bild einer jungen Frau während eines Individuationsprozesses.
Aussagen zum Bild: »… der Fisch sieht aus wie ein eben geborenes Robbenbaby und als würde der Vogel es schützen und als wäre er gleichzeitig ein Schlangenauge, das ihn selber schützt. Aber da ist so etwas wie Kraft und – komisch eigentlich – so etwas wie Zielgerichtetheit in dem rot der Flügel und der Haltung des Schnabels… oder das grüne Kreuz?«
Bildbedeutung (Teilaspekt): Das »grüne, wie von Gold umrandete Kreuz« signalisiert eine für die Patientin zu dieser Zeit noch fremde Thematik: die innere Beziehung zur Religion. Die Polarisierung zwischen Vogel, oben, Himmel und Erdtiefe im Wasser symbolisierte das Thema im Bild und konnte im Prozeßverlauf transzendiert werden

4. Trennungskomplex und Schöpfungsmythen

Diagramm Aspekt

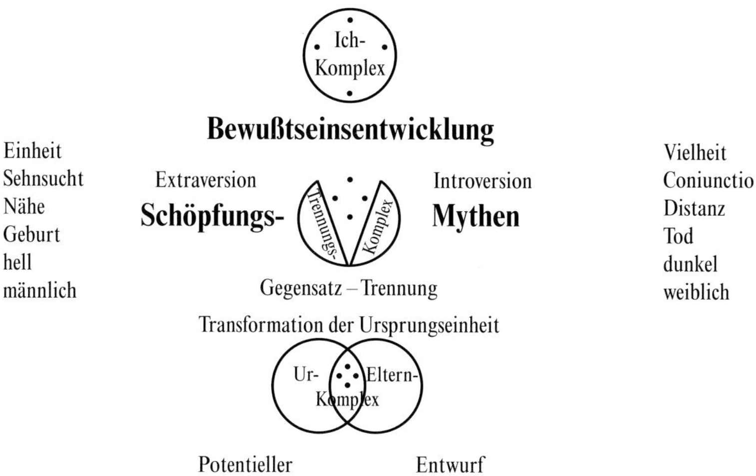

»Beachte immer, daß nichts bleibt, wie es ist, und denke daran, daß die Natur immer wieder ihre Formen wechselt.«
Marc Aurel, 121–180, römischer Kaiser 161–180

Das, was vor aller Schöpfung war – man könnte es ein Ur-Sein nennen – und die Schöpfung selber ist älter als das Ur-Sein des Menschen. Der Mensch gehört also mit seinem Beginn bereits in eine »Kette« des Seins und damit in das geistige Kontinuum einer Jahrmillionen alten *Bewußtwerdung*.

Wenn man den Bilderreichtum der multidimensionalen Schöpfungsmythen betrachtet, bewegt man sich in einem geistigen Weltenordnungs- und dynamischen Entwicklungsraum, in dem die Hierarchie der Raum-Zeit-Chiffre vom Nicht-Sein vor aller Zeit bis zu dem Augenblick: »Es werde« reicht. Immer wieder aber entsteht psychodynamisch die Schwellensituation, die den mächtigen Entwicklungsimpuls eines Schöpfungsereignisses entbindet.

Bewußtwerdung ist also Schöpfungsbeginn, und für alle Zeiten bleibt das energetische Potential einer Schöpfung im Jetzt und Hier für das Ich-Bewußtsein erhalten.

Die archetypische Urchiffre der Schöpfung enthält das psychodynamische Grundprinzip der Polarität und das Bewußtwerdungsengramm der Trennung. Damit entwickelt sich die Fähigkeit für das Ich-Bewußtsein zur Erkenntnis des Gegensatzes. Das psychische Ur-Engramm des Anfangs – eben dem vor aller Zeit – enthält aber auch das Ur-Wissen von der Un-Endlichkeit des Seins und das Wegengramm vom Werden aus der Ungetrenntheit. Unendlichkeit entspricht in diesem Zusammenhang dem Chaos, dem Ungeformten, der Ganzheitlichkeit des Ungetrennten, der Nicht-Ordnung, der Nicht-Bewegung, dem Nicht-Tod und der Nicht-Geburt.

In fast allen Religionen der Welt hat man versucht, das Leben und die Welt von ihrem Ursprung bzw. ihrer Entstehung her zu erklären (Kosmogonien). Die Bewußtseinsphase des mythischen Denkens schuf dazu die Bilder der großen Schöpfungsmythen, in denen sich ein vorzeithafter Seins-Zustand in einen aktuell-zeithaften Seins-Zustand verwandelt.

In jeder Variation eines »Schöpfungsereignisses« symbolisiert sich aus dem archetypischen Engramm der Teilung und Trennung, aus dem »vor aller Zeit Un-Endlich Seienden«, die Materialisierung des Geistes, und es entsteht die Zeit, der Raum, die Zahl und das Werden.

Durch den autonomen Entwicklungsimpuls (auf dem Diagramm: *Evolutionsimpuls*) bildet sich als erste Transformation aus der Ursprungseinheit der *Trennungskomplex* als neues energetisches Zentrum. Aus diesem heraus wird die für das spätere Ich-Bewußtsein symbolische Phänomenologie und emotionale Dynamik erkennbar und verstehbar. Im *Trennungskomplex* ist die breite Wirkkraft der Polarität, der Trennung und Teilung sowie des Gegensatzes und der Einseitigkeit enthalten. Im *Trennungskomplex* chiffriert und antizipiert sich also die gesamte Möglichkeit und Fähigkeit der positiven und negativen Trennungsthematik für den Ich-Komplex.

Unter der Chiffre der Trennung wird die archaische und magische Bewußtseinsstruktur transzendiert, und als neue »Mutation« entwickelt sich die »mythologische« Bewußtseinsstruktur. Im Bereich dieser Strukturen eines allgemeinen Bewußtseins scheinen sich nun auch die ersten Konzentrationen für das im Ganzheitsplan des Selbstes enthaltenen Ich-Bewußtseins zu bilden. Es entstehen in besonders eindrucksvoller Weise die Projektionsbilder der einzelnen Entwicklungsstadien. Wir unterscheiden noch heute zum Beispiel ein phasenhaft auftauchendes matriarchales Bewußtsein von einem patriachalen Bewußtsein. Dementsprechend gab es alte Welt-Schöpfungsentwürfe von Göttinnen *und* Göttern.

Für den Tiefenpsychologen und Psychotherapeuten sind diese Bildinhalte vor allem wichtig, um in den Regressionsphasen während therapeutischer Prozeßverläufe die dabei auftauchenden Bilder aus der archetypischen Vergangenheit der Seele diagnostisch einordnen und in der finalen Symbolik dynamisch erkennen zu können.

Die praktische Erfahrung hat gezeigt, daß bei Regressionen innerhalb eines analytischen Behandlungsverlaufes in die Tiefenschicht des Trennungskomplexes bzw. in den polaren Bereich der matriarchal/patriarchalen Matrix tatsächlich Symbolbilder aus den vielfältigen Weltschöpfungsmythen auftauchen können, in denen – oft auch verkleidet in modernen Chiffrierungen – die Urchiffre der Trennung enthalten ist. Interessanterweise zeigen gerade diese Mythen und Mythologeme darüberhinaus in oft eindrucksvoller Weise die Projektionsbilder der einzelnen Stadien der menschlichen Bewußtseinsentwicklung. Erich Neumann hat sich in seinem umfänglichen Werk »Ursprungsgeschichte des Bewußtseins« mit vielfältigstem Material damit auseinandergesetzt.[25]

Es ist also – wie oben bereits angedeutet – psychologisch gesehen kein Zufall, daß die Kosmogonien der Welt die Ur-Chiffre der Trennungshieroglyphe als phänomenologische Spezifität enthalten (Weltelterntrennung).

Die Schöpfungsmythen sind immer Trennungsmythen. Sie berichten jeweils über die Entstehung der Welt, wobei es immer wieder der schöpferische Wille eines im Ur-Sein oder im Chaos »wesenden Gottes« oder Geistes ist, der das jeweils neue oder sich immer wieder verändernde Schöpfungsereignis beginnen läßt. Alle Schöpfungen aber stehen in der Endlichkeit der Zeit und gehen unter, zerrstören oder verbrauchen sich selbst.

Im Schöpferischen ist der Archetyp des Ursprungs immer gegenwärtig. Es ist ein Jetzt, das nicht an die Zeit und nicht an die Materie des Raumes gebunden ist. Spontan, rational oft nicht einzuordnen, ist das Schöpferische im Jetzt Ereignis und Geschehen. Immer war und ist es ein bewußtseinsfördernder und energetischer Impuls, der meist einen starken Eindruck hinterläßt.

Nur der schöpferische Geist bleibt im »unendlichen Sein« erhalten und sammelt die Kraft des Universums für neue Weltschöpfungen. Über die Schöpfungsmythen berichtet Mircea Eliade, daß diese »die verschiedenen, bisweilen dramatischen Einbrüche des Sakralen in die Welt« bedeuten, und er fährt fort mit dem ausdrücklichen Hinweis auf die damit zusammenhängenden mächtigen Energieimpulse, die auch solche Worte wie »Urknall« entstehen ließen: »Andrerseits stellt jede neue Schöpfung, da sie ein göttliches Werk ist, auch einen Einbruch schöpferischer Energie in die Welt dar. Jede Schöpfung ist Ausfluß einer Fülle. Die Götter, die Demiurgen, die mystischen Ahnen erschaffen aus einem Übermaß von Macht, aus einer Überfülle von Energie. Die Schöpfung ist die Folge eines ontologischen Überflusses. Das ist auch der Grund, warum der Mythos… zum beispielhaften Muster aller menschlichen Tätigkeit wird.«[27]

Schöpfung – das ist »zuerst« oder »im Anfang« oder »es war einmal«. Alles was ist, hat ein Vorher. Wir denken dann rückwärts in die Vergangenheit, »denn schon das frühe Kind wenden wir um und zwingen's, daß es rückwärts Gestaltung sehe, nicht das Offene, das im Tiergesicht so tief ist.« So formulierte es R. M. Rilke in den Duineser Elegien.[32]

Die Schöpfungsmythen sind also der Spiegel des unsichtbaren »Vorher«. Mit dem Mythos beginnt das polare Denken, das im Sichtbar-Werdenden die eigentliche Schöpferkraft als nicht sichtbaren Pol unaufhebbar weiß. Heute kann jeder mit den Physikern sagen: Der Geist ist in der Materie immer enthalten, denn er gestaltet sie.

Dieser Trennungsprozeß als Ur-Engramm wiederholt sich im Laufe der Bewußtseinsentwicklung, um jeweils die gerade erreichte Bewußtseinsstufe zu erweitern und das Neue einem Alten zu konfrontieren bzw. es zu integrieren. Es ist die Schwelle für die Entwicklung von Erkennen und verstehender Erkenntnis.

Die vergleichende Betrachtung von Bildern aus dem Unbewußten mit den Urbildern der Kosmogonien ist für den Tiefenpsychologen und Analytiker ein faszinierendes Forschungsgebiet geworden. Es führt in die archaischen Bereiche frühesten psychosomatischen Lebens und enthüllt die geistigen Vorstellungen davon. Die symbolisch dynamischen Bilder, die aus der Tiefenschicht der Seele auftauchen, sind vor allem therapeutisch wichtig geworden, um in den spontanen oder therapeutisch provozierten Regressionsphasen während eines analytischen Prozeßverlaufes eine natürliche Zuordnung – und das heißt in diesem Fall den ordnenden Ort (z.B. Trennungskomplex) im psychischen Organismus – zu erkennen und in seiner Dynamik zu verstehen. Dadurch ergibt sich die Möglichkeit, eine kollektive Bild-Chiffre aus dem Unbewußten in einer finalen Symbolik individuell de-chiffrieren zu können zu der Ur-Frage: **Wer bin Ich?**

Der noch in der Ungetrenntheit seiende Ur-Elternkomplex und der Trennungskomplex sind psychodynamisch eng miteinander verbunden. In diesem Entwicklungsbereich findet, wie oben bereits angedeutet, die Entbindung, die Früh- oder Vorform des Ich-Komplexes statt, der funktionell bereits ganzheitlich angelegt ist. Darum wurde für die graphische Darstellung im Diagramm der Kreis mit den vier Ich-Funktionsfarben blau (Denken), rot (Fühlen), grün (Empfinden), gelb (Intuieren) aus dem sich öffnenden Trennungskomplex aufsteigend gewählt.

Es ist einerseits ein Bereich, von dem aus die Bewußtseins- und Ich-Entwicklung progressiv und propulsiv gesteuert wird. Andererseits aber bleibt dieses psychodynamische Energiefeld auch die Auffangstelle für die tiefen therapeutischen Regressionen. Die symbolische Phänomenologie enthält dann z.B. in den Träumen eine Chiffrierung, in der etwas neu empfangen und geboren wird. Dem »reincarnatus est« parallelisiert sich zur Vorstellung einer körperlichen Wiedergeburt die Möglichkeit des Christuswortes: »... es sei denn, du wirst wiedergeboren aus Wasser und Geist...« Untergangs- und Wandlungserlebnisse können das Resultat einer analytischen Arbeit im Sinne eines Individuationsweges sein.

Als Anreicherung, Erweiterung und Vertiefung (Amplifikation) sollen hier drei Schöpfungsbilder aus verschiedenen Mythen dazu dienen, das archetypische Kernelement zu verdeutlichen. So ist die Schöpfungsmythe der Genesis ein Beispiel für eine Schöpfung aus einem Urzustand vor aller Manifestation. Es sind für jeden christlichen Menschen vertraute Worte und Bilder, und es fällt ihm nicht schwer, sie als Urworte des Lebens am Beginn einer Weltentstehung zu erkennen:

»Im Anfang schuf Gott Himmel und Erde. Und die Erde war wüst und leer, und es war finster auf der Tiefe; und der Geist Gottes schwebte auf dem Wasser. Und Gott sprach: ›Es werde Licht!‹ Und es ward Licht. Und Gott sah, daß das Licht gut war. Da schied Gott das Licht von der Finsternis und nannte das Licht Tag und die Finsternis Nacht. Da ward aus Abend und Morgen der erste Tag.«

Deutlich signalisiert hier die *Trennungschiffre* den Gegensatz von Licht-Dunkel, von Tag-Nacht und im folgenden von Wasser-Land, Himmel-Erde. In schlichtester Form werden hier im göttlichen Schöpfungsakt die Polare deutlich und die Gegensätze entbunden. Zahl und Zeit werden dem Chaos gegenübergestellt.

Schon 2000 Jahre vor Christus aber entstand ein Mythos in Indien, der ebenfalls die ewige Frage nach Ursprung und Sinn aller Schöpfung stellt:

»Das All war in Finsternis eingehüllt, unsichtbar, unenthüllbar, unerkennbar, so daß es ganz in Schlaf gesunken darlag. Sodann wurde der allmächtige, in sich selbst bestehende, unsichtbare Gott offenbar, der, um sichtbar und erkannt zu werden, dies All mit den fünf Elementen und allen anderen Dingen erschuf und die Finsternis vertrieb. Er, der jenseits der Erfahrung der Sinne, unergründlich, unsichtbar und ewig ist. Er, der das Wesen des Lebens und allen Seins ist, trat in die Erscheinung. Voller Sehnsucht und Verlangen und bestrebt, verschiedene Wesen aus sich hervorzubringen, schuf er zuerst das Wasser und legte seinen Samen hinein. Dieser Samen entwikkelte sich zu einem goldenen Ei, das wie die Sonne glänzte und in welchem er selbst als Brahma geboren wurde, er, der Urvater aller Welten.

Nachdem er ein Jahr in dem Ei geruht hatte, spaltete Brahma es durch seinen bloßen Gedanken in zwei Hälften. Aus den beiden Schalen bildete er nun den Himmel und die Erde, dazwischen stellte er den Luftraum, die acht Weltgegenden und den Ort des Wassers.«

Auch in diesem uralten mythischen Bild einer Weltschöpfung signalisieren die Ur-Chiffren die Elemente des Seins vor aller Manifestation und den starken Schöpfungsimpuls nach dem Eintritt in die Sichtbarkeit. Die Materialisierung des Geistes, die das Unsichtbare sichtbar zur Sinneserfahrung werden läßt und Ewigkeit durch die Endlichkeit der Zeit polarisiert, impulsiert das Schöpfungsgeschehen bis zur »Spaltung« in zwei Hälften – also ein Trennungsgeschehen – und entbindet die Gegensatzthematik aus der Polarität.

Zeitlich zwischen diesen beiden Imaginationen einer Weltentstehung steht das Bild aus den griechischen Mythen, etwa 1000 Jahre vor Christus:

Die Griechen kannten einen pelaskischen Schöpfungsmythos, der anders und älter war, als der olympische Schöpfungsmythos. Der Mythos erzählt, das zu Beginn aller Zeiten ein Ei auf dem Ozean trieb. Dann bewegte sich langsam ein Schwert auf das Ei zu, und das Schwert schnitt das Ei in zwei Hälften. Und siehe da, im Innern des Eies steckte Eros.

Wenn das Ei so geblieben wäre, wie es war, gäbe es keinen Eros in der Welt. Der Mythos sagt: Ohne Schwert keinen Eros. Die Liebe, die Eltern für ihr Kind empfinden, die Liebe, die der Mann für die Frau, die Frau für den Mann empfindet, die Liebe der Biene zu ihrem Stock, die Liebe des gläubigen Menschen zu Gott – nichts davon könnte ohne Schwert entstehen.

Die Vorstellung eines Ur-Ganzen, von dem eine Teilung/Trennung ausgeht, setzte eine Zeit vor der »Zeit« voraus, ein Etwas (Kosmos), das als eine Konzentration von Energie existierte. Die psychodynamische Ur-Trennung aus der Seinsganzheit des Selbstes entband nicht nur die Gegensätze, sondern auch die Dynamik von »Sehnsucht« und »Begehren«.

Und auch hier, wie in den meisten der zahlreichen Variationen von Schöpfungsmythologemen, werden die Ur-Chiffren sichtbar: die Ganzheit, der Schöpfungsplan als Ganzheit im Gott-Schöpfer selber, und die Trennung/

Teilung als Signal für die gestalterische Entwicklung. Man kennt heute das Modell eines solchen »Ur-Atoms«, das ursprünglich in völligem Gleichgewicht war, sich aber durch eine Störung zur Größe des gegenwärtigen Universums (Ur-Knall) ausdehnte. Evolution als Schöpfungsplan – vergleichbar der psychischen Dynamik von Selbst-Sein, Ursprungseinheit und Trennungsprinzip, aber auch dem somatischen Ereignis der Empfängnis und der Zellteilung. Manche spontanen Kinderworte lassen an ein Ur-Wissen aus den Tiefenschichten der Psyche denken, wie z.B. das Wort der fast dreijährigen Kamala aus dem heutigen Kulturraum des christlichen Mythos, die, mit ausgebreiteten Armen auf dem Boden liegend, ihrer Mutter zuruft: »Mami – ich bin die ganze Welt…«

Und als sie im Trotzalter den Aufstand erprobte und Widerstand zum Alltagsspiel besonders mit der Mutter wurde, entwarf sie einen Kernsatz neuer Identität. Die Mutter hatte sie dreimal freundlich, aber doch mit hörbar ansteigender Emotionalität zum Essen gerufen. Endlich kam eine Reaktion: »Mami, Du brauchst nicht dreimal zu rufen. *Ich bin nur einmal…*«

Eigentümlich mutet auch die beinahe »logisch« anmutende Konsequenz unbewußter Dokumentationen an, wie z.B. das nachfolgende Bild einer 57jährigen Frau während einer Regressionsphase im Prozeßverlauf.

Unbewußt gemaltes Bild einer 57jährigen Frau

Anfangssymptomatik: Schwerwiegende Trennungsthematik.
Bildbedeutung: Der durchsichtige Kreis, der den Blick in die kosmische Ganzheit von Himmel und Erde sichtbar macht und die archetypische Schöpfungsmythe der Trennung von Himmel und Erde als Durchblick ahnen läßt.

Transformation der Ursprungseinheit

Die ferne und datenlose Vergangenheit,
die tot zu sein schien,
kehrt zu uns zurück
mit dem Glanz
vieler lichtvoller Geheimnisse,
lange verloren
im Bewußtsein der Menschheit,
aber nun wieder hinter den Schleier
hervorbrechend.

Sri Aurobindo

Nach dem potentiellen Entwurf für die Bewußtseins- und Ich-Bewußtseinsentwicklung aus dem Ur-Eltern-Komplex bildet sich die Schwellensituation und der Entwicklungsimpuls für den Trennungskomplex (siehe Diagramm). Der Ich-Keim evoziert (aktiviert) nach einer Entbindung aus dem Ur-Elternkomplex die nachfolgende Entwicklung aller psychischen Funktionskomplexe. Die Dynamik und Symbolik dieser Transformation der Ursprungseinheit umfaßt folgende Themen im Bereich der Selbstentfaltung: 1. Der Trennungskomplex als energetisches Zentrum (Polarität/Dualität); 2. Das Schöpferische/Empfangen; 3. Die Zwei und das Eine; 4. Die Bewußtseins-/Ich-Bewußtseinsentwicklung (Wachstumssymbolik); 5. Die Spirale als Symbolik des Wachstumsweges.

Ziel und Sinn dieses das ganze weitere Leben beeinflussenden Trennungskomplexes heißt: Bewußtseins-/Ich-Bewußtseinsentwicklung, Funktionsdifferenzierung, Energie-Integration, Unterscheidung von bewußt/unbewußt und von Ich und Selbst. Der Ausbruch aus der sehr umschließenden Einheitswirklichkeit des archetypisch-symbiotischen Energiefeldes »Ur-Elternkomplex« hat, nicht nur individuell und subjektiv, sondern sicherlich auch kollektiv und menschheitsgeschichtlich als Schwellenreiz eine große Bedeutung. Nach den empirischen Beobachtungen während langlaufender analytischer Prozesse scheint es sich im Bereich des Trennungskomplexes um eine besonders sensible Entwicklungsphase zu handeln, in der positive, aber auch negative Erlebnisengramme ein starkes Wirkpotential hinterlassen können.

Der dynamische Entwicklungsvorgang der Trennung antizipiert (vorwegnehmen zukünftiger Entwicklungen) für das Ich-Bewußtsein den Willensentschluß zur Trennung, Teilung, Dualität und präformiert damit die Fähigkeit zur Unterscheidung. In der Phänomenologie (Traumsymbolik, Imagination, unbewußt gemalte Bilder, Symbolik des kindlichen Spiels) wird die dynamische Struktur von Polarität und Dualität sichtbar. Gerade in den unbewußten Signalen (Symbolen) zeigten sich als wiederholendes Motiv schöpferisch-geistige Bilddokumentationen und seelisch-religiöse Projektionsbilder. Die dabei auftauchenden Bildchiffren konnten mit überraschender (und auch überzeugender) Häufigkeit und weltweit übereinstimmend auf Schöpfungs- bzw. Trennungsmythen bezogen werden. Der Evolutionsimpuls aus der Anfangsdynamik der Ganzheitsmatrix schiebt die polare Spannung von »Punkt und Kreis« als sich spezifizierende psychische Energiebewegung von Extraversion/Introversion in den neuen Entwicklungsschub. Das autonome energetische Prinzip als eigengesetzliche innerpsychische Dynamik im »Organismus der Gesamtpsyche« kann aktuell die Dominanz eines Polbereiches sowohl im Unbewußten, wie aber auch im Bewußtsein bestimmen. Von der jeweils aktuellen Lebenssituation her kann sich aber auch die sich gegenseitig ergänzende Kraft zweier Pole im Sinne eines geeinten Gegensatzes konstellieren. Ich kann also mit mir selbst im Streit liegen (Dissoziation), oder mich im dynamisch-harmonischen Gleichgewicht fühlen. Beide Zustände können sich auf eine äußere oder innere Situation beziehen.

Im Erfahrungsraum der Praxis ist die Arbeitshypothese entstanden, daß der Trennungskomplex möglicherweise die früheste und auch tiefste Schaltstelle für psychoneurotische Störfelder darstellt. Offenbar können schon während der Schwangerschaft (fötaler und embryonaler Entwicklungszustand) negative psychische Engramme entstehen.[7] Dazu gehören primäre Ablehnung und/oder Angst vor einer Schwangerschaft, Ablehnung einer bereits bestehenden Schwangerschaft, als Vergewaltigung erlebte Zeugung (unbewältigtes Trauma). Aber auch andere als existentiell erlebte Ereignisse wie schwere Krankheit, Tod eines nahen Angehörigen, ganz allgemein schwere Schocks, Ehekrisen können eine postnatal negativ sichtbar werdende psychische Engrammierung hinterlassen.

Die neurotischen Spätfolgen können sich z.B. in Verhaltensweisen bemerkbar machen, wie ein zwanghaftes Sich-nicht-trennen-Können von Dingen, Menschen oder Situationen. Auch – um ein anderes Beispiel zu benutzen – die Unfähigkeit zu einer lebendigen Beziehung kann unter der energetischen Dominanz eines negativ aufgeladenen Trennungskomplexes als Bindungs-/Trennungsangst zu Fehlerfahrungen oder Isolation bzw. Vereinsamung führen. An Stelle von Polarität oder Dualität ereignet sich der dissoziierende Gegensatz und koppelt sich unter bestimmten Voraussetzungen mit überschießender Komplexenergie zur Aggressivität.

Die Annäherung an den traumatisierten Komplex ist dann sehr schwer, weil meist übermäßig angstbesetzt (Negativerfahrungen), und es bedarf einer gründlichen psychoenergetischen Differenzierung speziell der Ich-Funktion, um eine Tiefenregression erlebbar werden zu lassen.

Selbstverständlich wirken in diesem Trennungsbereich innerer Entwicklungszusammenhänge auch alle positiven, freudig erwartungsvollen, empfängnisbereiten Umfeld- und Innenerlebnisse wie Freude, Heiterkeit, Geborgenheit, Beziehungsfähigkeit. Denn im Trennungsmysterium liegt das Wissen um das Mysterium coniunctionis und eröffnet damit den psychischen Erosbereich, in dem Trennung und Vereinigung Grundprinzip und tragendes Element darstellen.

Mit der eigentümlichen geistigen Konsequenz entfalten sich die mythologischen Projektionen (Evolution der Bewußtwerdung des Menschen) mit ihrer Symbolik, über die Schöpfung von Himmel und Erde hinaus, in den mythischen Raum der Götterfamilien mit Vater, Mutter, Kindern und Geliebten, Haß, Streit, Eifersucht, Verfolgung, Mord und Strafen. Das ganze

Register menschlich psychischer Verhaltensweisen pulst durch die Götterburgen. Sie gehen unter, wie einst die transpersonalen Urzeitalter. Unvergeßbar ruhen sie in den geheimnisvollen archetypischen Wirkfeldern (energiegeladene Zentren) des kollektiven Unbewußten und mischen sich als Symbolchiffren in die aktuellen Traumbilder des heutigen Menschen.[20]

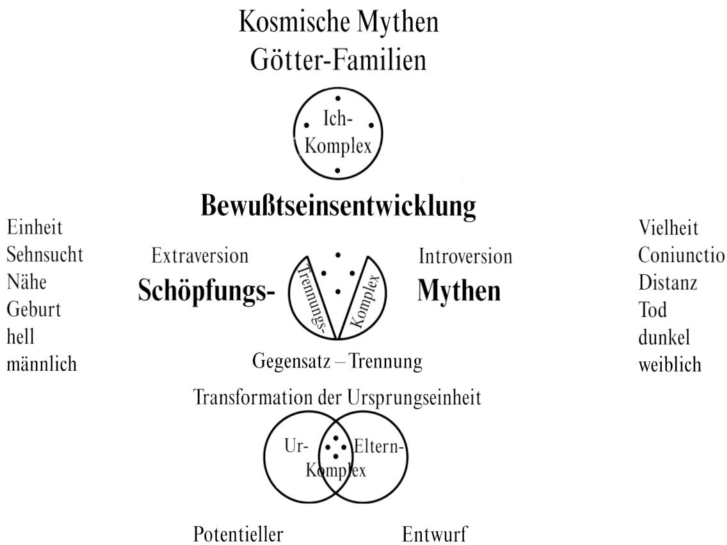

Bei solcher Betrachtung der unbewußten Phänomenologie erscheinen die Mythen wie bild- und wortgewordene Menschheitsträume in archaisch-archetypisch-kollektiven Chiffren. Das mythologische Bild signalisiert zwar Vergangenheit eines Bewußtseinszustandes, aber gleichzeitig eine archetypische Tiefenschicht in der eigenen Psyche. Mythen sind als lebendiges geistiges Medium anzusehen, die den evolutionären Entwicklungsweg der Bewußtwerdung gestanden, regulierend und differenzierend begleitet haben.

Die Mächtigkeit und Unausweichbarkeit der psychischen Energien, die unter der Chiffre der Trennung in Bewegung gesetzt wurden, haben an aktueller Bedeutung in keiner Weise verloren. Es gibt eigentlich keinen psychotherapeutischen Prozeßverlauf, in dem nicht im Zeitraum therapeutischer Regressionen ein Bild von Trennung, Scheidung, Spaltung, Zerstükkelung, Zerreißung usw. auftaucht. Auch der Tod in allen Variationen erscheint als Wandlungschiffre von Ende und Wandlung und bietet das Signal für ein sich veränderndes Bewußtsein.

Das energetische Potential, das aus den archetypischen Tiefenschichten aufsteigt, enthält also einerseits »uralt Erfahrenes« und bietet symbolisch entsprechende Urchiffren an. Diese mischen sich aktuell im transzendenten Arbeitsfeld (siehe Diagramm) mit persönlich individuellen Signalen. Die mythologisch archetypische Hieroglyphenschrift aber ermöglicht in besonderer Weise dem einzelnen, sich selbst als eingebettet in größere geistige Zusammenhänge zu erleben.

Mit dem Trennungskomplex beginnt phänomenologisch die Symbolik des Weges und des Wachstums. Die dynamische Symbolik der Spirale mit der Polarität von Extraversion/Introversion begleitet von nun an alle dynamischen Vorgänge von Progression und Regression, von Aufstieg und Abstieg, für Anfang-Weg-Ziel und Rückweg-Mitte-Zentrum. Gleichzeitig aber drückt sich das energetische Entwicklungswachstum in entsprechenden symbolischen, aus dem Unbewußten motivierten Bildern aus.

»Man kann sich kaum des Eindrucks erwehren«, formuliert es C. G. Jung, »als ob der unbewußte Prozeß sich spiralförmig um ein Zentrum bewege, dem er sich langsam annähert, wobei die Eigenschaften der Mitte sich immer deutlicher abzeichnen… Nicht selten wird darum auch die Mitte als Spinne im Netz dargestellt, namentlich dann, wenn im Bewußtsein noch die Einstellung der Angst vor den unbewußten Vorgängen überwiegt.«[46]

Unbewußt gemalte Bilder zum symbolischen Thema der Trennung

Teilung, der Eins aus der Zwei und die Zwei-Einheit

Monumenti Musei e Gallerie Pontificie

Cita Del Vaticano

Capella sistina
Michelangelo (1475–1864)

Die Erschaffung des Menschen

1. Buch Mose Genesis, Kap. 1,26.
»Und Gott sprach: Lasset uns Menschen machen nach unserem Bilde, uns ähnlich…«
Und so schuf Gott *Adam* den ersten Menschen und Schöpfung wurde Trennung.

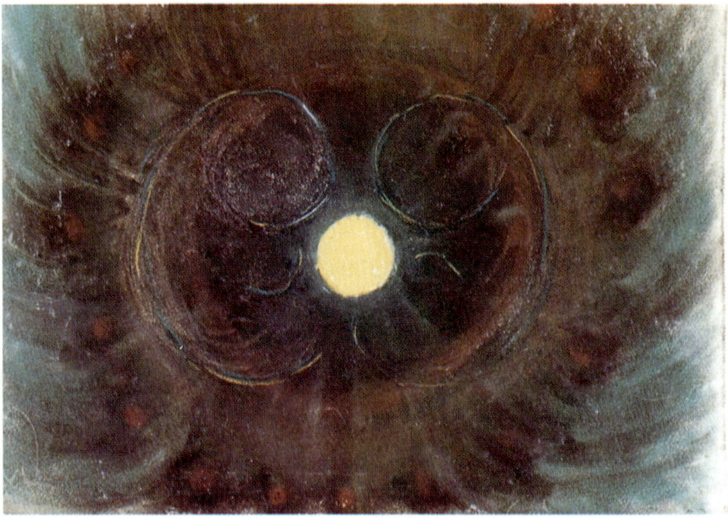

Trennungskomplex

Unbewußt gemaltes Bild einer 39jährigen Frau

Symptomatik: schwerer Angstkomplex, unbewußte Trennungsängste, hochgradige Hypotonie mit häufigen Kollapszuständen.
Bildbedeutung: Unbewußte Darstellung eines Trennungskomplexes unter der klassischen Zahlensymbolik: Das Eine in/aus der Zwei. Die urbildhafte Chiffre scheint auf einer dunkel-geheimnisvoll blütenhaft anmutenden Schale zu liegen, die ahnungsweise Zentrum und Strahlung erkennen läßt. Das strahlende (runde) Lichtzentrum läßt vermuten, daß hier starke und progressive Ich-Kräfte aus dem therapeutischen Regressionsraum neu entbunden werden.

Trennungssymbolik

Unbewußt gemaltes Bild einer 42jährigen Frau

Bilddokumentation aus Individuationsanalyse bei neurotischer Anfangssymptomatik

Bildbedeutung: Die analytische Integrationsarbeit mit der dadurch bewirkten Ich-Differenzierung läßt regressive Annäherung an die Selbstmatrix zu. Dabei kommt es zu Untergangserlebnissen, die im Depressionsraum der Konfliktbearbeitung auch zu psychischen Sterbeerlebnissen führen können. In diesem Raum stößt die regredierende Libido auf den Trennungskomplex als Entbindungs- und Geburtsraum des Ich-Keimes aus dem Selbst: hier im Bild die lichten Perlen-Luminiszenzen – kostbare Zentren neuen Seins aus der dunklen Mitte der Spiraldynamik geboren. Progressionsdynamik nach tiefer therapeutischer Regression.

Trennungskomplex

Unbewußt gemaltes Bild eines 56jährigen Mannes

Individuationsanalyse, therapeutische Regressionsphase
Aussage zum Bild: »Erst war das ein Gesicht und Augen, die mich ansahen. Aber es war nicht das Eigentliche. Darum löschte ich es, und aus den weggewischten Farben entstand allmählich dieses Kreisen…«
Bildbedeutung: Spirale und Kreis lassen hier in einer besonders bewegungsstark wirkenden Weise aus »Zwei« das »Eine« entstehen, wobei die augenhaft wirkenden Zentren auf die Integrationsdynamik zum Ich-Bewußtsein hinweisen können. Die im Zentrum auftauchende mandelförmige Signatur deutet mit der Schoß-Symbolik auf ein Geburtsgeschehen bzw. Bewußtwerdungsgeschehen hin (Gefäß).

Die Zwei und das Eine – die Zwei-Einheit

Unbewußt gemaltes Bild einer 75jährigen Frau

Anfangssymptomatik: Verlust des Sohnes
Aussage zum Bild: »Vielleicht Maria und der arme alte Joseph. Sie hat ihren Sohn auch hergeben müssen. Im Schmerzensmeer – ganz tief unten… so wie ich… Sollte ich auftauchen und Gestorbenes zum Leben erwecken?…«

Trennungskomplex

Unbewußt gemaltes Bild eines 41jährigen Mannes

Symptomatik: Individuationsanalyse, unbewußte schwere Verlustängste, kompensiert durch intensive Objektbezüge (Extraversion), Regressionsphase
Biographisches Engramm: Die Mutter des Patienten mußte, als sie hochschwanger war, aus Ostpreußen fliehen. Das war nur in einem Militärzug möglich. Ein Soldat schlug ihr im Gedränge mit seinem Gewehr heftig gegen den Bauch. Sie war zu Tode erschrocken und hatte heftige Schmerzen und fürchtete sich vor einer Fehlgeburt.
Bildbedeutung: Der stark schwarz umrandete Kreis enthält im Innern einen Strahlenkranz, bei dem zwischen den sonnenhaften Lichtstrahlen schwarze Strahlen entstanden sind. Schwarz gilt als Nicht-Farbe und kann damit einen Totalitäts- oder Ganzheitsaspekt ausdrücken, vor allem im Sinne des Todes, der Dunkelheit, aber auch der, eben in der Dunkelheit der Schwangerschaft sich entwickelnden Wachstumsenergien. Der in diesem Strahlenbereich schwebende Flügel-Embryo spricht in seiner archaischen Symbolik für eine Chiffre als Seelenvogel (Frühphase der embryonalen Entwicklung). Die vegetativ anmutende – wie eine Blüte und Früchte die Kreisform umgebende Gestaltung – wirkt intensiv dynamisch und nach rechts orientiert. Mit einer dieser Dynamik entsprechenden Heftigkeit, gleich Aggressivität, schießt von links eine erektiv wirkende Schlange auf die Schutzhülle des Kreises

Die Zwei und das Eine
im aufspringenden Lebensquell oder »Herz-Kreis«

Unbewußt gemaltes Bild einer 43jährigen Frau

Aussage zum Bild: »... die Zwei gehören zusammen. Das ist Mann und Frau.« Das Eine »oben drüber kommt wohl irgendwie aus ihnen. Aber das ist extra-anders-mit sich selbst – und da drängt etwas nach oben, wie ein Quell...«

(zu Abb. S. 120)

---

zu. Ihr Auge ist blind. (Auf die weitreichende Symbolik der Schlange kann in diesem Zusammenhang nicht erschöpfend eingegangen werden). Die Konfrontation zwischen den volatil-geistigen (Flügel-Embryo) und den erdhaft potentiellen Kräften (das Erdtier Schlange) signalisieren, das Thema der Selbst-Matrix sowohl in kollektiv gültiger – archetypischer – als auch in spezifisch individueller Weise.

»Leben«, das Eine aus der Zwei

»Leben« nannte Francè Rotar seine Plastik im Wiesbadener Kurgarten – phantasiestimulierende Symbolik am Rande der internationalen Konferenzszene.

5. Weg der Bewußtseinsentwicklung

Diag ramm-Aspekt

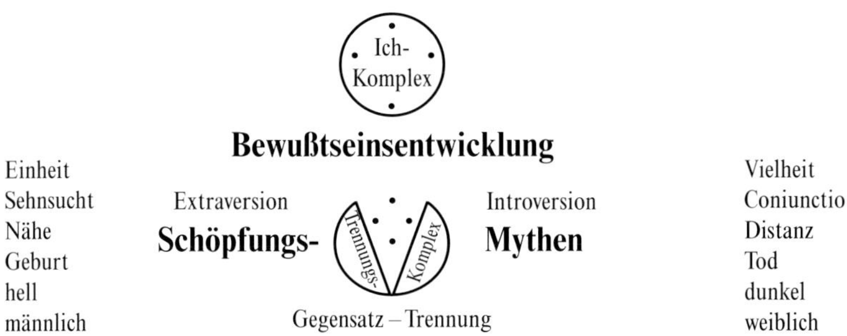

»Der Mensch ist immer noch der außergewöhnlichste Computer von allen.«

John F. Kennedy
(1917–1963), 35. Präsident der USA

Wachstum und Bewußtwerdung

Der Arbeitsprozeß, der zu dem Diagramm der Selbstentfaltung führte, enthielt eine sehr große Materialfülle von Traumbildern, aktiven Imaginationen und unbewußt gemalten Bildern. Es wurde also notwendig, das Material einem gewissen Ordnungsprinzip zu unterwerfen. Gerade dabei zeigten sich die Themenkreise, in denen sich die archetypischen Chiffrierungen in individuellen Variationen wiederholten und dabei einen diagnostischen Hinweis auf die jeweiligen psychische Dynamik (Regression/Progression) und das vom Prozeß her geplante Ziel für das Ich-Bewußtsein offenbarten. Aufgrund dieser Themenkreise erfolgte die Abstraktion in die – im Diagramm dargestellten – Stufen/Stadien der Bewußtseinsentwicklung als Selbstentfaltung der Ursprungsmatrix.

In diesen Bilddokumentationen stellte sich das innerpsychische Thema der Bewußtseinsentwicklung häufiger als progressive denn als vegetative Wachstumschiffre dar. Gerade diese, dem Ich-Bewußtsein nicht ohne weiteres zugänglichen Bilder konnten mit Hilfe der analytischen Symbolarbeit erstaunlich schöpferische Impulse aktivieren und den progressiven Prozeß intensivieren (Subjektstufe bzw. analytische Symbolarbeit heißt: Der Traum meint mich, denn alle Inhalte zeigen Tendenzen, Kompensationen, Ich-Funktionen und Komplexe von mir).

In bemerkenswerter Weise tauchten, besonders bei länger dauernden Prozessen, eigentümliche Wachstumschiffren mit deutlich »nach oben« weisender Dynamik auf. Sie deuten nach den Erfahrungen des introversiven Umgangs damit so gut wie immer auf eine therapeutische Regression in den frühen Bewußtseinsentwicklungsraum hin und signalisieren: Wachstums- und Wandlungsmöglichkeit auf dem Wege zum Ich-Bewußtsein. Sie sind in dieser Form häufiger noch Antizipationen und dementsprechend auch bewußtseinsfremd. Aber wie eben häufiger auch beobachtet werden konnte, hinterlassen solche Bilder eine progressive, dynamisierende Stimmung. Sie tauchen sowohl im Bereich der archetypischen Wirkfelder (matriarchaler/patriarchaler TA). Die in diesem Zwischenfeld erscheinenden Bilder zeigen u.U. keine Wurzelanteile, sondern sind »freischwebende« Wachstumspotentiale.

Unbewußt gemalte Bilder zum Thema Wachstum und Bewußtwerdung

Unbewußt gemaltes Bild eines 46jährigen Mannes
Regressionsphase

Bildbedeutung: Das Bild zeigt einen den Bildraum fast sprengenden und von der Dynamik her »drängenden Keim«, der zudem, obwohl er noch in der Erde liegt, von gefährlich anmutenden, sehr spitzen Sonnenstrahlen erfaßt ist, als wäre ganz schnelles Wachstum angezeigt. Ein »zu-früh« in einer Keimsituation aber heißt: Tod für das Wachstum. Die Anmahnung an das Ich-Bewußtsein des 46jährigen Analysanden war hart und klar und sehr berechtigt, denn sein beruflicher Ehrgeiz trieb ihn kontinuierlich in Überforderungssituationen.

Unbewußt gemaltes Bild eines 42jährigen Mannes
Regressionsphase

Bildbedeutung: Die hier dargestellte Keimsituation weist von der Dynamik her – von links unten nach rechts oben – eine Ähnlichkeit mit dem vorigen Bild auf, hat aber vom Inhalt her eine ganz andere Signalwirkung. Die auffallend dicke Schutzhülle öffnet sich langsam, wobei der bergende Charakter noch voll erhalten bleibt. Nur langsam wird der zarte Keim »ins Grün« entlassen. Und es sieht hier so aus, als könne das Keimende dies selber entscheiden. Die Antizipation des zu Erwartenden wird hier sehr deutlich signalisiert – und war für den 42jährigen Analysanden auch sehr wichtig.

Unbewußt gemaltes Bild eines 39jährigen Mannes
Regressionsphase mit heftigen aggressiven Durchbrüchen, bei ausgesprochen schöpferischer Begabung

Aussage zum Bild: Ein »riesiger Keimling von einer riesigen Pflanze, vermutlich einem Mammutbaum. Aber der hat viele Feinde und deswegen ist er auch bewaffnet. Aber da steckt mächtig was drin.«
Bilddeutung: Vom Begabungspotential des Mannes her stimmte das vollkommen. Aber ein schwerer Minderwertigkeitskomplex legte sich feindlich vor diese schöpferische Möglichkeit und verursachte Mißerfolge, Mißgeschick und vor allem Mißtrauen gegen sich selbst. Aber hier wird die Kraft und das Potential sichtbar – und dies wurde es auch für den Analysanden, der anfing, sich besser gegen die Spitzfindigkeiten aus dem eigenen Inneren zu hüten.

Unbewußt gemaltes Bild eines 49jährigen Mannes
Individuationsanalyse

Aussage zum Bild: »Da kommt eine mächtige Kraft aus der Tiefe... als Blüte könnte diese Pflanze eigentlich schön sein, dennoch wirkt sie so, als müßte sie sich erst einmal wehren. Der Stengel ist mächtig. Aber hat er gute Wurzeln?
Bilddeutung: Bei der langwierigen Regressionsphase mußten immer wieder aggressive Komplexenergien mit viel Geduld speziell über die introvertierte Denkfunktion behutsam integriert werden, um den libidostarken Begabungskomplex von der Dominanz eines Minderwertigkeitskomplexes zu befreien.

Unbewußt gemaltes Bild einer 31jährigen Frau
Positive (therapeutische) Regression

Bilddeutung: Die vollerblühte Sanftheit der Tulpe mit dem sehr zart nach unten hin endenden Stengel ist weich, fast schwingend eingehüllt und geborgen in vegetative Hüllen oder »so etwas wie diese wunderbaren Batiktücher…« Das Signal heißt hier, daß da etwas Wunderschönes aber noch sehr Kurzlebiges keinem groben Zugriff ausgesetzt werden darf. Es entsteht aber auch der Eindruck, daß die eigentliche Wachstumszentrale – und das wäre bei der Tulpe ja die Zwiebel – im Unter- und Hintergrund dieses Wachstumsbereiches verborgen, aber doch vorhanden ist. Auch hier heißt das aktuelle Signal, das Jetzt so zu akzeptieren, wie es sich anbietet, und auf die weiteren inneren Potentiale zu vertrauen.

Unbewußt gemaltes Bild eines 52jährigen Mannes
Individuationsanalyse mit beginnender Progression

Aussage zum Bild: – »das sieht aus wie Kalla-Blüten – mit Blütenstempel und ›Staubknollen‹… aber das Eigentliche ist darüber, nicht sichtbar, das Papier war zu klein, man kann es ahnen, aber es ist in mir noch nicht angekommen.«

Bilddeutung: Die Symbolchiffre mischt hier den Gefäßcharakter mit der Kreisdynamik um die Kugel und das pflanzenhafte Wachstum. Das eigentliche Bildgeheimnis bleibt oberhalb des oberen Bildrandes – als nur angedeutet – verborgen. Es enthält damit die Chiffre des »Jetzt« und gleichzeitig des »Noch-Nicht«.

Unbewußt gemaltes Bild eines 56jährigen Mannes

Bilddeutung: Das Bild signalisiert im Prozeß ein mächtiges dynamisches Schubphänomen – »... das steigt ja auf, wie ein großmächtiger Vogel...« –, das beinahe wie eine Komplexenergie wirkt. Die leuchtenden Farben Gelb und Rot wirken in der Koppelung mit dem kräftigen Grund und dem nachtdunklen Blau besonders intensiv. Diese Intensität steigert sich noch durch das von der Spirale dynamisierte Auge. Die Bildintensität hat eine faszinierende gleichzeitig magisch bannende Wirkung. Für den Patienten ereignete sich über den Einbruch in das Ich-Bewußtsein erstmalig die Ahnung einer Ganzheit im eigenen Wesen.

6. Strukturierung der psychischen Energie

Kosmische Mythe
Götter-Familien

Menschen kommen
durch nichts anderes
den Göttern näher
als wenn sie
Menschen beglücken.
Cicero

Die Strukturierung der psychischen Energien in das »Arbeitsfeld« der Ur-Komplexe ergab sich als dynamischer Begriff, ebenso wie der Begriff vom »Trennungskomplex« aus der alltäglichen praktischen psychoanalytischen und psychotherapeutischen Tätigkeit und der dabei zu beobachtenden Fülle an psychosomatischer Phänomenologie. Die Subjektivität von Erfahrung, Wissen, Interpretation und Beziehungsdynamik spielt bei den Schlußfolgerungen und Rückschlüssen eine große Rolle und muß sowohl in der Abstraktion, als auch in der Kollektivierung bedacht werden. Gerade das sogenannte »kollektive Unbewußte« verführt mit seinen kollektiv gültigen Symbolchiffren unter Umständen dazu, in der aktuellen Situation des einzelnen die immer vorhandenen ganz subjektiven Details, die immer den Einen mit dem Ganzen verbinden, zu übersehen. Auch der in der Analytischen Psychologie vielfach benutzte Begriff der Amplifikation, der zur geistigen Anreicherung spezifischer Symboldetails in Träumen und allen anderen schöpferischen Gestaltungen der Psyche angewendet wird, bereichert die geistig seelische Bewußtseinssituation und kann aus fixierenden Standpunkten und Meinungen befreien. Aber der analytische Arbeitsbereich der mythologischen Anreicherung macht gerade in der Praxis deutlich, daß die Parallelisierung eines Mythologems mit der aktuellen Lebenssituation des Symbolträgers annähernd übereinstimmen muß und nicht nur assoziativ dazugesetzt wird, weil dann der kognitive und integrative Prozeß im Ich-Bewußtsein nicht vollzogen werden kann und der Sinn der Amplifikation nicht gefunden wird.

Quasi in Fortsetzung zu den im Frühentwicklungsraum der Bewußtseinsentwicklung des Individuums (Ur-Eltern- und Trennungskomplex) auftauchenden Schöpfungsmythen, wurden im Entwicklungsbereich der Strukturierung der psychischen Energie die kollektiven Engramme unter der mythologischen Chiffre der »Schicksalsmythologeme« beobachtet. Interessanterweise hat schon Platon diesen Begriff benutzt, um Einzelschicksale tragisch oder dramatisch verlaufender Lebensläufe darzustellen und die individuell anamnestisch-mythologischen Fakten im großen Netz heiliger Kulte und heiliger Orte einbinden zu können.[29]

Heilige Orte, unbekannte Orte, plötzlich an einem Ort sein, einen bestimmten Ort suchen oder finden – diese Chiffren, um nur die wenigen zu nennen, treten als Urbild in zahllosen Variationen und subjektiviert in der unbewußten Phänomenologie auf.

Aber ebenso verdichten sich Namen und Personen zu eigenständigen Gestalten, in denen archetypische Projektionen transparent werden. Die Erlebniswelt des Menschen, der in seiner Bewußtseinsentwicklung auf die Intronisation einer Ich-Instanz zuwächst, entfaltet sich besonders eindrucksvoll in dem uns zeitlich und inhaltlich nahe stehenden griechischen Mythos.

In ihm glänzt das mächtige Potential des Kronidengeschlechtes mit der sich breit entfaltenden Zeus-Familie. Die schöpferische Kraft beginnt sich deutlicher zu differenzieren im Sinne einer Konturierung der Bewußtwerdung. Es sind nicht mehr nur die archaischen, zum Teil rohen, noch undifferenzierten psychischen Kanäle für aggressiv-negative Impulse im Gegensatz zum »aggredo« schöpferischen Tuns, sondern es tauchen auch Bilder von Liebesbezogenheit und bewußt wahrgenommenem Leiden auf.

Im Zusammenhang mit den nachfolgend beschriebenen Ur-Komplexen, die ganz bestimmte archetypische Kerninhalte für das Ich-Bewußtsein und die Ich-Funktionen als Energiepotentiale bereit halten, sollen hier auf die im Diagramm als Beispiele erwähnten speziell im Forschungs- und Erfahrungsbereich von Tiefenpsychologie und Psychotherapie sehr bekannten und noch heute wirksamen Namen als Träger individuellen Schicksals erwähnt werden:

1. *Demeter.* Sie war die große Mutter-Göttin, Herrin der Unterwelt, der Erdtiefe und damit Totengöttin. Die Toten trugen ihren Namen als »Demetrioi« und waren »Eigentum« im Todesschoß der alles umfangenden Mutter, die von je her über Leben und Tod bestimmte. Wie bei allen alten Göttern war die Polaritätschiffre ihre tiefste Signatur. Die vielen Einzelfakten der Mutter-Sohn- und Mutter-Tochter-Themen und Schicksale gehören bis in die heutige Zeit und ganz besonders in ihren neurotischen Aberrationen zum Alltag jeder psychotherapeutischen Praxis.
2. *Kore – Persephone,* deren mythologischer (geistiger) Auftrag die Verdeutlichung der in der großen Mutter-Göttin dargestellten Polarität war, indem sie einen Teil des Jahres als Göttin der Unterwelt als Gattin des Fürsten der Unterwelt diente und einen anderen Teil als Wachstumsgöttin im Sinne des Vegetationszyklus an der Oberwelt verbrachte. Heute ist das heilende Wissen um Tod und Wiedergeburt, die Instinktbasis von Blühen-Fruchten-Vergehen und Neubeginn sehr häufig abgesunken in die archaisch-archetypischen Frühschichten der Anfangsentwicklung.[32a+b]
3. *Oedipus und Narzissos*, deren beider Schicksal die großen Themen von Schuld und Angst, von Rivalität, Leiden, Opfer und Tötung in ihren Lebenschiffren tragen, beide noch Söhne der großen Mutter-Göttin und damit im gefährlichen Schwellenbereich einer neuen Bewußtseinsphase. Gerade ihre Schicksale reichen mit bemerkenswerter psychischer Energie und oft überraschendem Modalitätenreichtum in die aktuellen Schicksal der heutigen Söhne von starken selbständigen oder emanzipierten Müttern.[29]

4 *Psyche*, die in den Zwischenraum von Gott und Mensch gerät (zwischen Himmel und Erde), und die in besonders poetischer Darstellung den Leidensweg der Bewußtwerdung erkennbar werden läßt. In

dieser Mischung aus Märchen und Mythos greifen die Götter direkt in das Menschenschicksal ein, bestrafen, quälen und werden letztlich von der in diesem Fall stärkeren Kraft (Durchhaltefähigkeit) des Menschenkindes überwunden. Viele sehr menschliche Eigenschaften von Mann und Frau – Eifersucht, Neid, Mißgunst, Machtstreben, Feigheit, Niedertracht – beherrschen das Lebensspiel mit der Psyche. Sie wagt den Weg der Auseinandersetzung und erfährt nach Verlust der »Glückseligkeit der Nacht« die Glückseligkeit des Tages – und das heißt im Bewußtsein.

Der große und reiche Lebensfächer, der sich hinter und in diesen wenigen Namen entfaltet und der sich aus anderen Mythen aus anderen Kulturen und Zeitaltern multidimensional amplifizieren ließe, kann wie eine geistige Nabelschnur der Jahrmillionen alten Bewußtseinsentwicklung des Menschen anmuten. Immer werden aus diesem Bilderreichtum einzelne Mosaiken als Energiezentren entbunden und mischen sich aus dem unbewußten Reservoir der Tiefenpsyche in die individuelle psychische Dynamik des Menschen unseres Jahrhunderts. Vom archetypischen Symbolgehalt her signalisieren sie distanzierende Vergangenheit, aber vom finalen Sinn her bieten sie energetisch zur Verfügung stehende Potentiale für das aktuelle »Jetzt« an.

Wie bedeutungsträchtig und energetisch wirksam die oben beschriebene Mischung mythisch-menschlicher Seinsweisen ist, soll im nächsten Kapitel über die Ur-Komplexe zur Darstellung kommen. Die in allen Ur-Bildern (Mythen, Malereien, Kunst) erscheinenden psychischen Grundelemente von Schuld, Angst, Rivalität und Begabung nehmen nicht nur in Theologie, Philosophie, Philologie und Psychologie einen breiten Raum ein, sondern haben auch im kollektiven Unbewußten ihre psychoenergetischen Kraftzentren engrammiert.

Die Begriffe Ur- bzw. Primär-Komplex haben sich als Arbeitstitel angeboten, da die Symbolsignaturen aus diesem Entwicklungsraum sich als sehr bewußtseinsfern und Ich-bewußtseinsfremd darstellten.

Zum besseren Verständnis einiger spezifischer Grundbegriffe in der Analytischen Psychologie, werden diese in Kurzfassung hier vermittelt:

Das Selbst

Ein umfänglicher Begriff in des Wortes wahrster Bedeutung. »Er umfaßt Erfahrbares und Unerfahrbares, bzw. noch nicht Erfahrenes.«[4] Das Selbst ist unanschaulich, transpersonal, wird nur in Symbolen sichtbar. Es enthält immer die polare Dynamik und ist damit vom Wesen her die Ganzheit. Die Dynamik seiner Inhalte entsprechen archetypischen Vorstellungen und werden emotional als numinos erlebt. Die Selbstsignale gelangen in die Traumwerkstatt (transzendente Funktion) und werden über die Träume und die Ich-Funktionen dem Ich-Bewußtsein zugeführt.[4]

Matriarchaler/patriarchaler Archetyp
Beide Facetten des Archetyps haben weitreichende energetische Wirkfelder unter der symbolisch-mythologischen (Ur-)Hauptchiffre der vielgliedrigen Gottheiten (magna des/magnus deus) mit den vieltausendjährigen mythologischen Chiffren der Menschheits- und Bewußtseinsentwicklung.

Komplexe (auch Ur-Komplexe)
Relativ mehr oder weniger inhaltsbestimmte, autonome, gefühlsgeladene, wenig differenzierte Energiebereiche, mit einem Kernelement und starker Assoziationsbereitschaft; sehr leicht reizbare Zentren. (Komplexentladungen, Komplexsturm, Inflation, Implosion)

Animus/Anima
Mächtige schöpferische Energiebereiche, autonome Polarisierung der Ich-Identität im Sinne der funktionalen Ganzheit des primären Entwicklungsentwurfes; als weiblich-energetisches Element die innere Empfangsfähigkeit des Mannes, als männlich energetisches Element die Zeugungsfähigkeit der Frau.

Der Schatten
Polaritätsdynamik zwischen Persona und Schatten (bewußt/unbewußt), Auffanggefäß für Verdrängtes, Abgewehrtetes; allgemeine Bereitschaft für energetische Potentiale, die vom Ich-Bewußtsein nicht zugelassen werden; wichtiger Beziehungsbereich für die Ur-Komplexe mit den Hauptthemen (in positiver oder negativ aufladender Möglichkeit: Schuld, Angst, Rivalität, Begabung).

Persona
Der Begriff des Schattens enthält ein mit dem kollektiven und persönlichen Ich-Bewußtsein gekoppeltes, dynamisches Anpassungs- und Schutzsystem, das besonders auf reizstarke Projektionen (Autorität, Macht, Position) reagiert. Eine mit »persönlichem Inhalt« gefüllte Persona bewirkt **»Persönlichkeit«**.

Archetypen
sind Energiefelder mit spezifisch menschheitsgeschichtlichen Engrammen (die durch Erlebnisse in den Nervenzellen hinterlassene dauernde Spur), die als Reaktionsbereitschaften die unbewußten Organisationsmuster der Psyche darstellen. Sie können durch aktuelle, individuelle oder kollektive Erfahrungen aktiviert werden und dadurch eine, das Ich-Bewußtsein, dominierende Wirkung auf Stimmung oder Verhaltensweisen ausüben. Hierin liegt der Schlüssel zur Archetypenlehre der Analytischen Psychologie.

Spontane Kritzelzeichnung eines 57jährigen Mannes bei einer für ihn sehr wichtigen wissenschaftlichen Teamsitzung, in der außerordentlich aggressiv diskutiert wurde. Seine eigene Spitzenposition forderte verantwortungsvolle Entscheidungen und er stand voll im Sperrfeuer von Angriffen. Die Komplexentstehung ist hier deutlich zu erkennen und auch der Rückstauungsversuch.

7. Die Ur-Komplexe

A. Schuld – B. Angst – C. Rivalität – D. Begabung

Inhalt – Fähigkeit – Beziehung zum Ich-Bewußtsein und Ich-Funktionen

Diagramm-Aspekt

Wer bloß zu erkennen sucht,
aber nicht auch
den rechten Wandel führt,
der erkennt und sieht auch
nicht der Wirklichkeit gemäß.
Nur wer auch recht wandelt,
der erkennt und sieht
der Wirklichkeit gemäß.
Der Erwachte (A IV, 175)

Im Zusammenhang mit der Konstellation (Gesamtheit der Bedingungen) des Trennungskomplexes beginnt die Entfaltung der Komplexfelder des kollektiven Unbewußten (siehe Diagramm). Die energetischen Zentren für die starken Wachstums- und Entwicklungsimpulse, die aus diesem Trennungsgeschehen resultieren, sind zunächst die mit strukturierender und assoziativer Fähigkeit ausgestatteten Ur- oder Primär-Komplexe. Mit ihren archetypischen Kernelementen, die die symbolischen Urchiffren des psychischen Seins und Werdens enthalten, stehen sie energetisch allen Funktionskomplexen, besonders auch der späteren Ich-Instanz zur Verfügung.

Der Begriff Struktur enthält – besonders im Zusammenhang mit grafischen Darstellungen – die Gefahr einer statischen Vorstellung. Immer wieder also muß man sich hinter den Chiffren und Worten den lebendigen Organismus vorstellen, als ein sich ständig wandelndes, dynamisches System. C. G. Jung spricht von »Traum-Prozeß«, ebenso von »Symbol-Dynamik« und von »Energetik« der Seele. Der gesamtpsychische Organismus stellt ein dynamisches Kontinuum dar. Fritjof Capra drückt dies als Physiker, der sich aufgemacht hat, den »Geist in der Materie« zu entdecken, besonders deutlich in seinem Buch »Wendezeit« aus: »Der zuerst ins Auge fallende Unterschied ist der, daß Maschinen gebaut werden, während Organismen wachsen. Dieser fundamentale Unterschied bedeutet, daß ein Organismus als ein Geschehen begriffen werden muß. So ist es beispielsweise unmöglich, ein genaues Bild einer Zelle durch eine statische Zeichnung oder durch Beschreibung der Zelle als statische Form zu liefern. Wie alle lebenden Systeme sind Zellen Vorgänge, in denen die dynamische Organisation des Systemes zum Ausdruck kommt, während die Aktivitäten einer Maschine von ihrer Struktur bestimmt werden, ist es im Organismus gerade umgekehrt – die organische Struktur wird durch dynamische Vorgänge bestimmt.«[33]

Die Evolution des Selbst-Ich-Bezuges als primärer Entwicklungsentwurf zeigt, daß das Selbst als psychoenergetische und funktionelle Ganzheit sowohl die kollektive als auch die individuelle psychische Entwicklung antizipiert. Dabei ist Evolution nicht nur ein Großraumbegriff von Zeitdimension wie etwa »viele Millionen Jahre«, sondern liegt *bioenergetisch* immer als Entwicklungspotential innerhalb des subjektiven Lebens eines Individuums. Entwicklung heißt also der Auftrag für jede Funktion und jeden Funktionskomplex in jedem neuen Lebensbeginn.

Zu den in der Tiefenschicht entstehenden, inhaltlich bestimmten Urkomplexen, die sich phänomenologisch in unzähligen Varianten immer erneut für das Ich-Bewußtsein symbolisieren, gehören: Der Ur-Schuld-Komplex, der Ur-Angst-Komplex, der Ur-Geschwister- oder Rivalitäts-Komplex und der Ur-Begabungs-Komplex oder Identitäts-Komplex.

Die Symbolsignale aus dem Bereich der Komplexfelder im kollektiven Unbewußten zeigen eine dem jeweiligen Komplexbereich bzw. Komplexinhalt entsprechende Signatur, die entweder aus dem Bild selbst oder aus der darin enthaltenen Dynamik in Verbindung mit den dadurch evozierten Assoziationen des Ich-Bewußtseins eine spezifische Diagnostik ermöglichen. Verdrängung und Abwehr bestimmen den Grad der Symbolverschlüsselung, sind aber auch gleichzeitig Hinweis für die Zumutbarkeit und Belastungsfähigkeit des Ich-Bewußtseins. Der Aufforderungscharakter liegt im Angebot zur Regression, wobei die »therapeutische« Regression, bzw. die Introversion der Libido sich als »Subjektstufe« in der symbolischen Inhaltsbedeutung zeigt (In der analytischen Traum-Bild-Arbeit ist Subjektstufe gleichbedeutend mit der Frage nach der Symboldynamik und dem Sinn des Traumbildes). Das heißt, der Trauminhalt zeigt Tendenzen »von mir selbst«. Er kompensiert unter Umständen »meine Ich-Einstellung« oder »mein Ich-Verhalten«. Die Rücknahme der allgemein üblichen unbewußten Projektionen unter der Chiffre: »Du bist schuld« bewirkt eine bewußtseinsfördernde Integration. Komplexe sind also energetisch kreative Zentren für die Dynamik des psychischen Funktionssystems. Das trifft besonders für die Ur-Komplexe zu, die als antizipatorische Energiebereiche Sekundärkomplexe abspalten können. Sie können an ihrer Phänomenologie inhaltlich erkannt werden (Schuldgefühle, Aggressivität, Zerstörung, Angst, Depression, Ehrgeiz, Machtstreben, Rivalität, Minderwertigkeitsgefühle).

Aus grafischen Gründen hat es sich als praktisch erwiesen, die Ur-Komplexe auf dem Diagramm in einer horizontalen Reihe nebeneinander zu setzen. Da es sich dabei um psychoenergetische Zentren mit, wie in jedem Komplex, autonom wechselnder Dynamik handelt, ist es für das Verständnis der »Stoffwechselvorgänge in der Gesamtpsyche« nützlich, die im Diagramm so bezeichnete Strukturierung als Inhalt und Sinn und nicht als Fixierung und Ort aufzufassen. Um das energetische Element zu verdeutlichen, wurde in der Grafik jeder der Ur-Komplexe als Kreis gezeichnet, um dadurch auch das jeweilige Zentrum zu charakterisieren. Die Phalanx der Ur-Komplexe kann wie ein energetischer Wall wirken, inhaltsgeladen und als dominante Mächtigkeit. Die praktische Erfahrung mit den normalen Dynamismen von Progression und Regression, aber auch den Reaktionsformen von Aggression und Depression im psychischen Organismus, boten sich dabei als Beobachtungsfelder an. Psychotherapeutische und psychoanalytische Behandlungsphasen bieten mit den Auseinandersetzungen zwischen dem Ich-Bewußtsein und dem kollektiven Unbewußten reiches Material an.

Natürlich ist der Bereich der Ur-Komplexe nicht als undurchlässige Mauer zu betrachten, sondern eher wie eine energetische Schaltstelle mit der autonomen Fähigkeit, aufzufangen oder durchzulassen. Der Bereich der Ur-Komplexe spielt energetisch bei den sogenannten »negativen Regressionen« zu traumatischen Frühengrammen oder Fixierungen, aber natürlich auch bei den neurotisch »gefühlsgeladenen Komplexen« eine wichtige Rolle. Schuldgefühle, Angst, Aggression, Minderwertigkeitsgefühle, Rivalität fließen als inhaltsspezifische psychische Energie in entsprechende Komplexbereitschaften (neurotische Komplexe). Sie bieten sich – in vielen Wiederholungen – solange mit ihren dynamischen Symbolen als Bildreportage dem Ich-Bewußtsein an, bis dieses durch einen analytischen Integrationsvorgang (Verwirklichung der individuellen Persönlichkeit) erstarkt. Hierbei können die Ich-Funktionen bei entsprechender Funktionsarbeit ein Funktionsbewußtsein und damit eine spezifische Bewußtseinserweiterung erfahren.

In diesen Phasen inneren Wachstums auf dem Wege der Bewußtwerdung (Selbstentfaltung) kann man beim analytischen Arbeitsprozeß beobachten, daß der »Komplexwall« durchlässig zu werden beginnt und eine neue Form der Innenbegegnung sich anbahnt. Zum Kontinuum der Selbstentfaltung polarisiert sich die Dynamik »vom Ich zum Selbst« als Individuationsweg und durchstößt mit der Dynamik der »positiven (therapeutischen) Regression« den Strukturbereich der Ur-Komplexe. Dieser Innenweg wird häufig von dem Kraftpotential des zentralen Archetypus, dem Selbst, gelenkt. Der funktionelle Sinn dieser subjektiv erlebbaren innerpsychischen Vorgänge liegt in der kompensatorischen, aber auch polaren Dynamik der Symbolsignale. Gerade diese Symbole haben eine vereinigende Bedeutung und Wirkung.

Die praktische Erfahrung hat gezeigt, daß die Vollständigkeit des gesamten Ich-Komplexes nur über die kontinuierliche Beziehung zwischen dem Ich-Bewußtsein und dem kollektiven Unbewußten erreichbar ist. Selbstfindung in diesem Sinne heißt letztlich, die ursprüngliche Ganzheit wiederzufinden. Das Vermögen, aus einzelnen Funktionen die Dynamik und Vernetzung der ursprünglichen Ganzheit zu erschauen, ist ein Erkenntnisweg zur Ganzheit der Persönlichkeit.

Die Ur-Schuld

Diagramm-Aspekt

»Nichtwissen wirkt wie Schuld...«[34]

»... und vergib uns unsere Schuld, wie wir vergeben unseren Schuldigern...«

Jede Trennung aus einer Einheit bewirkt unbewußt das Urwissen um die Schuld. Darum vergißt das Unbewußte einer Frau zum Beispiel nie, wenn sie abgetrieben hat, besonders dann nicht, wenn sie sich zu dieser Schuld nicht bekennen kann. Moralisch kann sie abgewehrt werden, ethisch verlangt sie die Integration ins Bewußtsein als »mea culpa« in einem schuldfähigen und tragfähigen Ich-Bewußtsein. Schuld ist wie Schulden machen. Man kann fliehen, sie vergessen, sie abwehren, aber sie bleiben und können jemanden verfolgen, bis er sie in sein Bewußtsein einläßt und als dunklen Anteil in seinem Inneren akzeptiert.

Der Ur-Schuld-Komplex schafft die psychische Basis für das Gewissen und damit die Fähigkeit für das spätere Ich-Bewußtsein, Schuld zu erkennen und zu bewältigen.

Vom Begriff des Ur-Schuld-Komplexes läßt sich der Wurzelbegriff »Gewissen« in seinen vielfältigen Verästelungen innerer (ethischer) und äußerer (moralischer) Zweige ableiten und seine Phänomene im Bewußtsein, aber auch als neurotische Komplexe im Unbewußten erkennen. Das ethische Gewissen ist eine angeborene Fähigkeit, während das moralische Gewissen kulturell und biographisch vom kollektiven Bewußtsein bestimmt wird.

Der christliche Mythos zeigt in der Genesis die gefährliche Tabu-Verletzung, bei der an das Verbot die Schuld gekoppelt wurde. Verboten war die Erkenntnis der Polarität von »Gut und Böse«. Was ursprünglich ganz eingebettet im Gesamtbereich des Kosmos war, fiel der Bewußtseinserweiterung zum Opfer, und der Mensch wurde einsam. Er war aus der geschlossenen Ganzheit und Unbewußtheit herausgetreten. Damit wird der Mensch für alle Zeiten schuldig und erfährt die Wirklichkeit und Wirksamkeit des »... und vergib uns unsere Schuld...«.

Paradies der Unbewußtheit

(Belser Kunstkalender: Kostbarkeiten aus der Bibliotheca apostolica Vaticana)

Adam gibt den Tieren ihren Namen

Das trennende Schwert und der Verlust der Un-Schuld

Der Drachenkampf

Unbewußt-Sein – Bewußt-Sein

St. Michael (Senkemail von Lioba Munz), Abtei St. Maria, Fulda
Der Schlangen-Drache erinnert an die Schlangen-Imagination des Paradies-Gartens. Der Engel trägt nicht mehr das Schwert der Unterscheidung und Trennung, sondern das im Kreis der Ganzheit auftauchende Bild des »Ich-bin der Weg« – also des symbolischen Trägers der Ich-Bewußtwerdung als Schutzschild. Drache und Engel sind beide Flügel-Träger im Signal der geistigen Aus-ein-ander-setzung.

Wenn man das Schöpfungswerk betrachtet, das auf dem Schöpfungsweg des auf- und ausgebrochenen Menschenpaares Adam und Eva entstanden ist, dann könnte man die Frage nach der Schuld und vielleicht auch die nach Rache heute zum Beispiel am Schicksal der Wälder als Hintergrundsymbol stellen. Denn es ist das dynamische Baumsymbol – der Lebensbaum und der Baum der Erkenntnis –, welches Bewußtsein vermitteln kann und den Bewußtwerdeweg zur Unterscheidungsfähigkeit öffnete. Ist es der Adam im Menschen, der sich unbewußt an der »Großen Mutter« rächt, indem er den Boden des Wachstums vergiftet und dem natürlichen, rhythmischen Wechsel von Leben und Tod die statische Technik gegenüberstellte? Oder ist dies die adäquate Antwort, die das unbewußte Schuldgefühl des »Ausgebrochen-Seins« aus der Totalität der Unbewußtheit kompensiert? Tritt Technik gegen die Gottes-Herrlichkeit an, ohne die Weitsicht der Jahrtausende schon zu wissen und ohne Einsicht in eben das Ur-Sein der Natur? Einsichtigkeit im Denken und in der Wahrnehmung der Materie hat offensichtlich kurzsichtig gemacht gegenüber den dynamischen Folgen in der Zeit und im Kosmos. Ahnungslos und infantil mit einer neuen Macht spielend, versagte die tief in der Psyche eingebettete Tötungshemmung (ethisches Gewissen). Die tränen- und gefühllose Maschine isoliert und läßt Beziehungen im Todesfeld durch »Versicherungen« aller Art durch materielle Delegation aus dem Bewußtsein vertreiben. Die dadurch entstehenden neurotischen Komplexe bewirken im Bewußtsein psychische Verhaltensstörung. Unter Umständen aber kommt es durch Konversation zu somatischen Symptomen, um sich auf diese Weise dem Bewußtsein wieder anzunähern. (Symbolik des Symptoms).[35]

Und wo bleibt Eva?

In besonderer Weise vermitteln einige der Schöpfungsmythen das Schuld-Ereignis. In dem sehr alten polynesischen Mythos von der Welteltern-Trennung wird dies in das Gefühl stark berührender, aggressiver Weise intuiert. Eindrucksvoll schildert die klare Sprache des mythologischen Bildes die Not und die »schwere Tat«, die Trennungsangst und das Auftauchen der Schuld, die unvermeidlich das Bewußtsein erfüllt, wenn es sich als Polarität zum Unbewußten erkennt. Im Mythos heißt es: »Wie Himmel und Erde getrennt wurden…«[36]

Die Scheidung von Himmel und Erde

Dieses ist eine seltsame Maori-Legende von Rangi-nui-e-te-nua, dem Himmel, und Papa-tu-a-nuku, der Erde.

»Einst lebten die beiden in Dunkelheit miteinander und waren sich so zärtlich zugetan, daß sie nicht voneinander geschieden werden konnten.

Sie hatten mehrere Kinder, einige davon waren: Tane Mahuta, der Gott des Lichtes; Tawhiri, der Gott der Winde; Tu, der Gott des Krieges; Tangaroa, der Gott der Fische; Rongo Matane, der Gott der Kumara (Kartoffel); und Haumia Tikitiki, der Gott des Farnkrautes.

Tu, der recht ruchlos war, wollte seine Eltern töten, doch seine Geschwister ließen es nicht zu. Tawhiri aber dachte sich einen Plan aus, seine Eltern zu trennen, und die anderen Geschwister beschlossen, ihm dabei zu helfen. Das war indessen eine sehr schwere Aufgabe, denn Rangi und Papatua hingen sehr fest aneinander. Tane Mahuta, als der Stärkste, beschloß, seinen Vater nach oben zu stoßen, während die übrigen ihre Mutter unten festhalten sollten. – Als die Kinder ihr Werk begannen, flehte Papatua sehr, sie doch bei ihrem Gatten zu lassen, aber Tane ließ sich nicht erbitten, denn er wollte die Eltern voneinander trennen, damit Licht und Luft dazwischen kommen und Bäume, Blumen und Sträucher gedeihen könnten. Tane gab seinem Vater einen starken Stoß, aber der trieb ihn nicht sehr hoch, und Rangi blieb in recht unbehaglicher Lage auf den Spitzen der Hügel hängen. Da schleuderte ihn Tane mit einem noch stärkeren Stoß zu der ungeheuren Höhe hinauf, in welcher er seitdem immer verblieb. – Herzzerreißend erklang Papatuas Klage um den Gatten, der auf ewig aus ihrer liebenden Umarmung gerissen war. – Tawhiri, der Gott der Winde, stieg hinauf zu seinem Vater, aber die anderen Kinder blieben bei ihrer Mutter.

Als Rangi und Papatua voneinander geschieden waren, begannen Bäume, Sträucher und Blumen zu wachsen. Tane, der Gott des Lichtes, liebte seine Mutter sehr und war stets darauf bedacht, sie immer noch schöner zu schmücken. Er versuchte auf alle Weise, sie zu trösten, aber sie war und blieb sehr unglücklich. Und sein Vater blickte so blaß und gramvoll aus seiner Höhe herab, daß Tane Furcht bekam, er könne ihn zu hoch geschleudert haben. – Darum beschloß Tane, seinem Vater ein wärmendes Gewand zu geben, und er hüllte ihn in ein Rahuikura, das ist ein helles rotes Kleid. Er gab ihm auch die Sterne, damit er sie als Augen gebrauchen und durch sie herabschauen könne auf seine geliebte Papatua; aber sie wollten nicht recht passen zu dem Rot des Kleides, in dem sie ihren schönen Glanz verloren, deshalb bekam Rangi noch ein tiefdunkles Gewand, das ihr hell funkelndes Licht besser hervorhob.

Und Tane gab ihm auch Sonne und Mond, daß sie ihm als Augen diente, um Papatua zu sehen bei Tag und bei Nacht, und Papatua war sehr zufrieden mit ihrem Sohn Tane. Aber ganz glücklich war sie immer noch nicht. Sie war stets in Furcht, Rangi könne aus seiner großen Höhe herabstürzen. Doch der findige Tane wußte auch hierfür Rat, er schuf die Wolken, daß sie seinen Vater stützen möchten.

Rangi beteuerte Papatua, er könne sie niemals vergessen. Als Zeichen seiner großen Liebe zu ihr würden seine Tränen (das ist der Regen) auf sie herabfallen und sie immer schöner machen. In der kalten Zeit würde er in Frost und Schneeschauern nach ihr seufzen, und in der großen Hitze des Sommers würden seine Tränen als Tau auf sie herabtropfen. Sonne und Mond würden seine Augen sein und über ihr wachen bei Tag und bei Nacht, Papatua war getröstet, denn sie fühlte sich von der großen, unwandelbaren Liebe ihres Gatten umgeben, und die zartesten, duftigsten Wolken trugen die Liebesbotschaften von einem zum anderen.«[36]

In diesem eindrucksvollen mythologischen Bild wird die Tat zur Untat – aber auch zur Ur-Tat – und bewirkt, mit dem Urverlust der Einheit, für das handelnde Bewußtsein das Leiden. Hier beginnt der Ambivalenzkonflikt zu keimen. Hier präformiert sich die Fähigkeit zur Unterscheidung und die Bedrohung zur Dissoziation zwischen der Systemeinheit von bewußt zu unbewußt. Die Transzendenz des Mythos zeigt die geistig-seelische Vernetzung zwischen der Dynamik der Selbstenthüllung und den Wurzelschichten des Ur-Seins (Selbst-Sein). Der Trennungskomplex aber liegt auf dem Evolutionsweg der Bewußtseinsdifferenzierung und trägt damit Sinnerfüllung und Finalität als Polarität und Dunkel-Phänomenologie in sich.

Im Ur-Schuld-Raum liegt der seelische Wurzelbereich für das Opfer, bei dem immer wieder ein Teil gegeben werden muß oder genommen wird, damit die Ganzheit wiederhergestellt werden kann. Im Mythos werden die Ur-Eltern getrennt, damit zwischen ihnen der Baum des Lebens wachsen kann. Die Bibel kennt das grausame Wort der »Rache bis ins dritte und vierte Glied«. Für das Ich-Bewußtsein wird das einmal heißen, Schuld nicht zu verdrängen, sie als archetypische Lebens- und Wachstumschiffre zu erkennen, aber eben auch das Opfer und den Verzicht in die bewußte Tat mit einzubeziehen. »Und vergib uns unsere Schuld« heißt nicht, der andere war es, sondern ich bin es und halte es aus.

In seiner negativ aufgeladenen Komplexform ist es aber gerade dieser Komplex, der mit seinen Energien den Haß und die Schizophrenie (das heißt Spaltung bzw. Dissoziation), also Trennung der Gegensätze, hervorrufen kann. Wenn diese Energien ein ungeschütztes, undifferenziertes oder sehr unbewußtes Ich treffen, kann dieser mächtige Impuls über den Schuldkomplex hinaus in die tiefe Schicht des Trennungs-Komplexes stoßen und die Gefahr eines Suizides (Ich-Mord) – ein Auseinanderreißen der psychischen Polarität zwischen Bewußtem und Unbewußtem – bewirken. Es kann aber auch den Du-Mord provozieren, wenn die Energie in die Extraversion schießt. Der Identitätsverlust gehört in diesen Situationen oft zu den Frühsignalen. Manchmal kann auch eine plötzliche und nicht aus dem Prozeßverlauf erklärbare Traumsperre auftreten. Das Assoziations-Experiment[29,37,38] stellt bei unklaren Situationen unter Umständen eine hilfreiche

Diagnostik dar, muß dann aber mit großer Behutsamkeit und diffiziler Beobachtung des Probanden durchgeführt und rechtzeitig beendet werden.

Der Ur-Schuld-Komplex ist ein wichtiger Wegweiser, der keinem Wanderer auf dem Individuationsweg zur Wahrheit über sich selbst erspart bleibt.

Unbewußt gemaltes Bild einer 30jährigen Patientin

Unbewußter Schuldkomplex

Aussage zum Bild: »Das ist mein abgetriebenes Kind. Ich habe es niemandem sagen können. Und jetzt bin ich schwanger und es taucht auf. Ich will das Kind, aber es soll nicht leiden unter meiner Schuld...«

Bildbedeutung: Das dunkle, verhangene Gesicht enthält »meine ganze tiefe schwarze Trauer«. Die im rechten Bildraum bis in die Tiefe hinabreichende Handgebärde (rote Finger) schließt sich wie schützend und gleichzeitig verhindernd um ein eiförmiges Gebilde, das einen vorzeitigen Abtrieb des nur als Gesicht erkennbaren Embryos nicht zuläßt. Die Patientin fühlte sich dadurch wie geborgen und konnte den sie schwerst bedrängenden Schuldkomplex allmählich integrieren.

Spontan gemaltes Bild eines 15jährigen Schülers

Symptomatik: Schwere Pubertätskrise, aktuelle suicidale Gefährdung, Todesängste, Arbeitsunfähigkeit und ständige sexuelle Erregungszustände.

Aussage zum Bild: »... da ist nur Tod und Untergang und niemand, der hilft... Und ich habe nur noch dauernd Schulgefühle...«

»Das Kreuz wird fast vom Blitz getroffen. Das ist der zornige Gott, der um meine Schuld weiß. Alles, was ich mache, wird falsch. Vielleicht sollte ich doch in die Kirche gehen, aber davor habe ich auch schreckliche Angst. Ich weiß auch nicht mehr, warum ich schuldig bin... ich weiß nur noch, daß ich es bin...«

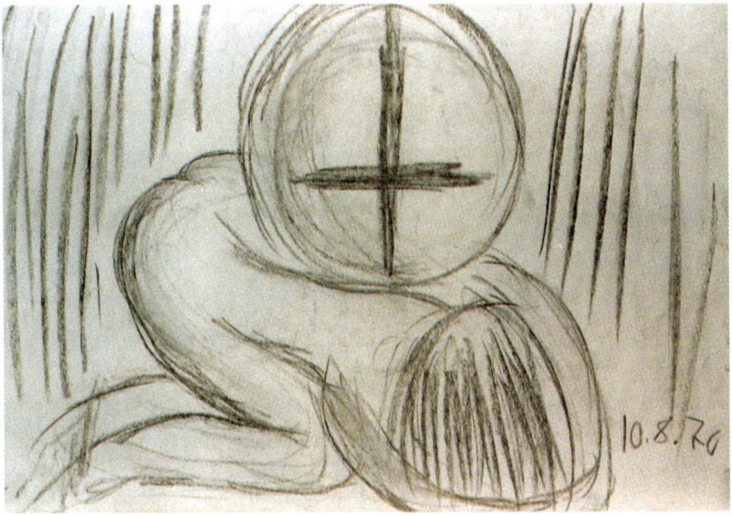

Spontan gezeichnetes »meine Stimmung danach«.
Bild nach einem Traum von einer 37jährigen Frau.

Symptomatik: schwere Ehekrise (»Ehebruch« des Mannes). Sie selber ist das »Unschuldslamm«.
Bildbedeutung: Im Traum wird sie von einem Richter für schuldig befunden, weiß aber nicht, warum. Das Bild zeigt ihre tiefe Verzweiflung und das zu Boden geworfen Sein. Aber es zeigt sie auch nackt und bloß, also nackte Tatsachen, es zeigt das schwer niedrückende Kreuz im Kreis und signalisiert damit eine nicht bewußte eigene Schuld, die erkannt werden will. Bild und Traum führen sie zu ihrem eigenen inneren Richter, dem ethischen Gewissen (Ur-Schuld-Komplex) und lassen sie das Wort finden: »Nicht nur Du, sondern auch ich trage Schuld.«

Die Ur-Angst

»Die Angst ist ein Ausdruck für die Vollkommenheit der menschlichen Natur.«
(Soeren Kirkegard, Der Begriff der Angst)

Wo ist der Ursprungsort der Angst?

In sehr dynamischen Verflechtungen zu dem oben beschriebenen Ur-Schuld-Komplex entsteht, ebenfalls als Primärfaktor, der Ur-Angst-Komplex.

Angst ist ein universelles Phänomen, das in den Lebensraum alles Lebendigen gehört. Sie wird von Menschen je nach individueller Situation, Alter, Erfahrung und Bewußtseinssituation ganz unterschiedlich erlebt. Sie kann sowohl den einzelnen als auch ganze Gruppen ergreifen und sehr infektiös wirken. Angst kann erheblich provozieren und einen appellativen Charakter haben. In diesem Wirkfeld haben besonders hysterische Ängste ihren Platz. Todesängste, Krankheitsängste, Trennungsängste, Vernichtungsängste, Weltuntergangsängste und die vielen banalen Ängste des Alltages spiegeln das vielgesichtige Thema. Die Janusgesichtigkeit dieses psychischen Energiebündels enthält aber nicht nur das zu Beseitigende und Abzuweisende, sondern in bestimmten Situationen tritt ein besonderer dynamischer Effekt auf. Angst bewirkt und hat in seinem Wortsinn auch die »Enge«, die eine spezifische Ein-Engung und »Konzentration« und dadurch Libidosteigerung schöpferischer Potentiale bewirken kann (Lampenfieber, Examensängste, Abenteuer-Angst-Lust).

In diesen Bereich gehört aus dem Erfahrungsraum der therapeutischen Praxis, daß vollkommene »Angstfreiheit« ein nicht anzustrebender, um nicht zu sagen: gefährlicher Zustand sein kann. Ganz besonders im Umgang mit der Unmittelbarkeit der Natur zeigt immer wieder die Erfahrung, daß Angst die Vorhersehbarkeit bestimmter Gefahren ermöglicht und damit einen Schutzfaktor darstellt. Angst ist eine elementare, instinktgebundene Reaktion bei unmittelbarer Lebensbedrohung. Sie kann sich dann, wie bei jeder Bedrohung, unter Umständen ebenso spontan mit heftiger Aggressivität koppeln (Adrenalinstoß, Angst-Aggression). Sie gehört zu den Ur-Gefühlen, die auf jedes äußere Objekt projiziert werden kann. Aber sie kann sich im Zusammenhang mit Aggressivität auch gegen sich selber als Autoaggression wenden und dann eine umfängliche Symbolsymptomatik anbieten.

Die Ur-Angst ist als eine tiefverankerte und weitreichende Fähigkeit im Komplexbereich der Urkomplexe angelegt. Somatische Stoffwechselvorgänge können ebenso beeinflußt werden wie psychodynamische Reaktionen.

Bei der Betrachtung der Angstphänomenologie wird deutlich, daß es sich dabei primär nicht um ein Thema der Pathologie (Krankheitssymptome) handelt, obwohl es in der Praxis oft so erlebt wird. Angst hat eine wichtige Signalfunktion im Erfahrungsraum von kalkulierbarer Weitsicht und notwendiger Vorsicht. Diese Signalfunktion der Angst gilt für alles, was in das Bewußtsein treten kann. Die Angst zeigt in den Ich-Funktionen eine spezifische Symbol-Phänomenologie.

Angst ist ein so alltägliches und bekanntes Phänomen, daß es darüber ein umfangreiches Schrifttum gibt. Kein Alter, kein Geschlecht, keine Lebenssituation und auch keine Versicherung kann die Stillegung dieses affektiven, vom Gefühl bestimmten Erlebens herbeiführen. Die Angst gehört in den Bereich der Grundbefindlichkeit des Menschen. Die psychische Bereitschaft zur Angstreaktion ist, wie neurophysiologische Untersuchungen gezeigt haben, angeboren. Das entspricht den psychodynamischen Phänomen, die man im Zusammenhang mit unbewußten Schuldgefühlen und dem Ur-Schuld-Komplex beobachtet hat. Unbewußte Ängste sind durch ihre fehlende Objektbezogenheit – »Ich weiß nicht, warum ich Angst habe« –, durch diffuse, nebelhafte Eingesponnenheit und das Auftauchen beängstigender Traumbilder mit rezenten Inhalten gekennzeichnet. Manchmal ist es ein Traumbild oder auch ein unbewußt gemaltes Bild (während eines Angstzustandes), das zum unbewußten Schuldkomplex oder zum ängstigenden Objekt führt.

Gerade die Angst des Ich-Bewußtseins vor den aggressiven Energien, die aus dem Unbewußten dominierend hervorschießen können, werden unter Umständen mit einer Depression abgewehrt. In diesem Zustand kann es auch zu ausgedehnten somatischen Reaktionen kommen, die über das vegetative Nervensystem eine reiche Palette an Symptomen anbieten wie Zittern, Muskelzuckungen (z.B. am Augenlid), Schweißausbrüche (besonders an den Händen), Durchfälle, Erbrechen, Migräne, Magenbeschwerden, Potenzstörungen, Schlafstörungen, Schwindel, Herzbeschwerden usw. Auf diese Weise können sich Aggression und Depression wie ein Zwillingspaar koppeln und polarisieren. Die Depression kann aggressive Impulse kompensieren (Widerstand gegen die unbewußten Energien), die Aggression aber vermag vitale Energien zu aktivieren und das Ich-Bewußtsein von seiner eigenen Seinsqualität zu überzeugen.

Psychodynamisch wird der nahe seelische Zusammenhang von Angst und Schuld im mythologischen Bild des »Sündenfalls« deutlich, bei dem der Bewußtwerdungsbeginn sich im Erkennen der Nacktheit zeigt. Es entsteht der Begriff der Sünde, wobei interessanterweise die etymologische Wurzel zu dem Begriff der »Sonderung« führt und damit auf die Ur-Sonderung oder eben Trennung hinweisen kann. Zuerst meldet sich die »Furcht vor«, indem der Mensch sich versteckt vor dem zürnenden Gott-Vater: »Ich hörte Deinen Schritt im Garten und fürchtete mich, weil ich nackt bin…«, und Furcht/Flucht beginnt sich zu koppeln. Im Gegensatz zur reinen Angst ist Furcht eine objektbezogene Angst, die sich mit der Beurteilungsfähigkeit von »richtig und falsch« verbindet und eine Entscheidung zur Handlung ermöglicht. Es gibt durchaus fließende Übergänge zwischen Furcht und Angst. Aber man kann formulieren, daß die Angst sich von der Furcht vor allem durch eine nicht beurteilungsfähige, energetisch stark geladene Emotion unterscheidet.

Die Bedrohung durch Angst und die Deutung der dabei auftretenden Phänomene ist speziell im Forschungsraum der Psychoanalyse von wesentlicher Bedeutung. Gerade aus dem Frühstadium der kindlichen Entwicklung erfährt man auch die Frühphasen der Angst: Trennungsangst, Verlustangst, Vernichtungsangst, Angst vor Liebesverlust und vor drohender Bestrafung, aber auch Angst vor Aggression und Tod.

Hier liegt die tiefste Wurzel aller Todesängste und Todessehnsüchte. Mit der Entbindung aus der Ungetrenntheit als der totalen Geborgenheit beginnt psychologisch die Konfrontation zwischen der Bewußtwerdung und dem verlassenen »Paradies der Unbewußtheit und Glückseligkeit«. Angst begleitet auch den Weg aus der Symbiose in die Bewußtheit und Ich-Identität bzw. Autonomie von Eigenverantwortlichkeit und Beziehungsfähigkeit. Der »Sterbevorgang« zum Bewußtwerden hin wird durch das Opfer der Unbewußtheit (Vertreibung aus dem Paradies) erkauft. An das Wissenserbe der Überwindung des »Gottesgebotes« heftete sich für alle Zeiten, so wie beim Ur-Schuld-Komplex das Schuldgefühl, die Angst vor… und der durch die Jahrtausende führende Wunsch, das Leben zu verlängern und dem Tode zu entgehen.

Die Angst ist ein mächtiger Erzieher und Manipulator. Der vegetative Zusammenhang mit der hormonellen Stimulation kann zur Angstlust und Angstsucht führen, die von der modernen Medienlandschaft auch ganz bewußt be-, ge- und ausgenutzt wird. (Horror-, Kriminalfilme, Western usw.).

Bewußtwerdung ist ohne Schuld und ohne Angst nicht erreichbar, und auch das Erleiden gehört zu den Wegchiffren der Ich-Identität.

Symbolische Phänomenologie des Ur-Angst-Komplexes

Ist jemand in den Brunnen gefallen,
so wirf nicht noch Steine hinterher.
chinesisch

Angst-Komplex

Spontan gemaltes Bild, nachts, unmittelbar nach einem Traum, in dem die Träumerin im Keller vor einer verschlossenen Tür steht und mit allen Mitteln versucht, die Tür zu öffnen.

Aussage zum Bild: »Ich habe wahnsinnige Angst, muß es aber tun, als müßte ich eine Schuld begleichen. Hier endet der Traum. Ich dachte an meine ewigen Versagungsängste und mein ständiges Schuldgefühl, nicht zu genügen und meinen ewigen Leistungsstreß. Aber jetzt wollte ich es wissen, was will der Traum mit der ›verschlossenen‹ Tür? Ich machte eine aktive Imagination. Das Bild, was da bei mir auftauchte, habe ich zu malen versucht.«
Symboldynamik: Gefangen im dunklen Felsenmassiv und eingeschlossen im »Feuerofen«, wehrlos, verlassen und weinend. »Da wird alle Schuld, alles Schlechte und Böse weggebrannt... Aber muß ich dann auch sterben?«

Unbewußt gemaltes Bild einer 52jährigen Frau

Aktualisierung ehemaliger Kinderängste aus einem strengen und von mütterlichen Ängsten dominierten Erziehungsstil nach Unfall-Trauma im Auto.
Aussage zum Bild: »Jede Nacht muß ich im Traum schreien. Aber es hört mich niemand. Ich schreie mir den Mund blutig und es hört mich niemand. Viele, viele Hände halten mich fest, aber die Angst bleibt immer drin.«
Bildbedeutung: Die Arme kommen wie eine Quelle aus dem Kopf. Sie halten »das Bild der Angst« (oder des Schockerlebnisses) umschlungen. Die beiden ä165
ußeren mit offener Gebärde, eher stützend und bergend wirkenden Arme und Hände, konnten erst bei der gemeinsamen Betrachtung wahrgenommen werden. Sie erstickte fast in ihrer Angst-Energie. Die herzförmige Gestaltung der bedrängenden Dynamik weist auf die emotional sehr tief sitzende Problematik hin.

Ur-Angst

Individuationsanalyse: Angst und Geborgenheit
Unbewußt gemaltes Bild einer 37jährigen Frau

Aussage zum Bild: »Das ist meine Gewitterangst – ein Rückzug in die Höhle. Aber als Idee!« Begegnung mit der Ur-Natur für ein Großstadtkind? Bewußtwerden von Elementarkräften. »Ich habe Angst, aber ich weiß auch, daß mir so eigentlich nichts geschehen kann.«
Bildbedeutung: Das Bild demonstriert auf dem Boden der Ur-Angst Enge und Flucht in die Höhle. Die Konzentration evoziert die psychische Energie und aktiviert die Fähigkeit, zu unterliegen oder zu siegen. Vorsicht und Weitsicht können polarisiert werden.

Angst-Komplex (Schlüsselerlebnis)

Unbewußt gemaltes Bild einer 39jährigen Frau

Symptomatik: Konversionsneurose mit chronischer Suicidalität
Aussage zum Bild: »Ich habe wahnsinnige Angst. Aber ich weiß nicht, wovor.« Schnell und spontan gemaltes Bild. »Alles ist voller Nebel.«
Bildbedeutung: Riesige grüne Augenhöhlen, die keine optische Wahrnehmung zulassen. Schlitzförmiger Mund (Patientin hat ausgesprochen volle Lippen und einen großen schöngeformten Mund), fehlende Nase und Ohren. Der Kopf ist nach oben offen. Das Bild läßt ahnen, daß die Patientin tatsächlich aller Sinne beraubt ist und sich tödlich ausgeliefert erlebt. Ihre Suizidversuche setzten entsprechend eine große Alarmbereitschaft in Bewegung und befreiten sie aus der panikhaft einsetzenden Isolation.
Das eigentliche Faktum: Niemandem bekannte Kleptomanie (Schuldangst). Das Gesicht ist durchgestrichen oder »mit Drähten« eingegittert. Es (sie) läßt niemanden an sich heran aus Angst, sich zu verraten.

Angstbild als unbewußter Kommentar

Unbewußt gemaltes Bild einer 59jährigen Frau

Biographie: Abtreibungsversuch der Mutter zwischen dem zweiten und dritten Monat.
Aussage zum Bild: »Alles in diesem Gesicht schreit. Ich schreie... Ich bin unter Wasser, eigentlich müßte ich ertrinken. Hinter mir ist etwas Schreckliches, aber ich kann es nicht sehen. Ich bin nur Angst...«
Bildbedeutung: Das auffallend, fast »lärmend« dargestellte Gesicht wirkt beinahe kindlich und wie erstarrt. Das im linken Bildraum auftauchende, groß und männlich (Bart) wirkende Gesicht scheint sich eher freundlich anzuschmiegen an das im Schrei erstarrte Mädchen. Von der Farbe her wirkt es wie ein »Wassergeist«. Das im rechten Bildraum erscheinende Tier mit dem eigentümlich intensiv aber blind wirkenden Auge wird von der Analysandin als »weiches Krokodil« bezeichnet. »Das sieht mich doch nicht an. Sonst würde es mich fressen.« Offensichtlich bringt das Bild zum Ausdruck, daß es sich hier um ein maximal fixiertes Angstengramm aus frühestem (im Wasser) Entwicklungsstadium handelt.

Die Ur-Rivalität. Der Geschwisterkomplex

Diagramm-Aspekt

Größenwahn
Minderwertigkeit
Ehrgeiz
Machtstreben
Rivalität

Da sprach der Herr zu Kain:
»Wo ist dein Bruder Abel?«
Er sprach: »Ich weiß es nicht.
Soll ich meines Bruders Hüter
sein?«

1 Mose 4

Die psychische Basis für diesen Komplex ist das archetypische Engramm des Geschwister-Seins oder -Habens als Fähigkeit für das Ich-Bewußtsein. Es präformiert damit die Fähigkeit des Gruppenbezuges und einer spezifischen Gruppendynamik. Dazu gehört die Fähigkeit, extraversiv/introversiv in einer Gruppe einen eigenständigen Platz beanspruchen zu können, also auch in der Gruppe Individualität zu entwickeln. Außerdem entwickelt sich daraus die wichtige Beziehungsfähigkeit zum eigenen inneren Kollektiv, zum kollektiven Unbewußten und damit letztlich zum Selbst.

Von Anbeginn an lebt das Kind/Geschwister in einem Lebens-Raum von Rivalität, Neid, Eifersucht, Minderwertigkeits-Gefühl, Rachsucht. Polar dazu aber ist Geschwister-Sein auch Freund, Spielkamerad, Beschützer, Vorbild, Wegweiser. Geschwister zu haben und zu sein ist von tiefreichender (archetypischer) Bedeutung. Sie gehört aufgrund der gemeinsamen Lebensidentität der Kindheit zu den langdauerndsten Beziehungsmöglichkeiten und hat eine breite psycho-soziale Begegnungs-Ebene.

Gerade in den Geschwisterbezug gehört die Lebenschiffre »die Zwei« als Thema der Rivalität. In diesem Sinne stellt der Komplex die Energien zur Verfügung für die Entwicklung von Ehrgeiz und Machtstreben. Er vermittelt damit Führungseigenschaften von Persönlichkeiten vom »Häuptling« bis zum »König«. Er ist aber auch der Komplex, der das Urprinzip der Polarität in die Qualität des Gegensatzes, des Entweder/Oder zu spalten vermag.

Bei negativer Aufladung durch frühe Zurückweisungen, Liebesentzug zugunsten eines anderen, Versagungen, Mißerfolge, kann es zu einer Verschiebung und abgespaltenen Negativkonzentration, d. h. zu einem Minderwertigkeitskomplex kommen. Archetypisch mythologische Bilder von Horus und Seth, von Kain und Abel, Quetzalcoatl und Texcatlipoka, bis zu den modernen Konflikten zwischen einem Erst- und Zweitgeborenen zeigen ihre dramatischen und tragischen Signaturen.

Ein relativ schwach geladener Minderwertigkeitskomplex, der unbewußt bleibt oder unbewußt kompensiert wird, kann sich bis zu einem gewissen Grade überdecken lassen. Ein solcher Mensch kann zum Beispiel auf seine berufliche Umgebung sehr sicher, sehr kompetent, sehr überlegen wirken. Er neigt dazu, andere zu überhöhen oder heimtückisch hinterrücks zu mindern. Er lehnt sich gern an Mächtige – zum Beispiel Institutionen - an, bleibt aber innerlich meist allein. Trotz vieler Strebungen kann sich eine durch keinerlei Erfolg zu befriedigende, sozusagen »ewig hungrige« Ehr-Geiz-Haltung entwickeln (eine interessante Wort-Ehe: Ehr-Geiz!).

Aufgrund dieser tiefen Komplexgebundenheit besitzen die Betroffenen aber fast immer eine deutliche schöpferische Möglichkeit, die durch den sich anklammernden Minderwertigkeitskomplex (an eine Ich-Funktion) nicht persönlichkeitsadäquat zur Entfaltung kommen kann. Letztlich fehlt das echte Vertrauen zu sich selbst.

Ein therapeutisches Betätigungsfeld kann hier nicht eine moralische Anti-Haltung gegen Ehrgeiz sein, sondern sollte im Gegenteil ein ausreichendes Angebot für fruchtbare Bestätigung dieser Energie zur Verfügung stellen. Dabei muß aber das eigentliche innere füllige Haben (schöpferische Energie) als gesichertes Innenkonto bewußt gemacht werden, indem das Ich-Bewußtsein seine eigenen Symbolchiffren lesen lernt (analytische Integration).

In der Praxis hat gerade der Minderwertigkeitskomplex ein breites Spielfeld variationsreicher Symptome und kann zum langjährigen Begleiter sich ständig wiederholender, quälender, störender und hemmender Verhaltensweisen werden. Dabei hat sich therapeutisch als besonders wichtig herausgestellt, daß ein Minderwertigkeitskomplex sich meistens bevorzugt an eine der vier Ich-Funktionen anklammert und diese dann kompensatorisch oder inflationistisch bestimmt.

Gelegentlich kann das Bedürfnis, eben nicht immer »der Kleinste«, »der Dümmste«, »der Letzte«, »der Niemand« zu sein, sich so aufladen, daß eine »Überdimensionalität« vom Ich Besitz ergreift und irgendeine Form von Größenwahn überbordend oder – wenn man so will – heilend einzugreifen versucht in das Erlebnis-Dilemma des ewigen Out-Seins.

Symbolische Phänomenologie des Ur-Rivalitäts- oder Geschwister-Komplexes

Macht ohne Verantwortung
ist wie ein Feuer
außer Kontrolle.
(Ernst R. Hauschka)

Unbewußt gemaltes Bild eines 24jährigen Mannes

Symptomatik: Schwerer Minderwertigkeitskomplex und mangelndes Selbstvertrauen bei schon immer bestehender Bruderrivalität

»Da redete Kain mit seinem Bruder Abel. Und es begab sich, daß sie auf dem Felde waren, erhob sich Kain wider seinen Bruder Abel und schlug ihn tot.«

Kain-Abel-Motiv
Der mörderische innere Streit

Unbewußt gemaltes Bild eines 42jährigen Mannes

Symptomatik: Neurotisch aufgeladener und projektiv stark wirksamer Bruderkomplex
Bildbedeutung: Ein außerordentlich dramatisches Kampfbild zwischen einer groß und drohend aufgerichteten, anscheinend waffenlosen Gestalt »mit Armen wie Windflügel« – zurückweichend und angreifend zugleich, mit angstvollem Gesicht: »… der helle Bruder zum dunklen.« Quer über ihnen »so etwas wie ein Schwert«, das Lichtsymbol zwischen ihnen. Im tieferen Dunkelbereich schwebt eine vierblättrige Blume, als läge da das Geheimnis neuen »Blühens«. Ebenso ist der im rechten Bildrand auftauchende Fisch ein verschlüsseltes Signal eines aus dem Unbewußten auftauchenden Inhalts, »… das heile Tier aus der Tiefe…«.

Unbewußt gemaltes Bild eines 31jährigen Mannes

Symptomatik: Neurotisch aufgeladener Geschwisterkonflikt zwischen Bruder und Schwester

Aussage zum Bild: »Sie war immer die Bessere, bewundert und geliebt« – er der Versager. Mißerfolg, Neid, Haß, Fettsucht. »Ich konnte immer nur mein ›Gewicht‹ einsetzen und meine Kraft. Ich siegte brutal und fühlte mich ewig unterlegen.«

Bildbedeutung: Die materielle »Schwere« des mächtigen Vogels läßt ihn im Bild eher fallen als fliegen. Der auffallend kleine Schnabel berührt zwar die sich gewaltig aufbäumende Schlange, zeigt aber, ebenso wie das wie geschlossen anmutende Vogel-Auge, keine deutliche Kampftendenz. Die Schlange scheint »Feuer zu speien«. Am unteren Bildrand – unterhalb der Vogelbrust – erscheint die Mondsichel als Signal eines »nächtlichen Geschehens«. Es geht um das Thema Wandlung chtonischer Erektivität und patriarchaler (bewußter) Identität und Kreativität.

Der Ur-Begabungs-Komplex

Alles geben die Götter,
Die Unendlichen,
Ihren Lieblingen ganz;
Alle Freuden,
Die Unendlichen,
Alle Schmerzen,
Die Unendlichen –
ganz.
J. W. v. Goethe

Der Begriff des Begabungs-Komplexes ergab sich aus dem Erfahrungsraum mit den »Wunderkindern«, dem »Elite-Zögling«, den besonderen Talenten und »Starentwicklungen«. Die Erbforschung hat sich von jeher damit auseinandergesetzt (z.B. W. A. Mozart, F. v. Schiller oder B. Becker).

Psychodynamisch kann man beobachten, daß es gerade dieser Komplex zu sein scheint, der in besonderer Weise das Zusammenspiel zwischen den Komplexfeldern und den Ich-Funktionen verdeutlichen kann.

Begabung verbindet sich mit spezifischen oder aber auch unspezifischen Fähigkeiten. Dabei ist zu beobachten, daß im allgemeinen eine spezifische Begabung sich koppelt mit dem Bedürfnis zur Gestaltung und Darstellung. Man spricht vom »Stoff der Persönlichkeit«, womit offensichtlich eine schöpferische Fähigkeit schlechthin gemeint ist. Originalität und Eigenwilligkeit auf der Basis eines Begabungs-Komplexes ermöglichen bei positiver Koppelung mit einer oder mehreren Ich-Funktionen eine spezifische Identität und Selbstverwirklichung.

Die starke potentielle Energie eines Begabungskomplexes, der sich gestalterisch mit der Ich-Bewußtseinsinstanz verbinden kann, vermittelt unter Umständen eine erstaunliche Durchhaltekraft bei Problemstellungen, besonders im ideellen Bereich. Diese Energie kann sich aber praktisch mit jedem »Objekt« – also auch einem mit negativem Inhalt – verbinden und es mit gleicher Hartnäckigkeit kreativ gestalten (Hochstapler, Diebe, Schwindler usw., Kriminalität).

Nach unseren Beobachtungen ist der Begabungskomplex anlagemäßig bei jedem Menschen vorhanden. Er ist ein erblich bedingtes, primäres, differenzierungsfähiges (durch das Ich-Bewußtsein) Potential an Energie, das über die formenden Kräfte des Ich-Bewußtseins gestaltet werden muß.

In der Praxis entstand dabei der Eindruck, daß das Energiefeld des Begabungskomplexes um so intensiver wird, je mehr Unterstützung und Protektion durch Anforderung und Angebot aus der Umwelt eine Bewußtseinsvertiefung und Ich-Bewußtseinsdifferenzierung zu den eigenen Möglichkeiten erfährt. Der Komplex wirkt dann wie ein Magnet, der in der Lage ist, aus dem unspezifischen Energiereservoir der Komplexfelder mächtige Libidoimpulse anzuziehen und dadurch die Spezifität einer individuellen Begabung zu verstärken. Aus den dadurch emotional betonten bewußten Erfahrungen und Erlebnissen kann – schon bei einem Kind – ein spezifisches Kreativitätsbewußtsein erwachsen.

In der therapeutischen Arbeit beobachtet man aber auch, daß dieser Komplex eine erhöhte Sensibilität und Störbarkeit aufweist. Dazu gehört in hohem Maße ein aufgeladener Minderwertigkeitskomplex, der sogar dazu führen kann, daß ausgesprochen begabte Kinder so schwere Verhaltensstörungen zeigen, daß man den Eltern eine Sonderschule empfiehlt.

Für den Begabungskomplex könnte dagegen eine innerpsychische, quasi »geschwisterliche« Beziehung zum Rivalitäts-Komplex ein außerordentlich positives Schubphänomen im Sinne einer Substitution bewirken. Ehrgeiz, das Streben, der Erste und Beste zu sein, kreative Wachstumskraft können dann als positive Energien die Begabung tragfähig unterstützen.

Aber auch ohne genbedingte, also erbliche spezifische Begabung steht dieser Komplex für jeden Menschen angeborenermaßen als Energiespender zu schöpferischer Entfaltung zur Verfügung und macht die Welt um uns herum bunt und lebendig.

Schöpferisch zu sein ist, psychologisch gesehen, ein zentrales Lebensthema. Nach außen hin verbindet es sich mit Erfolg und Mißerfolg, mit Not, Leiden und Angst, aber auch mit Beglückung, Freude, Bestätigung. Nach innen hin aber ist der Gestaltungsweg gleichbedeutend mit Individuation und kann bedeuten, sich oder das Selbst zu finden und beides zu einer Ganzheit zu verbinden. Denn wer nicht schöpferisch ist, bleibt sich selber fremd.

Ein Mensch, der über eine oder mehrere Ich-Funktionen eine dynamische Verbindung gerade zu seinem Begabungskomplex gefunden hat, ist in eigentümlicher Weise fähig, Spannungen, die sich im Raum der Kreativität aus Problemkonstellationen ergeben, lange zu ertragen und ihrem Ductus zu folgen. Sie bewahren sich davor, mit der Negativchiffre eines mindernden Komplexes – »das schaffe ich ja doch nicht« – die Arbeit damit oder daran vorschnell aufzugeben. Echte schöpferische Potenz ist sehr oft unangenehm, sowohl für den Träger als auch für seine Umwelt. Das kollektive Bewußtsein bedroht gerade den begabten einzelnen, der sich nicht in die gängigen Chiffren fügt. Es ist eine durchgehende Erfahrung aller psychologischen Beobachtungen in der Gesellschaft, daß man vor allem Erfolg zu haben scheint, wenn man sich mit irgendeinem Kollektiv identifiziert. Einzeln zu sein macht viel Angst und braucht viel psychische Selbst-Identität. Negative Angst lähmt Kreativität ebenso wie negative Aggressivität. Das schöpferische Potential des Begabungskomplex enthält den Schlüssel zur Selbstfindung.

Symbolische Phänomenologie des Begabungskomplexes

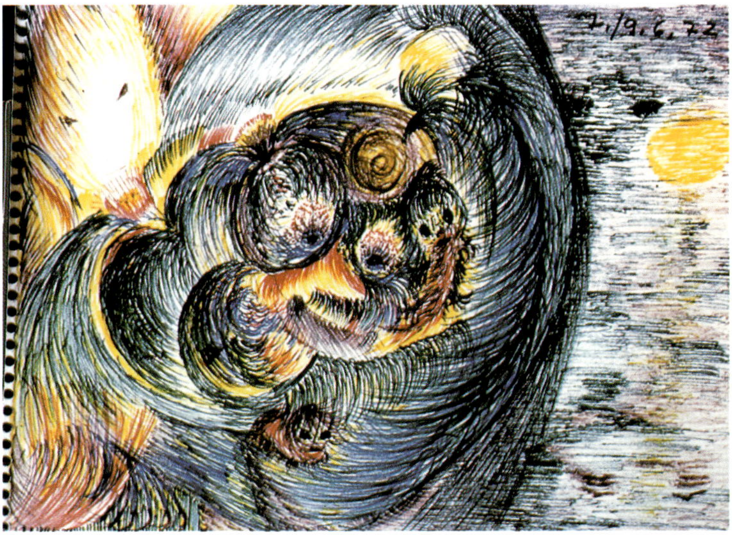

Ein geladener Begabungskomplex, der nach schöpferischer Gestaltung drängt.

Unbewußt gemaltes Bild einer 52jährigen Frau
Intensive Lebens- und Farbfülle
Tiere und Menschen
Wasser – Erde – Kosmos

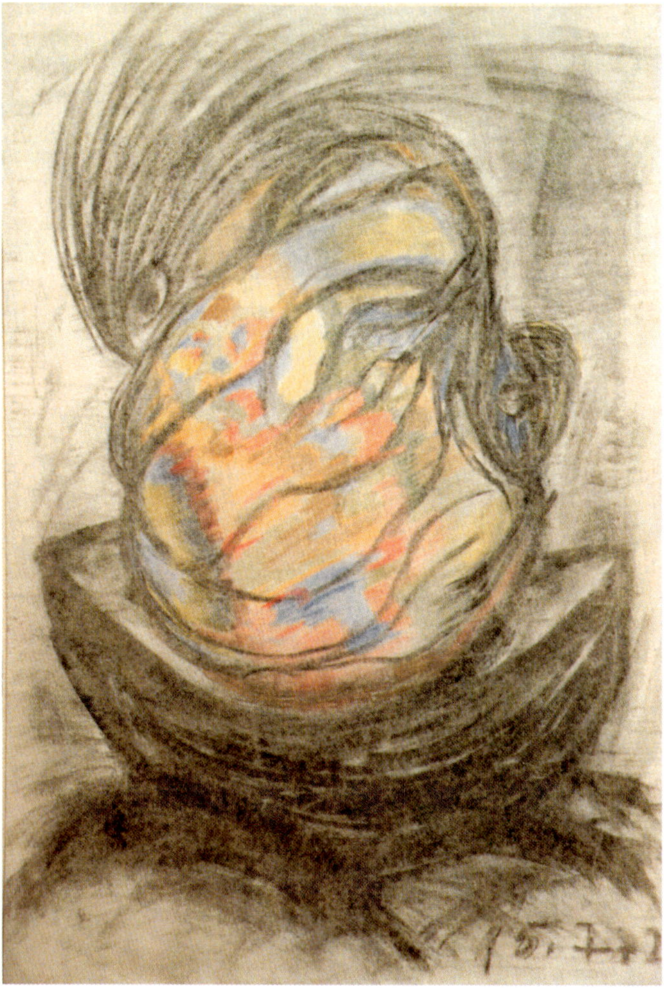

Unbewußt gemaltes Bild einer 39jährigen Frau

Aussage zum Bild: »Wie in einer Nußschale…
mondförmig
ein Schiff
auf dem Wasser
Wurzel-Wachstum
um Keimendes, bunt leuchtendes
Auge – woher kommst du?«

Unbewußt gemaltes Bild eines 28jährigen Mannes

Chaotische Fülle, »massa confusa« als unbewußtes und noch nicht abgerufenes schöpferisches Begabungsmaterial

Zwei Variationen zum Thema Ur-Begabungskomplex

Unbewußt gemaltes Bild eines 28jährigen Mannes

Unbewußt gemaltes Bild einer 32jährigen Frau

Der energetische Schwellenbereich, der auf dem Diagramm als der Konzentrationsbereich der Ur-Komplexe bezeichnet wurde, ist in ungezählten Prozeßverläufen sichtbar geworden und hat sich besonders für eine aktuelle Diagnostik der innerpsychischen Dynamik als wichtig und klärend erwiesen.

Die klare Realistik der symbolischen Phänomenologie der archetypischen Kernelemente – Schuld, Angst, Rivalität, Begabung – konnte durch Assoziationen durch das Bewußtsein, bzw. Ich-Bewußtsein im analytischen Dialog transzendiert werden und den Erkenntnisprozeß des Beziehungsfeldes zwischen Ich-Bewußtsein und Unbewußtem unterstützen. Der in seinem Entwicklungs-Plan sich verdeutlichende Selbstentfaltungsprozeß läßt hier schon ahnen, daß die im Ich-Komplex enthaltenen Ich-Funktionen, den Entwurf für die Ich-Selbst-Beziehung enthält.

Die folgenden Differenzierungsphasen der Selbstentfaltung erreichen den Arbeitsbereich der »transzendenten Funktion« und die »Werkstatt der Träume«. Das Diagramm der Selbstentfaltung kann hier nur andeutungsweise grafisch signalisieren, was man unter dem Begriff »Traumwerkstatt« verstehen kann.

8. Arbeitsbereich der transzendenten Funktion

Unspezifische Komplexfelder
Potentielle Energie
Assoziationen und Amplifikationen

Diagramm Aspekt

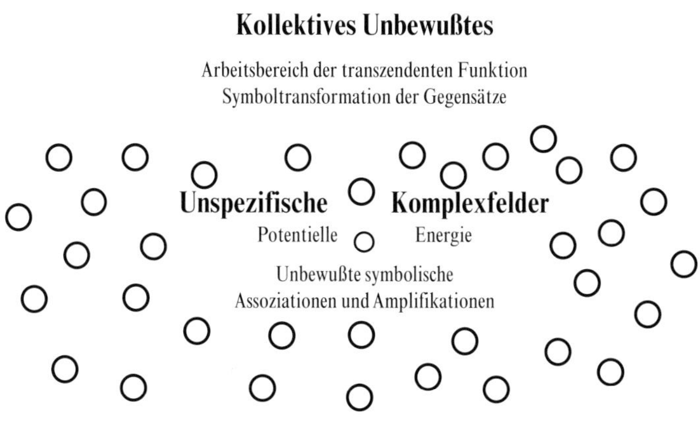

Auf der Basis der grundlegenden dynamischen Prinzipien der theoretisch und praktisch therapeutisch so wichtigen Komplexlehre von C. G. Jung hat der empirische Arbeitsraum mit den bekannten »diagnostischen Assoziationsstudien« begonnen. Die damals benutzte Versuchsanordnung war allgemein bekannt, eben als Grundphänomen der Psyche. Aber die damaligen Ergebnisse waren unbefriedigend geblieben. C. G. Jung beschäftigte sich intensiv und unbeeinflußt mit dem Thema und fand in den »Reizworten des Assoziationsexperimentes« den Vorläufer der großen Bedeutung, die das Symbol in der Analytischen Psychologie später erhalten sollte. Denn sowohl das Reizwort als auch das Symbol hat einen vagen Charakter, aber immer eine vieldeutbare, bzw. vielschichtige Bedeutung.

Die Methode des Assoziationsexperimentes ist in gewissem Sinne auch in der Traumanalyse erhalten geblieben. Denn die Form des Assoziationsexperimentes läßt keine Möglichkeit des Ausweichens zu. In der Traumarbeit ist man bemüht, das Gegenüber nicht »planlos« umherschweifen zu lassen und sich dadurch vom Reizfeld des Traumes zu entfernen. An Stelle der »Objektstufe« tritt die »Subjektstufe« mit der kontinuierlichen Konfrontation mit den Traumbildern. Die einzelnen Traumfakten, die gewissermaßen ein »Reizworttabulator« darstellen, sind natürlicherweise um vieles organischer, als eine unpersönliche Reizwort-Tabelle, da sie als Bilder vor allem aus dem Patienten selber stammen und damit für ihn hochspezifisch sind.[37]

Im einzelnen kann hier nicht auf die umfänglichen und sowohl theoretisch, wie aber ganz besonders auch praktisch vermittelten psychoenergetisch und psychodynamischen Fakten eingegangen werden.[39]

Es folgen einige Bilder aus der großen Materialsammlung, die einen Eindruck von der Mächtigkeit und Wirksamkeit der in einem Komplex gestauten psychischen Energie vorhanden sein kann. Dabei handelt es sich um die Doppelthematik von Aggression und Depression.

Symbolische Phänomenologie aus der Werkstatt der Träume

Darstellung eines gefühlsgeladenen Komplexes während eines starken Erregungszustandes; in der Nacht gemalt.
39jährige Frau, sehr begabt, schöpferisch tätig

Aussage zum Bild: »... das ist der rasende Stier, der ist wie rasendes Feuer – er kann alles vernichten mit seiner Energie... aber in seinen Augen ist Angst...«
Bildbedeutung: Die Angst wurde im analytischen Dialog thematisiert und führte zum Aggressionspotential weiblich/männlich im sumerischen Uralt-Mythologem von Gilgamesch und Inanna, die in maßloser Gekränktheit durch den sie verhöhnenden Gilgamensch vom Gott-Vater den mächtigen »Himmelsstier« forderte, damit er den »großen« Helden töte.
Über den Einfall der Intuitions-Funktion öffnete sich für das Ich-Bewußtsein eine Integrationsmöglichkeit der Energieimpulse und Zugang zum eigenen Schöpfungspotential.

Komplexungetüm

Spontan gemaltes Bild eines 48jährigen Mannes

Aussage zum Bild: »Wenn das platzt, zerreißt es alles. Das ist wie ein riesiger Tumor – eine ›Krebsgeschwulst in der Psyche‹« (Patient ist selber Arzt).

Bildbedeutung: Der von einer rotgelben »Feuerwand« umgebene Tumor saugt von allen Seiten her Energie an, wie die von allen Seiten auf ihn gerichteten Pfeile signalisieren. Ein enormer Erregungssturm war der Bild-Auslöser.

Komplexentladung

Spontanes Bild eines 42jährigen Mannes im Zustand »rasender Wut«

Aussage zum Bild: »... langer Kliniktag mit viel Ärger und Auseinandersetzungen. Ich tauchte beim Malen wie in das Bild hinein und malte alles aus mir heraus. Die glühenden Teufelsaugen sind rasende Wut.«
Bildbedeutung: Aktuelle Komplexentladung auf dem Boden eines stark aufgeladenen Minderwertigkeitskomplexes. Die aufgestellten »Igelstacheln« zeigen einerseits die Abwehrbereitschaft, können aber auch sehr spitze Waffen sein.

Unbewußt gemaltes Bild einer jungen Frau, Jüdin mit schwerst belasteter Biografie. In einer Nacht gemaltes Bild.

Aussage zum Bild: »Das ist die Trauer der ganzen Welt um die Juden, die Neger, die Kinder aus brennenden Städten, um die Ungerechtigkeit, Gemeinheit und all das schreckliche Elend. In mir ist diese Trauer unendlich. Ich wußte es nicht. Sie sieht mich an. Das ist all meine Dunkelheit in mir. Das ist wie ein riesengroßer Tumor in mir und manchmal schlägt der Blitz darein und in mir ist ein einziges furchtbares Feuer, das mich verbrennt und auslöscht…«

Die beiden folgenden Bilder stammen von einer 54jährigen Patientin, die, außer in der Schule, niemals »gemalt« hatte. Sie kam wegen ausgedehnter psychosomatischer Symptome, bei denen »die üblichen Wechseljahrärgernisse« im Vordergrund zu stehen schienen. Ihre Verhaltensweise war bestimmt von einer fast starren Persona, die unter der Dominanz einer »hochadeligen Familie« stand. Kulturell war sie äußerst angepaßt, emotional und auch mental z.T. erschreckend infantil. Das erste Bild entstand, als sie durch Zufall entdeckte, daß ihr Ehemann (Akademiker) sie seit Jahren betrog. Sie reagierte mit »rasender« Eifersucht, Tobsuchtsanfällen, Zerstörungswut (Geschirr, Kleider, Möbel), drohte mit Selbstmord und Mord. Welche mächtige Energie, bisher wesentlich ungebraucht, plötzlich und komplexhaft die Ich-Instanz überschwemmt, zeigt die dramatische Bildgestaltung. Sie steht ihr fassungs- und wortlos gegenüber. Es folgte ein totaler Zusammenbruch, der vorübergehend zu einer Trennung der beiden Eheleute führte. Sie zog in ein Hotel und ließ den Ehemann allein im Haus zurück. In der analytischen Bearbeitung des inneren und »äußeren« Ereignisses entstand auch das zweite Bild, auf dem mit erstaunlicher Drastik der Ein- und Ausbruch durch den Schock sichtbar wird. Ganz besonders eindrucksvoll war der Kommentar der Patientin selber zu diesem Bild, dem sie mit aufblitzendem Humor den Titel »Katzenjammer« gab:

»Ich bin jetzt total ausgebrannt. Ich habe nie gewußt, wie viel Scheußlichkeiten es im Menschen geben kann und was er alles unter Glacé-Handschuhen und glatter Fassade verbirgt. Der schwarze Schnurrbart auf dem vorigen Bild zeigt deutlich, was für ein Teufel in mich gefahren war. Und das hier bin ich auch… Kotze und Sch… und stinken nach allen Seiten…« Und sehr leise: »Wer soll mich denn dann auch lieben?«

Komplexgetroffenheit

Spontanes Bild (unbewußt) gemalt eines 43jährigen Mannes mit einem ihn sehr belastendem Minderwertigkeitskomplex.

Aussage zum Bild: »Da ist mir wieder mal jemand auf meinen Komplex gelatscht...«
Bildbedeutung: Das oben dargestellte Bild vermag mit seiner Energiegeladenheit zu vermitteln, was es bedeuten kann, wenn ein aufgeladener Komplex explodiert. Nach allen Seiten entlädt sich das Potential aus »Drachen- und Schlangenköpfen«. Die vielfache Dimension symbolisiert hier archaische Inhalte und signalisiert dem Ich-Bewußtsein drohende Gefahr. Die Farbenpracht und Gestaltungskraft weist auf Fähigkeiten hin, die von der Bewußtseinsinstanz gesteuert werden müssen.

Abstieg zwischen Angst und Aggression

Spontan entstandenes Bild bei beginnender Regression/Depression von einem 44jährigen Mann

Aussage zum Bild: Die Treppenstufen auf der linken Bildseite »gehen nach unten«, rechts ist alles »wie durchgestrichen und aufgelöst«. Das Gesicht wirkt verschwommen, wie eintauchend oder auftauchend aus Nebel, Wasser oder Dämmerung. »Da ist Verzweiflung, Hoffnungslosigkeit und Angst. Links ist ein großes Ohr. Soll ich jetzt in die Tiefe horchen? Ich bin waffenlos, und meinen Körper habe ich schon lange vergessen.«

Zustandsbild einer 56jährigen Frau

Symptomatik: Erstarrter Schockzustand. Autounfall mit Todesfolge, sie selber beteiligt, aber nicht schuldig. Aussichtslose Verzweiflung, Todessehnsucht, totale Nahrungsverweigerung.
Bildbedeutung: Das ungewöhnlich ausdrucksstark gemalte »Psychogramm« bewirkte bei der Patientin einen Zusammenbruch ihrer Erstarrung und führte zu einem lange anhaltenden Weinanfall.
»Jetzt können meine Augen zuschwellen und ich muß nicht immerzu auf das gleiche Bild sehen…«

Inneres Zustandsbild eines 48jährigen Mannes

Symptomatik: Schwere Depression während Individuationsanalyse, Minderwertigkeitskomplex mit unbewußten Schuldgefühlen zusätzlich aufgeladen; schwere Rivalitätsprobleme (Bruderthematik).
Aussage zum Bild: »... toter als tot – der Clown auf Abwegen – nur die Schlangen leben noch – das kann nur neue Schöpfung ändern... vielleicht ist die Schlange ein Gott und der Mund ein weiblich Empfangendes... alles Gerede... wer glaubt denn wirklich an Wiedergeburt?...«

Zustandsbild eines 18jährigen Schülers

Symptomatik: Spätpubertätskrise, Minderwertigkeitskomplex bei ausgesprochen guter Begabung, wächst ohne Vater auf, Beziehungsschwierigkeiten.
Aussage zum Bild: »Ich weiß nicht, was ich soll, wozu, warum, wohin, für wen. Niemand braucht mich, niemand würde es merken…«
Bildbedeutung: Er sieht nur sich, ist ganz »nach Innen« gekehrt. Er trägt Opas Pantoffeln, hat wohl keinen wirklich eigenen Standpunkt. Die mächtigen Schultern und großen Händen stützen ein relativ kindlich wirkendes Gesicht. Und er sitzt in einem sehr schoßhaft wirkenden Sesselstuhl.

Unbewußt gemaltes Bild einer 28jährigen Patientin

Symptomatik: Unbewußter Schuldkomplex – Magersucht
»Ich lasse mich nicht wachsen.«
Bildbedeutung: Im linken Bildraum skelettartig abgemagerte langhaarige Gestalt »im Wald«, also matriarchaler Bereich, nach rechts gehend. Die lichtgrün-gelbe Farbe wirkt »frühlingshaft« und scheint die Todesthematik zu kompensieren. In der Mitte des Bildes ein großes eher traurig wirkendes Gesicht mit ausdrucksstarken, nach oben gerichteten Augen, überdimensionalen, wie Gras wachsenden Augenbrauen und einem weichen Mund. »Das ist die uralte Waldmutter. Sie weiß alles und ich weiß nichts…« Es scheint zu signalisieren: »Geh an mir vorbei. Finde Deine eigene Mütterlichkeit in Dir. Laß mir meine Trauer, lebe Du mit Deiner…«

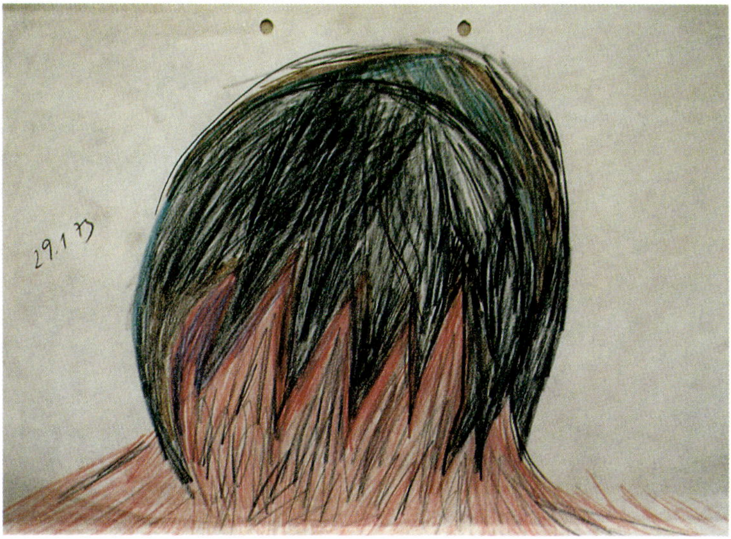

1973: Das Jetzt…

Unbewußt und spontan gemalte Bilder eines 62jährigen Mannes nach einem schweren Unfall, der einen Klinikaufenthalt notwendig machte.

Aussage zum Bild: »Mein Leben ist nicht mehr mein Leben. Ich weiß jetzt um meine Schuld… erst jetzt… Seit Urzeiten verdränge ich meine Aggressivität und kompensiere sie mit meiner angeblichen Geistigkeit und Transzendenz, mit ebenso ungeistiger Verlogenheit und Meditation. Auf diesem Bild sind ja alle Sinnes- und Erkenntnisorgane gelöscht und nur noch ein erbitterter Kampf zwischen zwei Mächtigkeiten – schwarze Krallen vom Kopf und rote Flammen vom Herzen. Irgendwo ist in mir ein tiefes Schuldgefühl versäumten Lebens. Ich habe ein vor Jahren gemaltes Bild mitgebracht, was mich tief erschütterte… vor allem, weil ich es damals nicht erkannte in seiner Hybris und Aufgeblasenheit: der kosmische Mensch! Ich fühle mich als Mensch ganz tief schuldig und ich bin eigentlich dankbar für dieses schlichte und primitiv energiegeladene Bild. Da ist nichts verlogen. Das bin zwar ich, aber eigentlich noch ohne Ich. Ich muß es suchen.« (1973)

1963: Das Damals

Die Werkstatt der Träume

»Weil die Transzendenz die Ordnung ›fügt‹, weil sie geheimnisvoll das Weltsein durchdringt und es hält, muß sie das Sein überhaupt sein: grenzenlos, unendlichunergründlich, nur erschau- und erfahrbar an der Fugen der Welt, an ihren Grenzen, an den Orten des Transzendierens.«

(W. v. Siebenthal, Wissenschaft vom Traum)

Der Arbeitsbereich der transzendenten Funktion als Zentrum des Individuationsweges: Vom Ich zum Selbst.

In dem »Werkstattbericht« am Anfang dieses Buches war der Versuch unternommen worden, den Bedeutungsgehalt der Gestaltungen des Unbewußten am praktischen Beispiel nachzugehen und ihren für das Bewußtsein/Ich-Bewußtsein bestimmten Sinn zu erfassen. In diesem Bereich der Selbstentfaltung treffen die potentiellen psychischen Energien der unspezifischen und spezifischen Komplexfelder zusammen. Die Energien aus dem Bewußtsein/Ich-Bewußtsein verbinden sich mit den Energien aus den Ur-Komplexen und werden als symbolische Chiffren in die Traumbilder transformiert. Hier entfaltet sich die polare Gesamtdynamik der Psyche mit den Zielrichtungen der Extraversion/Introversion, aber auch der Progression/Regression und Aggression/Depression. Von hier gehen in besonderem Maße die unbewußten *Projektionen* auf Subjekte und Objekte der Um- und Außenwelt aus. Aber in dieses Arbeitsfeld gelangen auch alle »auslösenden Ursachen« für Komplex-Reaktionen. Die Energien aus den Ur-Komplexen können dabei ebenso abgerufen werden (Schuld, Angst, Rivalität, Begabung) und als symbolische Chiffren in die Traumbilder transformiert werden, wie Signale aus dem Trennungskomplex, oder – besonders im Zusammenhang mit dem persönlichen Eltern-Komplex (Ablösungskonflikte) – als Regressionsdynamik bis in den Ur-Eltern-Komplex.[40]

Das archetypische »Ur-Bild« kann im Prozeßverlauf einer Selbstfindung (Individuationsweg) energetisch aktiviert werden und – über die dadurch mögliche Bewußtseinserweiterung – eine Auflösung infantiler Verhaltensweisen oder Fixierung ausgelöst werden.

»Archetypen sind wie Flußbetten, die das Wasser verlassen hat, die es aber nach unbestimmter Zeit wieder auffinden kann. Ein Archetyp ist etwas wie ein alter Stromlauf, in welchem die ›Wasser des Lebens‹ lange flossen und sich tief eingegraben haben. Und je länger sie diese Richtung beibehielten, desto wahrscheinlicher ist es, daß sie früher oder später wieder dorthin zurückkehren.«[41]

Einfacher und eindrücklicher kann wohl kaum etwas über das Wesen des Archetypischen gesagt werden, als C. G. Jung es hier mit seinen Worten tut. Dies ist besonders wichtig für die Arbeitsbeziehung zwischen dem Wirkbereich der transzendenten Funktion und der Beziehung der unspezifischen Komplexfelder zu den archetypischen Wirkfeldern.

Die archetypischen Kernelemente sind impulsgeladene Erlebniskomplexe, die, von der aktuellen Lebensdynamik her evoziert, ihre Signale über den Traum und die aktiven Imaginationen dem Bewußtsein bzw. dem Ich-Bewußtsein anbieten, als unbewußte Türöffner zum persönlichsten Leben. Sie können ebenso hilfreich aus ihrem Ur-Wissen heraus, mit ihrer Symbolkraft die Ich-Tendenzen fördern, aber auch für das »innere Wesen fordern«, wenn z.B. das Bewußtsein die Polarität der Ganzheit durch Einseitigkeit oder Uneinsichtigkeit aus dem dynamischen Gleichgewicht zu bringen droht.

C. G. Jung hat sich in seiner Arbeit »Über psychische Energetik und das Wesen der Träume«[40] sehr intensiv mit dem Thema auseinandergesetzt und dabei die Dynamik von Progression und Regression als die wichtigsten, energetischen Phänomene im psychischen Gesamtorganismus angesehen. Wie im Diagramm der Selbstentfaltung nachzuvollziehen, dient die Progression kontinuierlich der »Selbstentfaltung« und bahnt damit den Weg für den extradiversen Transport aller energetisch geladenen Inhalte ins Bewußtsein/Ich-Bewußtsein. Polar dazu können regressive (introversive) Impulse, z.B. Verdrängungsinhalte, über das Auffanggitter des persönlichen Unbewußten (Schattenbereich) in das dynamische Arbeitsfeld der transzendenten Funktion gelangen.

Für die therapeutische Arbeit (tiefenpsychologisch fundierte und analytische Psychotherapie) ist die Kenntnis und der Umgang mit der Regression ebenso wichtig wie die Progression. »Rückgewandtheit« als psychodynamischer Richtungsweiser für den Libidostrom ist wohl die passendste, deutsche Übersetzung für den Regressionsbegriff.

Dieser Gerichtetheit nach »rückwärts« (Vergangenheit oder Tiefe) oder nach Innen (Introversion) bedient sich, wie oben bereits erwähnt, auch jeder Verdrängungsvorgang. Negativ aufgeladene Komplexe können Libido in die Regression zwingen und in bestimmte Komplexfelder fixieren (Minderwertigkeitskomplex, Machtkomplex, Angst- und/oder Schuldkomplex).

In den von daher motivierten, immer gleichen oder ähnlichen Verhaltensweisen, oder auch, u.U. jahrelangen Traum-Bild-Wiederholungen, werden die sogenannten »negativen Regressionen« als quälende »Dauerbrenner« sichtbar.

Die Hartnäckigkeit solcher Fixierungen ist um so größer, je mächtiger die Angst vor der »Wandlung«, d.h. dem Opfer – meist einem symbolischen Todesopfer – der, wie mit einem Feuerstempel eingebrannten Verhaltensweisen ist.

Für C. G. Jung bedeutet »das sich opfern können« gleichzeitig ein »sich Haben«. Niemand kann geben, was er nicht hat. Im Bewußtwerdungsprozeß geht es dabei immer um das Opfern von einem Element der jeweiligen Unbewußtheit bzw. des Unbewußtseins. Das Opfer »besteht« zunächst im Geben einer Sache, die mir gehört. Alles, was mir gehört, trägt den Stempel des »Mein seins«, nämlich einer subtilen Identität mit meinem Ich... Diese Zugehörigkeit aller Dinge, die das »Mein sein« tragen, wird sehr passend als »participation mystique« formuliert. »Es handelt sich um eine irrationale unbewußte Identität, welche davon herrührt, daß alles, was mit uns in Berührung steht, nicht nur sich selber, sondern auch zugleich ein Symbol ist.«[42]

Besonders eindrucksvoll ist das z.B. bei jeder Form von Sucht zu beobachten: Dazu gehören alle Formen von oraler Neurose wie Magersucht, Bulimie, Alkoholsucht, Drogensucht, aber auch viele Formen, die man kaum als Sucht ansieht, wie Lesesucht, Kaufsucht, Fernsehsucht oder wie immer auch ein zwanghaftes Habenwollen bzw. Habenmüssen als Komplexdominanz sich in einer Ich-Funktion zum Ausdruck bringt. Erst wenn das Ich-Bewußtsein genügend unbewußte Energien speichern kann und die einzelnen Ich-Funktionen eine Differenzierung erfahren haben, gelingt möglicherweise die therapeutische positive und protegierte Tiefenregression in die heilen archetypischen Wirkfelder. Die deutlichen und aus dem eigenen Innern dann auftauchenden Signale sind »neue Symbole«, die autonom im Arbeitsbereich der transzendenten Funktion entstehen und über die »Bilder-Sprache« des kollektiven Unbewußten dem Ich-Bewußtsein zur kognitiven Integration und jeweiligen Erweiterung des aktuellen Standpunktes angeboten werden.

Der Arbeitsbereich der transzendenten Funktion ist also die Traumwerkstatt und der Ort der Transformation aller Gegensätze, in der die unbewußten symbolischen Bildsignale entstehen, wo sich persönlich individuale Aktualität und unbewußter Kommentar dazu, zu einem aktuellen, bedeutungsvollen, sinnvollen Mosaik zusammensetzen.

Der Arbeitsbereich der transzendenten Funktion eröffnet einen breiten Fächer dynamischer und funktioneller Bereitschaften der unbewußten Psyche. Normalerweise ereignet sich in diesem Beziehungsbereich eine Aktivierung heiler archetypischer Energien, aus denen heraus ein autonomes Gestaltungsprinzip schöpferischer Ordnung, gerade über die Wandlungskraft der Symbolbildung ganz kollektiv, aber besonders auch mit der spezifisch-individuellen Symbolsignatur entstehen kann.

Aus dem entwicklungsbedingten Prozeßgeschehen der Ich-Bewußtseinsentwicklung hat sich die dynamische Gesetzmäßigkeit der Komplementarität zwischen dem Bewußtsein und dem Unbewußten immer wieder neu bestätigt. C. G. Jung formuliert dieses durch alle Funktionen laufende Prinzip unter Einbezug der transzendenten Funktion sehr deutlich: »Die Auseinandersetzung mit dem Unbewußten ist ein Prozeß, oder je nach dem auch ein Erleiden oder eine Arbeit, die den Namen transzendente Funktion erhalten hat, da sie eine *Funktion* darstellt, die sich auf reale oder imaginäre oder rationale und irrationale Daten gründet und damit die klaffende Lücke zwischen dem Bewußtsein und dem Unbewußten überbrückt.«[43]

Die transzendente Funktion koppelt also die codierten Informationen aus den archetypischen Kernfeldern mit der individuellen und aktuellen Information des Bewußtseins und transformiert sie in das Symbol. Hieraus klärt sich auch die oft so verwirrende Vieldeutigkeit des psychodynamischen Symbols und – im psychotherapeutischen Beziehungsfeld – die Arbeitsnotwendigkeit der jeweiligen Dechiffrierung. Hieraus erklärt sich aber auch, warum die Prozeßarbeit bei psychotherapeutischen Heilbehandlungen im kontinuierlichen Beziehungsraum zwischen dem Ich-Bewußtsein und dem kollektiven Unbewußten stattfinden sollte. Die individuelle Eigendynamik und die Dosierung der symbolischen Energie für das Ich-Bewußtsein findet im Arbeitsfeld der transzendenten Funktion statt und transformiert das Arbeitsergebnis in die Traumbilder oder alle anderen Formen symbolischer Gestaltung, für den Erkenntnisvorgang des Ich-Bewußtseins.

Es geht daraus hervor, daß diese symbolbildende, den Transport aus den archetypischen Wirkfeldern ins Ich-Bewußtsein übernehmende Funktion von wesentlicher Bedeutung für den Individuationsprozeß bzw. die Selbstfindung der Persönlichkeit ist. Sie weist den Weg zu den potentiellen Möglichkeiten eines jeden Menschen und verbindet persönlich Konflikthaftes mit transpersonal geistig Gültigem, das der ursprünglichen Ganzheit entspricht.

Der Arbeitsbereich der transzendenten Funktion steht in engem Zusammenhang mit den energiegeladenen und differenzierungsfähigen Potentialen von Animus/Anima (yin/yang), mit dem persönlichen Unbewußten und dem Schattenpotential. Die Psyche hat hier im Zusammenhang mit der Selbstentfaltung eine wichtige Schwellensituation entstehen lassen, um die Jahrtausende alten Wachstums- und Werdesituationen mit der Entwicklungs-

und Gestaltungsfähigkeit des Individuums in Einklang bringen zu können. (Archetypische Wirkfelder und Bewußtseinsengramme). Die Bildinhalte, die aus diesem energetischen Arbeitsfeld in der »Traumwerkstatt« sichtbar werden, wirken häufig näher, sind leichter assoziierbar und weniger angstbesetzt.

Im Diagramm der Selbstentfaltung zeigt sich der »neue Trend zum Ich-Bewußtsein« deutlich und wird in der praktischen analytisch-therapeutischen Arbeit relativ mühelos als »zu mir selbst gehörig« erlebt. Es ist das Arbeitsfeld, welches sich vorwiegend für sogenannte Kurz- oder Fokus-Therapien anbietet, bei denen es sich eher um Krisenbewältigung oder andere psychische Notlagen handelt. Diese Möglichkeit (und Anwendbarkeit) schließt allerdings den Kontakt zu den archetypischen Wirkfeldern nicht aus. Denn das persönliche Unbewußte gehört, wie alle anderen potentiellen Energiefelder, zur Gesamtpsyche und wurzelt damit im Ur-Wurzelbereich.

Bei der Betrachtung dieses Basisentwurfes der Selbstentfaltung von den Inhalten und der Dynamik des kollektiven (allgemein gültigen) und persönlichen Unbewußten könnte der Eindruck entstehen, daß damit die Frage nach dem *»Wer bin ich?«* bereits beantwortet wäre. Die Deutung der eindrucksstarken Traum- und unbewußt gemalten Bilder scheint wirksam und heilträchtig zu sein. Dies ist aber nur möglich im mächtigen Arbeitsfeld des Bewußtseins mit der Schwellensituation des Horizontbewußtseins und der kritischen, erkennenden und zur Integration fähigen, zentralen Ich-Bewußtseinsinstanz. In diesem Bereich entsteht die Anfangsfrage und hier muß sie die Antwort aus der Ganzheitsdynamik von Unbewußt-Sein und Bewußt-Sein erfahren.

Die aus dem kollektiven Unbewußten aufsteigenden Bilder sind immer auf die Ganzheit des psychischen Systems bezogen und haben damit einen bewußt/unbewußt verbindenden Auftrag. Im Symbol wiederholt sich das dynamische Grundprinzip des Unbewußten: Die Polarität und »die gegensätzlichen Elemente fallen nicht nur zusammen«, sondern tragen in ihrer Phänomenologie die »Einheit der Zwei.«[44]

9. Wirkbereiche von Animus und Anima

Diagramm-Aspekt

Polarisierung des
männlichen Ich-Bew.
Rhythmische Dynamik
Beziehungsfunktion
Matriarchaler Eros
Weibliche Seelen-
funktion des Mannes

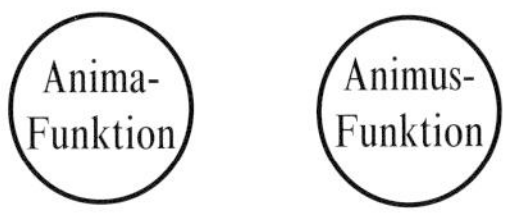

Polarisierung des
weiblichen Ich-Bew.
Lineare Kontinuität
Unterscheidungsfunktion
Patriarchaler Logos
Männlich-geistige Seelen-
funktion der Frau

*»Nichts bleibt ja in
uns ganz unwidersprochen,
und es gibt keine Position
des Bewußtseins, die
nicht irgendwo in den
dunklen Winkeln der Seele
eine Negation oder eine
kompensatorische Ergänzung
eine verstärkende Beistim-
mung oder ein Ressentiment
hervorruft...«*

(C. G. Jung)

Was bedeuten Animus und Anima für mich?

Diese beiden Begriffe, die in Theorie und Praxis der analytischen Psychologie eine wesentliche Rolle spielen, haben auch im allgemeinen Sprachgebrauch ein weites Wirk- und »Spielfeld« erobert. Und sie gehören in besonderer Weise in den Fragenkomplex des »Wer bin ich?« Praktisch mischen sie sich in jeden Dialog. Als männlich/weibliche Potentiale gehören sie, wenn auch vielfach unbewußt, in das Menschheitswissen schlechthin.[45]

Während sich im westlichen Abendland mit den Begriffen männlich/weiblich relativ rasch die Vorstellung von Mann/Frau verbindet, kennt der chinesische Sprach- und Kulturbereich die entsprechenden Begriffe Yin/Yang als »zwei polare Kräfte, die durch ihr Wechselspiel und ihre Interaktion das gesamte Universum entstehen lassen. Yin und Yang sind die polaren Manifestationen des Tao oder des Höchsten, Letzten. Ihre konkreten Erscheinungen sind Himmel und Erde.«[30] Gerade diesen beiden Wirkpotentialen steht eine überraschend umfängliche und variationsreiche Phänomenologie zur Verfügung, die sich in spezifischen Eigenschaften, Verhaltensweisen, Träumen und Imaginationen bemerkbar macht. Sie bewirkt, daß das durch Jahrtausende, sehr emotional und erlebnisreich aufgeladene Energiepotential in vielfacher Weise an die Ichinstanz signalisiert werden kann. Der symbolische Bilderreichtum gestaltet sich von den archaischen Bewußtseinsstufen mit vegetativen und animalischen Formelementen über das menschliche Körperbild bis in die geistigen Dimensionen von Gott und Göttin.[46]

Die energetische Dynamik kann aber unter Umständen so aufgeladen sein, daß sie das Ich verfremdet und man von »Besessenheiten« und »Dämonie« spricht.

Die langjährigen Beobachtungen der psychischen Dynamismen haben den Eindruck verdeutlicht, daß die beiden polaren Funktionspotentiale anlagemäßig eine wachstumsträchtige Entwicklungs- und Differenzierungsmöglichkeit besitzen, die durch Erfahrung und Training des Ich-Bewußtseins gesteuert werden kann.

In der Bibel findet man das Wort: »Es gibt nicht Mann und Frau, denn ihr seid alle Eins in Christus Jesus« (Gal. 3,28).

Und im 5. Jahrhundert nach Chr. Geburt sagte Synesius, der Bischof von Ptolemeus in Libyen war, zu Gott: »Du bist Vater, Du bist Mutter, Du bist männlich, Du bist weiblich.« Da gab es offensichtlich eine Vater-Mutter-Gottheit. Und es gibt eine ganze Reihe von mythologischen Bildern, in denen die Ur-Polarität noch ebenso wenig getrennt war, wie in dieser frühen Anrufung an die polare Gottheit.

Der Mann und die Frau waren in der Menschheitsentwicklungsgeschichte die am frühesten und eindrücklichsten erfahrbaren Polaritäten. Sie wurden auf diese Weise der Prototyp der Ergänzung schlechthin und sind es als männlich und weiblich auf dem biologisch-sexuellen Bereich und als Animus/Anima im psychodynamischen Energiebereich bis zum heutigen Tage geblieben. Wir können an der Entwicklungsgeschichte der weiblichen und männlichen Urzelle nicht mehr vorbeischauen. Der längste Weg ist dann der zu den Genen und in den Forschungsbereich der Evolutionsbiologie. Von daher wissen wir heute, daß der Vorgang der Trennung in einen Geschlechterunterschied sich im Raum des absoluten Lebensbeginns konstellierte und in der Zelle das Ur-Wissen als archetypische Struktur engrammiert wurde.

Als geistige Parallele entstand, mehr als 5000 Jahre vor Chr. Geburt, und ohne Kenntnis der Genetik, im chinesischen Kulturraum das »Buch der Wandlungen«, I Ging, dessen Grundprinzip ebenfalls auf der männlich/weiblichen Polarität, dem Yin/Yang-Prinzip entstanden ist. Ohne diese Polarität ist die Welt nicht vorstellbar, vor allem aber »nicht in Ordnung«.

Die archetypische Chiffre der Polarität ist auch die Grundvoraussetzung für die schöpferische Ganzheit des Menschen.

Die Ur-Polarität steht, wie oben beschrieben, im Anfangsbereich der »Selbstentfaltung« als »untrennbare Einheit« (siehe Diagramm-Aspekt), bzw. als matriarchal/patriarchaler Archetyp und als Einheit der Zwei. In diesem Bereich liegen auch die Urenergien für die geschlechtsspezifischen Gegenpole der jeweiligen Ich-Bewußtseinsinstanz: Animus/Anima, bzw. Yin/Yang. Das Animus-Potential enthält als männlich-geistige Möglichkeit das Logos-Prinzip, die Unterscheidungsfähigkeit und die Tragfähigkeit linearer Kontinuität.

Die Polarisierung des männlichen Ich-Bewußtseins erfährt durch das Anima-Potential die weiblich-rhythmische Dynamik, das Empfangen und das geduldige Austragen von Gestaltetem. Das Anima-Potential beeinflußt die Beziehungsfähigkeit.

Jeder Erfahrene im Umgang mit dem Menschen und seiner Psyche weiß, wie besonders schwierig diese an sich relativ ich-nahen und für das Bewußtsein zumindest teilweise wahrnehmbaren Funktionsbereiche sich verhalten können. Mit ihrer Libidokraft können sie das Ich-Bewußtsein sowohl positiv schöpferisch, aber eben auch ganz erheblich störend beeinflussen.

C. G. Jung schreibt: »Es hat… sehr viele und eingehende Erfahrungen gebraucht, um das Wesen von Anima und Animus empirisch zu erfassen. Was immer wir über diese Archetypen auszusagen haben, ist entweder direkt durch Tatsachen beweisbar oder wenigstens beweisbar gemacht.«[17]

Das Animus-Potential ist ein Organisationsmuster, das mit anderen psychischen Zentren dynamisch vernetzt ist. Es hat darüber hinaus eine Wurzelbeziehung zum patriarchalen Archetyp im Sinne einer spezifischen Religio, also Rückbindung zur universalen Spiritualität. Diese Ur-beziehung führt in den Bereich des alten mythologischen Bildes des androgynen Gottes.

C. G. Jung formuliert ganz schlicht: »... Daß er... den projektionsbildenden Faktor bei der Frau Animus bezeichnete und dieses Wort Verstand oder Geist heißt.«

Sind die Geschlechter auf der Suche nach einer neuen Identität? Dann wären die Erfahrungen der Tiefenpsychologie als Signal zu verstehen, zu den psychischen Wurzelschichten (Archetypen) hinzufinden, um das Ziel menschlicher Beziehung und Lebensdynamik besser gestalten zu können: nämlich mit dem äußeren Partner leben und der inneren Ergänzung schöpferisch sein zu können. Das gilt für das weibliche Ich-Bewußtsein mit seinem Animus-Potential ebenso, wie für das männliche Ich-Bewußtsein mit seinem Anima-Potential. Das Geheimnis und der Weg dahin heißt: Rücknahme der Projektionen, wie z.B.: »... Du bist schuld...«.

Wer bist Du – wer bin ich? Wirklich...?

Die energetischen Potentiale von Animus und Anima stehen entwicklungs- und wachstumsmäßig kontinuierlich in einem beobachtbaren Zusammenhang mit den einzelnen Ich-Funktionen und damit auch mit dem Ich-Bewußtsein. Das eigene Werden, Wachstum, die körperliche Entwicklung, das biografische Umfeld, Schule, Beruf, Partnerschaft, die eigene Bewußtseinsentwicklung – jedes einzelne und das Gemeinsame – bewirken Koppelungen, die sowohl kollektiv als auch ganz individuell das Ich-Bewußtsein dynamisieren können.

Das Projektionsfeld dieser geschlechtsspezifischen Potentiale ist kaum überschaubar groß und kann immer wieder mit seinen Phänomenen für Überraschungen sorgen. Aber durchaus nicht immer sind die inneren Zusammenhänge erkennbar und akzeptabel. Es ist immer leichter, den Konflikt auf dem Psychofeld des »anderen« zu interpretieren, als in die Schattenecken des eigenen Hauses zu schauen. Aber wenn diese Polare zueinander finden und Gegensatz zur Ergänzung (Ganzheit) führt, soll eine solche »coniunctio« nach taoistischer Vorstellung die »Glückseligkeit« des Seins erlebbar werden lassen. C. G. Jung formuliert es wesentlich banaler, setzt aber eine strenge Arbeitschiffre in sein Votum: »Für die naivere Betrachtung steht dem unvollkommenen, ja verderbten alten Adam, der vollkommene Urmensch und der dunklen Eva, ein erleuchtetes und erhöhtes Wesen gegenüber. Die moderne Ansicht aber ist bedeutend realistischer, insofern sie das ursprünglich mythischen Verhältnissen zugeschnittene Schema aus der Projektion zurückzieht und dessen Positionen statt mit mythologischen Statisten, mit wirklichen Menschen und deren wirklichen Seelen besetzt.«[47] Unter der Dominanz einer unbewußten Projektion folgen weder der Mann, noch die Frau ihrem eigenen inneren Leitbild (individuelle Identität), das sich normalerweise in der Gegenüberstellung von inneren Möglichkeiten und äußeren Begegnungen entwickelt und kultiviert. In der unreflektierten Übernahme *fixierter Vorstellungsbilder* von *dem* Mann und *der* Frau kann Individualität nicht gesehen und Identität nicht gefunden werden.

Anstelle von Klarheit und emotionaler Bezogenheit trifft man auf schienenhafte Voreingenommenheit, personenhaft dünnes Selbstbewußtsein und Wort-Aggressivität. Der Krieg mit den Waffen gegenseitiger Minderung führt zu Dauerfronten. Eleanor Bertine schreibt lapidar und für jeden verständlich: »Die Frau hat die Hosen an und der Mann hängt an den Schürzenbändern seiner Gattin, wie vorher an denen seiner Mutter.«

Was ist aus Adam, dem Mann-Entwurf des Genesis-Gottes geworden? Wie hat er den »autonomen« Impuls nach Bewußtwerdung durch die weibliche Partnerin im Paradies der Un-Schuld erfahren, erkannt und genutzt?

Der Auftrag des Vater-Gottes an Adam war groß und weit gefaßt. Er stellte ihm eine Himmel-Erde-Welt zur Verfügung und gab ihm die Freiheit, sie zu gestalten. Allerdings fiel dabei auch das – wie man es heute beobachtet – nicht ungefährliche Wort: »... und mache sie dir untertan...«

Das hat der Adam im Mann bis heute versucht und getan. Vielleicht mißverstandenes Begabungspotential oder Rivalität mit dem Ur-Schöpfer oder ein Ich-Komplex, der nicht zu seinen inneren Schätzen findet und süchtig wird nach äußerer Bestätigung. Denn der Schöpfungs- und Zeugungsgedanke ist zutiefst archetypisch engrammiert. Aber die gesicherte Identität des Mannes, der sagen kann: »Ich bin der ich bin...«, ist seltener, als man im Allgemeinen vermutet. Es hat schon immer alle Standardtypen gegeben – und gibt sie auch noch: Rudelführer, Häuptlinge, Kaiser, Könige, Herrscher, Führer, Präsidenten, Generäle, Chefs, Helden und Sieger – und sehr dicht daneben die Verlierer. Aber sind sie auch Seelen- oder Weisheits-Führer für die männliche Persönlichkeit. Nicht so selten findet man ein solches Identitätsbewußtsein beim schöpferisch tätigen Mann, der über das sichtbar werdende eigene Werk sich selbst erkennt. Hier vollzieht sich in der inneren Gestaltung und der äußeren Tat das »mysterium conjunctionis«. Zeugen, empfangen, schwanger sein und gebären – das psychische Ganzheitserlebnis des Ich-Selbst-Sein.

Das männliche Ich-Bewußtsein benötigt das innerpsychische weibliche Potential (energetische Dynamik) wie als *Ergänzung* zum linearen Kontinuum die dynamische Rhythmik. Dadurch wird ein polares Arbeits- und Beziehungsfeld zwischen dem Funktionskomplex des Ich-Bewußtseins (Ich-

Funktions-Komplex) des Mannes und dem »gegengeschlechtlichen« Potential ermöglicht. Diese anlagemäßig sehr positive Differenzierungsmöglichkeit – durch das Arbeitsteam des Ich-Bewußtseins, erfüllt sich allerdings nicht immer in gleicher Weise. Abgesehen von der jeweiligen individuellen Entwicklung, kann bei primären Störungen in den frühen psychischen Wachstumsphasen die an sich naturhaft geordnete Dynamik auf starke Widerstände, bzw. Hemmdynamismen stoßen. Unordnung, Chaos, schwere Zeitprobleme (der ewige Zu-Spät-Kommer) können provoziert werden oder ganz allgemein zu »Unzuverlässigkeiten« führen.

Die praktische, therapeutisch-analytische Arbeit mit diesen beiden mächtigen Energiepotentialen hat den Schöpfungsauftrag (Genesis) und die Zusicherung, im Einen das Ganze sein zu können, bisher vom Ich-Bewußtsein noch relativ wenig nach Innen hin realisieren können, obwohl viel darüber gesprochen und geschrieben wird. Gerade bei dieser Thematik spielt im psychischen Bereich die *Projektion* noch eine entscheidende Rolle. In der Projektion sieht man den Mann und nicht das Männliche, oder man sieht die Frau und nicht das Weibliche. Damit tritt an die Stelle des Wertes und der Wertung (in mir) das Ungeliebte und die Enttäuschung. Auch diese beiden Energiepotentiale sind mit dem ganzen psychischen Organismus vernetzt. Sie sind relativ ich-nah und haben eine lange archetypische Genese, die bis in die archaische Ursprungsmatrix reicht. Dynamisch liegen sie im Schwellenbereich des persönlichen Unbewußten und haben ein breites Wandlungsfeld.

Symbolische Phänomenologie zur Anima-Thematik

Diagramm-Aspekt

Polarisierung des
männlichen Ich-Bew.
Rhythmische Dynamik
Beziehungsfunktion
Matriarchaler Eros
Weibliche Seelen-
funktion des Mannes

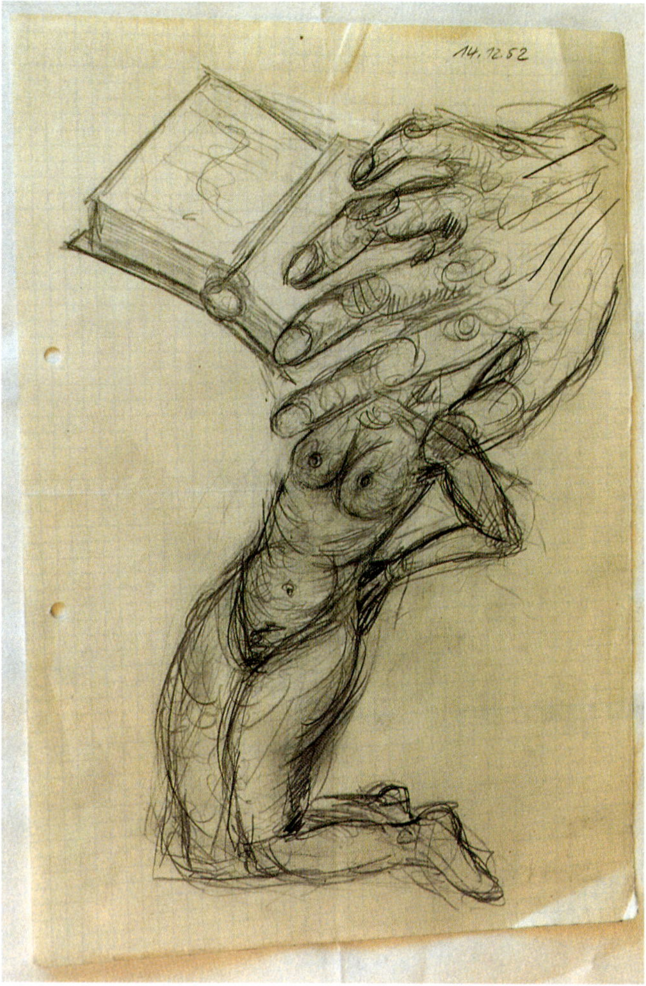

Die vom Wort geköpfte Anima, aber der Körper lebt, nackt und willenlos…

»… c'est moi…«

»… et c'est la femme inspiratrice mit dem singenden Vogel, der eine goldene Krone trägt und Welt-Wissen hat…«

Anima-Thematik

Aussage zum Bild: »… schön und sehr verlockend sieht sie eigentlich aus. Aber nur wenn man nur ihren Körper sieht… Blutsäuferin ist sie, die die ›Heldensöhne‹ zum tödlichen Kampf verführt… von jeher hatte ich eine blödsinnige Angst vor Frauen, obwohl ich genau weiß, daß keine mir etwas tun kann… aber stimmt das wirklich?«

Symbolische Phänomenologie zur Animus-Thematik

Diagramm-Aspekt

Polarisierung des
weiblichen Ich-Bew.
Lineare Kontinuität
Unterscheidungsfunktion
Patriarchaler Logos
Männlich-geistige Seelen-
funktion der Frau

Animus-Thematik

Bildbedeutung: Aus der Tiefe – »rechts unten das Bewußtseins-Auge« – steigt das Instrument auf mit dem Geist der Musik, die man Innen hört.

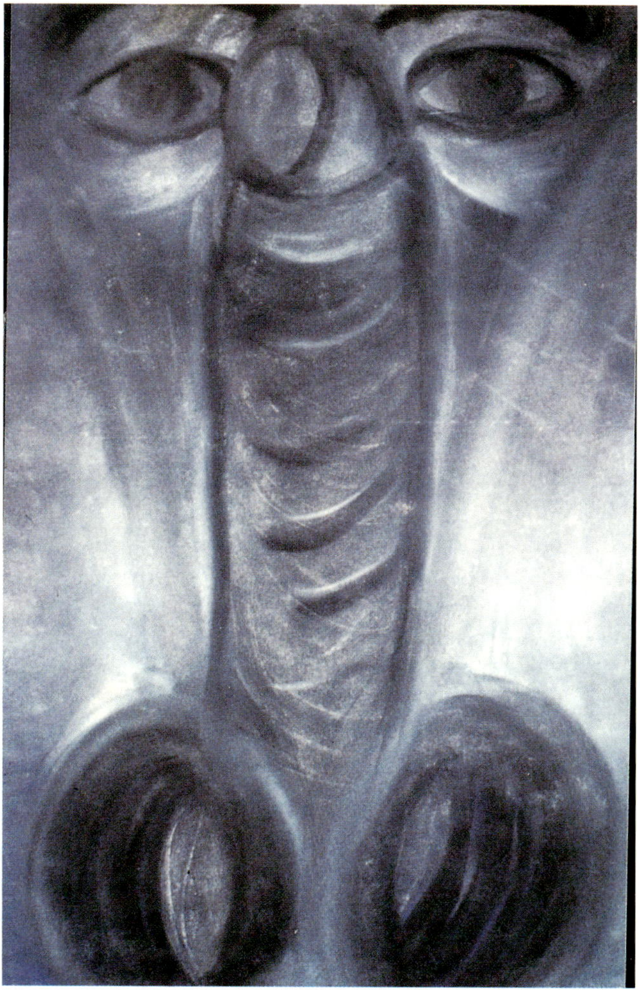

Animus-Thematik

Unbewußt gemaltes Bild einer 46jährigen Frau

Bildbedeutung: Die Erektivität, die gestalterische Energien ins Bewußtsein trägt, die schöpferische Energie erscheint in der Symboldynamik der wie »Hoden« wirkenden Potentiale und die im oberen Bildraum ausdrucksstark »sehenden« Augen weisen auf eine bewußtseins- und erkenntnisfähige Bereitschaft hin.

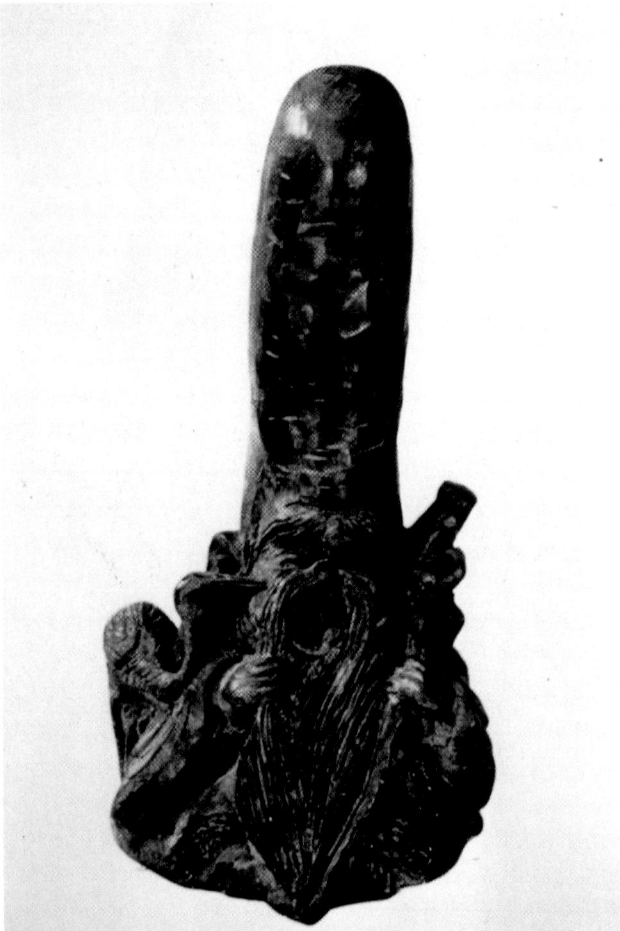

73. Fuku-roku-ju, Gott des Glückes

Fuku-roku-ju, Gott des Glücks

Kritzelzeichnung einer 54jährigen Frau während eines Telefonates mit dem Partner.

Aussage in der »Kritzelei«: »... ist ein Zwerg eigentlich immer männlich? Der hier ist es jedenfalls. Er hat einen deutlichen Bart. Aber er sieht auch aus wie schwanger. Die großen Augen haben Trauer – aber die vielen Kerzen sind lauter niedliche Phalli würde Mister X. assoziieren. Geburtstag oder Lichtwerdung? Ich möchte die Schlange fragen: wer bin ich? Die sieht so beschützend und ruhevoll aus, irgendwie alt. So war aber das Telefonat mit ihm überhaupt nicht. Oder habe ich da etwas überhört?«

Animus-Thematik

»Die Erleuchtung durch den Geist«

(Glasfenster der Heilig-Geist-Kirche in Ellwangen)

»Der Geist der Liebe verbindet Himmel und Erde zur Vollendung der Welt – wie die Welt am Ende des Schöpfungswerkes im noch blassen Gesicht des Menschen zu sich selbst kam, so findet sie sich nun in der liebenden Vereinigung von Mann und Frau, die den geöffneten Kelch der erblühten Schöpfung erfüllen… Die Einheit des Menschen ist zugleich die Einheit alles Lebendigen, die Einheit der Welt.«[48]

10. Das persönliche Unbewußte

Diagramm-Aspekt

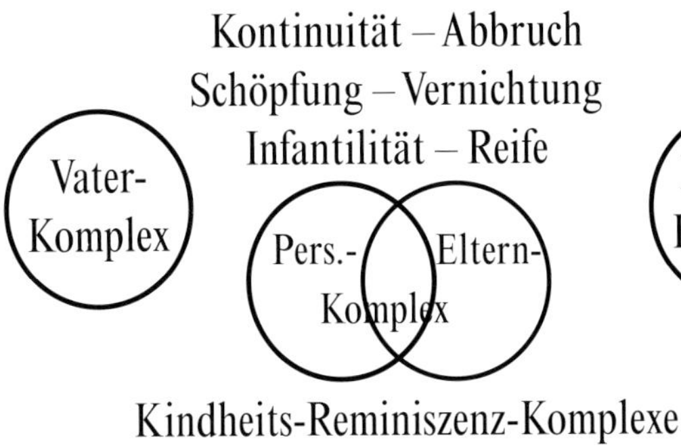

»... ich habe gesehen, daß die Wurzeln von Seele und Schicksal tiefer reichen, als der Familienroman und daß nicht nur die Kinder, sondern auch die Eltern Zweige eines großen Baumes sind.[56]

»... Zeig mir dein wahres Gesicht, bevor deine Eltern geboren worden sind...«

(Persönliche Vermittlung eines uralten Zen-Wortes)

Der Elternkomplex

Als Kalu Rimpoche, ein alter tibetischer Lama, Eltern mit einem zweijährigen Kind besuchte, fragten die Eltern: »Magst du uns bitte sagen, wie man den Kleinen erzieht, damit er spirituell und weise, ein Kind voller Mitgefühl, ein guter Mensch wird? «Der Lama schüttelte seinen Kopf und sagte:
»Ihr habet eine falsche Vorstellung. Er wird sich zu dem entwickeln, der er sein wird. Wollt ihr jemanden richtig erziehen, dann erzieht euch. Ihr könnt euch mit aufrichtigem Herzen erziehen, und dann wird er es spüren.«[49]

Der persönliche Elternkomplex

Die persönliche Biographie, enthält die Erlebnisengramme von den Tagen, Wochen, Monaten und Jahren der eigenen Entwicklungsvergangenheit und speichert ebenfalls die jeweils aktuellen Seins-Engramme. Hieraus entwickelt sich unter anderem auch der persönliche Elternkomplex, der vor allem die Kindheits- und Jugenderlebnisse erinnerbar speichert. Daraus kann sich unter Umständen ein spezifischer Vater- und/oder Mutterkomplex konstellieren. Jung spricht von den »relativ betonten Inhalten«, die im Unbewußten liegen, »nämlich die Reminiszenzkomplexe der individuellen Vergangenheit, vor allem der Elternkomplex, der identisch ist mit dem Kindheitsreminiszenzkomplex«. Dabei weist er auf die praktische Erfahrung hin, daß es bezeichnenderweise »Symbole« der Eltern sind, welche sich dem Bewußten anbieten und durchaus nicht immer die aktuell konkreten Bilder der Eltern. Dieser Unterschied ist für das Ich-Bewußtsein zunächst gar nicht feststellbar, sondern erst über entsprechende Assoziationen erkennbar. Da es sich bei diesen Konfrontationen innerpsychischer Vorgänge immer um eine Regressiondynamik handelt, signalisiert das »Symbol-Bild« die Notwendigkeit einer Übersetzung für das Ich-Bewußtsein. Sehr häufig verbirgt sich hinter einer Elternthematik eine viel tiefer liegende und ganz ursprünglich religiöse Thematik, die sich meist mit einem Mangel an Ungeborgenheit koppelt: die doch sehr häufig tiefe Enttäuschung der Erwartung an den Eltern fixiert im Komplex und infantilisiert. Die große unbewußte Sehnsucht nach Geborgenheit wird projiziert auf Geld, Institution, Partei, Fachgesellschaft, die Ehe oder auf die Religion und/oder Gott.

Bei der Beobachtung der geistigen Strömungen heute in der ganzen Welt verstärkt sich der Eindruck, daß das Ernstnehmen der religiösen Urerfahrung heilende psychische Kräfte entbinden kann.

»Die Symbolisierung im Gottesbilde bedeutet einen gewaltigen Fortschritt in den Konkretismus, indem die Regression sich durch das Annehmen des *Symbols* als eines wirklichen Symbols, alsbald in eine Progression verwandelt, während die Regression bliebe, wenn das sogenannte Symbol bloß als ein *Zeichen* für die wirklichen Eltern erklärt und damit seines selbständigen Charakters entkleidet würde.«[10]

Das symbolische Denken hat dem Menschen von jeher den Weg zu den Geheimnissen des kosmischen Seins gezeigt und die Tore zu seinen Göttern geöffnet.

Die Erforschung der Geheimnisse der Seele und ihre Symbolsprache – denn das sind ihre spezifischen Ur-Wort-Bilder – erfordert neben viel Wissen und Erfahrung eine bewußte und differenzierte Wahrnehmung der Objekte und des Geistes sowie eine breit gelagerte Urteilsfähigkeit im Denken und Fühlen. Das lebendige, psychodynamische Symbol enthält als individuelles Ziel die jeweilige Seins-Totalität des Menschen. Das Symbol ist Dynamik und bewirkt Dynamik. Es ist damit der wichtigste Vermittler zwischen dem Ich-Bewußtsein und dem Unbewußten. Das Symbol transzendiert den unbewußten Arbeitsprozeß (d.h. psychische Entwicklung überhaupt) und vermag eine Bewußtseins-Vertiefung für das jeweilige Stadium des Ich-Bewußtseins zu bewirken.

Das besondere und spezifische Kennzeichen eines *Symbols* ist seine Vieldeutigkeit. Es bietet für seine Deutung und Bedeutung sowohl kollektive wie individuelle Assoziationen und weitreichende Amplifikationen (Mythen, Märchen usw.), aber auch bedeutungsvolle aktuelle Sachfakten an. Gerade hierin liegen seine dynamische, in einem Prozeßgeschehen eingebettete Bedeutung und Gültigkeit. Das psychische Symbol verweigert sich jeder Einseitigkeit bzw. Eindeutigkeit, aber es enthält immer den Sinn und die finale Bedeutung für den Symbolträger. Ein Bild (Traumbild, aktive Imagination), ein Wort, eine Geste kann immer dann symbolisch verstanden werden, wenn es mehr enthält als spontan erfaßbar. Symbolische Phänomene signalisieren immer inneres Prozeßgeschehen. Sie können mit bemerkenswerter Intensität im Bewußtsein hängenbleiben – z.B. »man kommt von etwas nicht los«. Ein solches Bild kann auch mehrere Tage sozusagen »mitlaufen« im alltäglichen Erinnerungsraum, und erst allmählich, entweder in einem Dialog mit jemandem, der einem zuhört, oder durch eigenständige Anreicherung, enträtselt werden. Das psychodynamische Symbol führt letztlich immer zu Strukturen des kollektiven Unbewußten, die als schöpferische Form prinzipiell die archetypischen Bilder der Träume bestimmen. Aus diesem Bereich der »Erfahrungsmatrix« – genetisch, archetypisch und immer auch spontan aktuell, also jetzt und heute – tauchen die spontanen Manifestationen der Psyche auf als inneres Du zum bewußten Ich, mit dem Aufforderungscharakter der Be-Sinnung, als der Sinnfindung.

Wenn ein Mensch sich auf sich selbst besinnt, berührt er den Kindheits- bzw. den Elternkomplex, und es ist ohne Mühe verstehbar, daß das frühere Beziehungsfeld zu den Eltern sich in aktuelle Beziehungsfelder einmischen kann. Dabei hat sich in der Praxis vielfach bestätigt, daß in den Träumen die Eltern-Bilder sich meist gravierend, zumindest für den objektiven Beobachter – durch die aktuellen Assoziationen – von den tatsächlichen Eltern unterscheiden und nur noch zeichenhafte Ähnlichkeiten mit diesen aufweisen. Das subtile Nachfragen: Sah denn der Vater/die Mutter im Traum genauso aus? Verhielt sie sich genauso wie…? – produziert sehr oft die nachdenkliche und offenbleibende Antwort: »… na ja, eigentlich im Traum selber nicht…, aber…« Und dies »aber« enthüllt dann sehr oft verdorrte und eingefrorene oder sehr rationalisierte Vorstellungen von Meinungen im Ich-Bewußtsein, die nicht so ganz selten aus angelesenen oder gehörten Materialien stammen.

Die Traumbildsignale tragen tatsächlich als persönliche Signatur die meist statische Erinnerung an Vater und Mutter oder werden mit entsprechenden Imagines (Ersatzfiguren) identifiziert: Stiefvater oder -mutter, Schwiegervater oder -mutter und alle Folgefiguren wie Lehrer, Priester, Chef, Ehemann und -frau, Söhne und Töchter. Sie sind Komplexauslöser oder Projektionsträger. Die symbolischen Inhalte der mehr oder weniger bewußt/unbewußten Projektionen lassen durch ihre jeweilige Phänomenologie Rückschlüsse auf die im biographischen Erlebnisraum eingeübten psychischen Verhaltensweisen und unbewußten Identifikationen zu.

Die Traumsignale lassen meist auch ziemlich rasch erkennen, ob ein gefühlsgeladener, abgespaltener Vater- oder Mutterkomplex die psychische Optik blind gemacht hat und sowohl die innere Realität der eigenen Psyche und ihre Bedürfnisse, aber auch die Welt nach draußen hin verfremdet.

Jeder Psychotherapeut kennt die viel Geduld erfordernden, oft lange Zeit beanspruchenden anamnestischen Analysen, mit dem Ringen der Ich-Instanz um die Befreiung der eigenen schöpferischen Energien aus den fixierenden Komplexen, eingefahrenen Verhaltensmodi (z.B. Minderwertigkeitskomplex). Dies ist besonders dann schwierig, wenn die Komplex-Energien im Bereich der Ich-Funktionen eine Funktion starr umklammert halten. Das Ich-Bewußtsein ist dann nicht entscheidungsfähig, wird immer erneut durch die besetzte Funktion dominiert und hält jeder neuen möglichen Wegfindung, die vom Unbewußten angeboten wird, die Formel entgegen: »... das weiß ich ja schon alles, das ist ja nur weil...«

Es wird deutlich, daß auch hier auf dem Entwicklungsweg des Ich-Bewußtsein eine Schwellensituation erreicht ist, die für die individuelle Persönlichkeit einen wichtigen Energiefaktor darstellt. Der Rückblick, gerade auf dem Weg der Selbsterkenntnis, muß zur Frage vorstoßen: *Wer bin ich wirklich?*

Auffallend häufig steigt hierauf die Antwort aus dem Ur-Schuldkomplex auf mit dem Inhalt: Bin ich mir selbst gegenüber etwas schuldig geblieben, und projiziere ich auf andere anderes, um nicht in den eigenen Spiegel zu sehen?

Ebenfalls tauchen mit den Schuldfragen aber auch die Signale für das Opfer auf. Es ist überraschend, mit welcher Klarheit und Schärfe das kollektive Unbewußte – im Traum oder sonstigen Aussagen – das Opfer vom Ich fordern kann: Die erstarrte Meinung aufzugeben oder einen vertrockneten Trotz, oder einen in einer Sackgasse steckengebliebenen Lebensentwurf, den ewigen Haß, den Neid, die Eifersucht, das Geltungsstreben oder die Sucht, loszulassen.

Die Angst vor dieser strengen Konfrontation mit der inneren Wahrheit versucht, Reifungskrisen zu vermeiden und verhindert die positive Regression. Sie verführt zum langjährigen Verharren im anamnestischen Faktengarten, in dem man dann geflissentlich alle neu wachsenden Blumen übersieht und immer auf den gleichen Wegen die gleichen Infantilismen als Schuld den Altvorderen in die Schuhe geschoben werden können. Der Eltern-Mord aber, der gelegentlich, wenn er im Traum geschieht, als Heldentat und endliche Ablösung gefeiert wird, koppelt nur tiefer an den Ur-Schuldkomplex. Erst der heilende Tod schickt die Wandlung und ermöglicht Verwandlung und Neugeburt.

Ein solcher Tod oder Sterbevorgang als tiefes, oft auch erschreckendes Traumbild oder Aktive Imagination, das sich in der Dunkelheit der eigenen Seele ereignet, heißt von der Symboldynamik her, den Mut aufzubringen, loszulassen, zu verzichten auf... Es ist ein Signal, das eigene innere Erbe anzutreten, mit all' der dazugehörigen Verantwortung, nämlich Ich zu sein, um zur Ganzheit des Selbstes zu finden.

Nicht gerade regelmäßig, aber doch relativ häufig, kann man bei den meist längerdauernden, inneren Reifungsprozessen bei Individuationsanalysen beobachten, daß gerade im Zusammenhang mit der Integration biographischer Traumen bzw. neurotischer Fixierungen oder auch Komplexentladungen, Traumbilder oder auch gemalte Bilder auftauchen, die das Thema »Das Alte« enthalten. Im Traum heißt es dann etwa:

»Da war nur so etwas... so wie etwas Altes... so wie bei einem Umzug. Da sieht man auch manchmal erst, wieviel alt Gewordenes noch da ist, was man gar nicht mehr brauchen kann, was man nur wegschmeißt oder verschenkt, weil es für andere noch von Wert sein kann.«

Dabei ist »das Alte« ein sehr relativer Begriff, ebenso relativ wie »das Junge«. Eltern werden von der Betrachtung des Kindes oder Jugendlichen meist als »Alte« erlebt, da die Gefälle-Dominanz, mindestens bis zur Pubertät, als überwältigend groß erlebt wird. Denn positive und/oder negative biographische Erlebnisengramme bestimmen während der Kindheit und Adoleszenz projektiv und reaktiv das Beziehungsnetz. Die psychischen Inhaltschienen tragen die Themen von Kontinuität/Geborgenheit ebenso wie Trennung/Verlust, Liebe/Verrat, Identität/Täuschung.

Der Elternkomplex als Polarität ist ein Erinnerungsreservoir der eigenen Kindheit. Dieser Bereich ist der erste individuelle Begegnungsort mit der frühesten Welterfahrung und damit eine ichnahe Verbindungsmöglichkeit zu den archetypischen Wirkfeldern der matriarchalen und patriarchalen Tiefenschicht der Ur-Polarität.

Spontan gemaltes Bild nach einem Traum
53jähriger Patient

Aussage zum Traum: »Die Eltern sind in einem Raum, der aber gleichzeitig ›im Freien‹ ist. Und da ist so etwas wie ein Grab – rechteckig (wie eine Tischplatte) – und sehr tief und schwarz. Darüber am Himmel ist ein großer Stern und in seiner Mitte der Mond. Die Eltern sind stumm-komisch, aber sie spielen mit einer weißen Kugel, auf der ein leuchtendes Zeichen ist. Das Ganze ist sehr fremd und beunruhigend. Ich weiß nicht, ob die leben oder Gespenster sind aus dem Grab.« (Beide Eltern leben nicht mehr.)
Bildaussage: Hier wurde im analytischen Prozeß der »Elternkomplex« evoziert und das »Paar« spielt stumm das »Spiel des Lebens«, denn das »leuchtende Zeichen auf dem Ball« ist die alte germanische Lebensrune (was der Patient nicht wußte). Die Stern-Mond-Chiffre über dem offenen Grab, die auf kosmischen Rhythmus und Wandel hinweist, signalisiert dem Ich-Bewußtsein, daß die dunklen Kräfte der Tiefe Schöpferisches ins Lebensspiel schicken können.

Spontan gemaltes Bild einer 50jährigen Frau

Aussage zum Bild: »Eigentlich komisch… zum Lachen und zum Mögen… aber das ist eben auch der ewige Streit, in der Ehe, bei den Eltern und Schwiegereltern, den Freunden, den Völkern und den Ahnen. Kein Wissen, keine Klugheit, keine Liebe rettet davor – und immer muß man weinen und wird zum Kind und denkt an die Eltern und da war es auch so…«

Die Schatten-Thematik

Diagramm-Aspekt

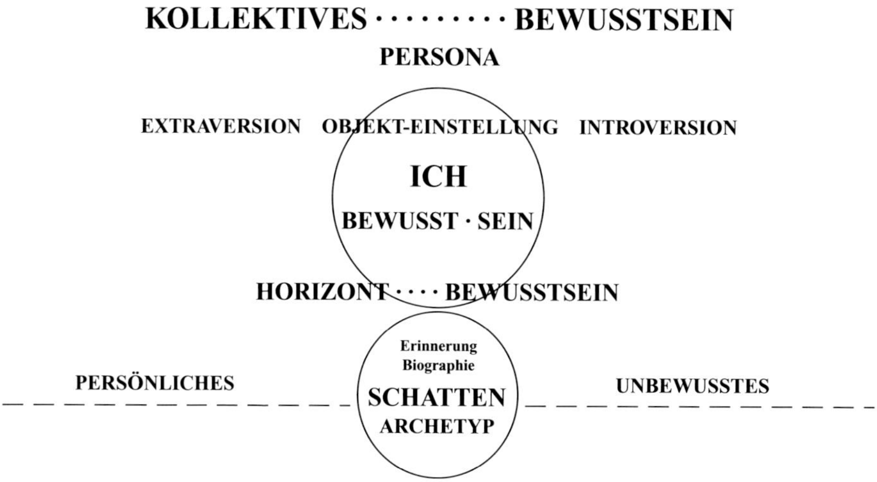

Was siehst du aber den Splitter in deines Bruders Auge und wirst nicht gewahr des Balkens in deinem Auge? Oder wie darfst du sagen zu deinem Bruder: Halt, ich will dir den Splitter aus deinen Augen ziehen? Sieh, ein Balken ist in deinem Auge. Du Heuchler, ziehe als erstes den Balken aus deinem Auge; danach siehe, wie du den Splitter aus deines Bruders Auge ziehest.

Matth. 7,3-5

»Das Böse lernt sich leicht, das Gute schwer.«

(Chinesisches Sprichwort)

»Die moralische Differenzierung ist ein notwendiger Schritt auf dem Wege der Individuation. Ohne gründliche Kenntnis des ›Guten und Bösen‹, des Ich und des Schatten, gibt es keine Erkenntnis des Selbst, sondern höchstens eine unwillkürliche und deshalb gefährliche Identifikation damit.«[50]

Der Archetyp des Schattens

Die Strukturierung und dynamische Vernetzung der unbewußten Psyche auf dem Weg der »Selbstentfaltung« läßt rückblickend den Entwicklungsplan als energetische Basis für das Bewußtsein erkennen. Es wird aber auch erkennbar, wie sich das »Neue« – die nächste Entwicklungsphase – aus dem Vorherigen entwickelt. Denn auch in der Schattenthematik konstelliert sich das archetypische Trennungsmotiv mit der Fähigkeit zur dynamischen Dualität als Gegensatz. Der »Archetyp des Schattens« ist als Begriff im Erfahrungsraum therapeutischer Prozesse entstanden. Er besagt, daß es sich dabei um etwas uralt Menschliches und von jeher zur Ganzheit der Psyche Gehörendes handelt. Es ist ein Thema, das heute als ein zentrales Anliegen in jeder modernen Psychologie und Psychotherapie bearbeitet wird. Es gehört ebenso in den ethischen Bereich jeder Gewissenserforschung.

Der Schatten ist das/der Fremde und Unbekannte, oft das »Böse«, oder zumindest das, was man lieber beim anderen tadelnd oder bemängelnd feststellt, um es bei sich selber nicht zu sehen, oder nicht wahr haben will. Nicht zufällig wird dieses energetische Potential auch als »inferiore Persönlichkeit« bezeichnet, womit sich eine gewisse moralische Einseitigkeit und Abwehrhaltung verbinden kann. C. G. Jung findet in dieser Beziehung strenge Worte für sich selbst, die er in einem Brief an einen Kollegen in der Schweiz offenbart:

»... Sie werden wohl ungläubig den Kopf schütteln, wenn ich zu bemerken wage, daß ich wohl kaum in der Lage gewesen wäre, den Begriff des Schattens aufzustellen, wenn dessen Existenz mir nicht zum größten Erlebnis geworden wäre, und zwar nicht bloß am anderen, sondern an mir selber... Ich habe durch viele bittere Erfahrungen einsehen müssen, daß die Sünde, die man hat oder ist, zwar bereut, aber damit nicht aufgehoben werden kann... Meine Sünde ist mir zur teuersten Aufgabe geworden. Ich überlasse sie keinem anderem, um mir als Heiland vorzukommen, welcher immer weiß, was für den anderen gut ist.«[5]

Die mythologische Chiffre, die das Schattenpotential als zum archetypischen Wurzelbereich gehörend, kennzeichnet, ist die der »feindlichen Brüder«, bzw. der »feindlichen Schwestern«, für die der Mythos und seine späteren Verkünder, die Dichter, eindrucksvolle Bildsymbole vermittelt haben. Dazu gehören die berühmt-berüchtigten Gestalten aus dem ägyptischen Kulturraum, das Brüderpaar Osiris/Seth, der germanische Mythos kannte das Thema im Licht/Dunkel Mythologem von Baldur/Loki. Und der christliche Mythos schildert den Bruder-Mord in der strengen Kain/Abel-Chiffre, die das »Kains-Mal« auf die Stirn des Mörders schrieb, wodurch auf Ewigkeit die »Schuld im Bewußtsein« erkannt werden kann und muß. Im Parsifal-Epos des Wolfraum von Eschenbach heißt es in diesem Zusammenhang bei dem letzten Kampf des »lichten Helden mit seinem dunklen Schattenbruder«. »Von beiden lauteren Männern trug jeder das Herz des Anderen. In aller Feindschaft waren sie einander doch heilig vertraut... so stritten sie, wenn man sie zwei nennen will. Aber sie waren beide nur Einer... ihnen ziemte wahrlich die Freundschaft besser als der Herzensjammer wider einander.«[52]

Dynamisches Leben stockt bei der Entweder-oder-Chiffre, während das Sowohl-als-Auch das Spannungsgefälle immer erneut in Bewegung setzt. Einseitigkeiten, z.B. in bestimmten Ich-Bewußtseinsinhalten haben schon immer die Lebensdynamik geschädigt, wie man gerade in erschreckender Weise in der Auseinandersetzung zwischen Natur und Technik erleben kann. Ein altes arabisches Sprichwort drückt es mit den Worten aus: »Wo zu viel Licht ist, entsteht Wüste...« und man könnte hinzufügen: wo nur Dunkelheit herrscht, lauert das Chaos, oder um mit Michael Ende zu sprechen: »... das alles verschlingende Nichts...«[53]

Die Schattenfunktion wird auch als »Hüter der Schwelle« bezeichnet und wird damit zu einer dynamischen Zwischenstation, als Puffer und Auffangstelle für die Durchgangsdynamik zwischen dem Unbewußten und dem Bewußtsein. Damit entsteht zum Bewußtsein, aber auch zum kollektiven Unbewußten hin, ein offener Vermittlerraum, der auffängt und weitergibt. Wie die Phänomene des Unbewußten deutlich gemacht haben, besteht ein tiefreichender Arbeitszusammenhang auch zum Ur-Schuld-Komplex. Von daher ist dieser Funktionsbereich auch besonders geeignet, die dunklen und von der aktuellen Moral her fragwürdigen Inhalte und Verhaltensweisen dem Ich-Bewußtsein zu signalisieren, oder, wenn sie unbewußt bleiben sollen (verdrängt werden), zu projizieren.

Die positive Energie des Schattens liegt gerade in seiner Janusköpfigkeit, bzw. in seiner Doppelbezogenheit zwischen dem kollektiven Unbewußten und dem Ich-Bewußtsein. Wenn das Ich-Bewußtsein die Signale aus dem Schattenpotential als Tendenzen von sich selbst erkennt, vermag es sie, durch analytische Integration, in schöpferische und im allgemeinen das Bewußtsein erweiternde Kräfte zu transformieren.

Gerade die Schattenthematik bricht in starkem Maße in die abgemauerten Personabezirke des Ichs ein und ist geeignet, über Phasen der Entwertung, der Verwirrung und Depression zum Kern der eigentlichen Persönlichkeit zu gelangen. Dieser Vorgang ist nie eine harmlose Angelegenheit und wird deshalb »gelegentlich mit List und Sorgfalt umgangen. Man läßt das eigene Dunkel ungern an sich herankommen und begnügt sich lieber mit der Illusion seiner zivilen Rechtschaffenheit.«[17] Die Schattenbewältigung aber ist das eigentliche Erlebnis der inneren Wahrheit und die substantielle Bedeutung der Gesamtpersönlichkeit.

Der Archetyp der Unterscheidung (Trennung) der immer auftaucht, wenn eine neue Bewußtseinesebene oder -vertiefung erreicht werden soll, der »Verrat« dem Bestehenden gegenüber, das Mutieren einer neuen Schöpfung und damit die Ablösung von der Nabelschnur eines Gestern, bewirkt das König-Sein des Ichs im Jetzt und die Dualität dem Wir, dem Kollektiv gegenüber.

Der aus dem kollektiven *Bewußtsein* Aus- oder Aufbrechende, der Empörer, der Aufrührer, der das *Un*-Gewöhnliche zu tun wagt, muß es aber auch auf sich nehmen, bewußt Verzicht zu leisten auf das Eingebettet-Sein in der »Gruppe«, ganz gleich, welcher Idee sie angehört, oder wie groß bzw. klein sie ist. Einsamkeit heißt der Raum, den dieser Schritt zunächst bewirkt, auch Verachtung, Ablehnung, Lieblosigkeit können, wie emotionale Waffen verletzen, kränken oder auch töten. Aber ein solches Erlebnis kann auch den Weg bahnen zum eigenen *inneren* Königtum, und das heißt in der Sprache der analytischen Psychologie: der Individuationsweg zum Selbst.

Dieser Weg der Selbst-Erkenntnis kommt sehr häufig einer mehr oder weniger peinlichen Demaskierung eines Aschermittwochs gleich, wenn die viel bequemeren Projektionen auf die Um- und Außenwelt – Du bist schuld und ich habe recht – zurückgenommen werden müssen und die »Anamnese« zum eigenen inneren Ursprung durch die Schattenwälder mit wilden Tieren, Hexen, Magiern und Dämonen – d.h. (mit) Triebzwängen, Infantilismen und intellektuellen Hypertrophien führt. Und man steht vor der Spiegelfrage: *Bin ich das wirklich?*

C. G. Jung weiß dazu zu sagen: »Wenn man sich jemanden vorstellt, der tapfer genug ist, die Projektionen seines Schattens allesamt zurückzuziehen, dann ergibt sich ein Individuum, das sich eines beträchtlichen ›Schattens‹ bewußt ist. Ein solcher Mensch hat sich neue Probleme und Konflikte aufgeladen. Er ist sich selbst eine ernste Aufgabe geworden, da er jetzt nicht mehr sagen kann, daß die anderen dies oder jedes tun, daß sie im Fehler sind, und daß man gegen sie kämpfen muß. Er lebt in dem ›Haus der Selbstbesinnung‹, der inneren Sammlung. Solch' ein Mensch weiß, daß, was immer in der Welt verkehrt ist, auch in ihm selber ist, und wenn er nur lernt, mit seinem eigenen ›Schatten‹ fertigzuwerden, dann hat er etwas Wirkliches für die Welt getan. Es ist ihm gelungen, wenigstens einen allerkleinsten Teil der ungelösten riesenhaften Fragen unserer Tage zu beantworten.«

Spontan gezeichnetes Bild einer 18jährigen Abiturientin

Symptomatik: Schwere orale Neurose (Magersucht), maximale Identifikation mit den sehr strengen Regeln einer christlichen Sekte, asketisches Leben aus »Liebe zu allen Hungernden in der Welt«, maximale Verdrängung aller Lebensimpulse.
Bildbedeutung: Das Bild wirkt schockartig und konnte nur mit größter Behutsamkeit und unter Zulassung aller Projektionen auf dieses »Teufelswesen« hinter dem »schützenden Jesus« allmählich zugelassen werden.

Spontan, im Affekt gemaltes Bild eines 36jährigen Mannes, mit einer »spiegelblanken Persona«: wohlerzogen, überaus anpassungsfähig, erfolgsbetont, sozial tätig…

Aussage zum Bild: »… endlich einmal allen die Meinung sagen, endlich auch einmal unverschämt, gemein und unanständig sein, einmal Scheiße und Arsch sagen, ohne daß ich rot werde… der kann das, aber ich habe Angst dabei…«

Unbewußt gemaltes Bild eines 54jährigen Mannes

Bildbedeutung: Das ist der »ewige Held«, der um des Kreuzes willen immer siegen muß und der »steifnackig«, »hochnäsig« und »schmallippig« nur noch den Weg geradeaus kennt. Alle emotionalen Beziehungsmöglichkeiten – Wärme, Freude, Trauer, Mitleid, Liebe, Fülle – sind in den Schattenbereich verdrängt (Schattenkinderthematik).

11. Nachwort zum ersten Teil

Bei der Betrachtung dieses Basisentwurfes der Selbstentfaltung von den Inhalten und der Dynamik des kollektiven und persönlichen Unbewußten könnte der Eindruck entstehen, daß damit die Frage nach dem *»Wer bin Ich?«* bereits beantwortet wäre. Die Deutung der eindrucksstarken Traum- und unbewußt gemalten Bilder scheint wirksam und heilträchtig zu sein. Dies ist aber nur möglich im mächtigen Arbeitsfeld des Bewußtseins mit der Schwellensituation des Horizontbewußtseins und der kritischen, erkennenden und zur Integration fähigen, zentralen Ich-Bewußtseinsinstanz. In diesem Bereich entsteht die Anfangsfrage und hier muß sie die Antwort aus der Ganzheitsdynamik von Unbewußt-Sein und Bewußt-Sein erfahren.

Zweiter Teil

12. Horizont-Bewußtsein
Bewußtsein/Ich-Bewußtsein

Diagramm-Aspekt

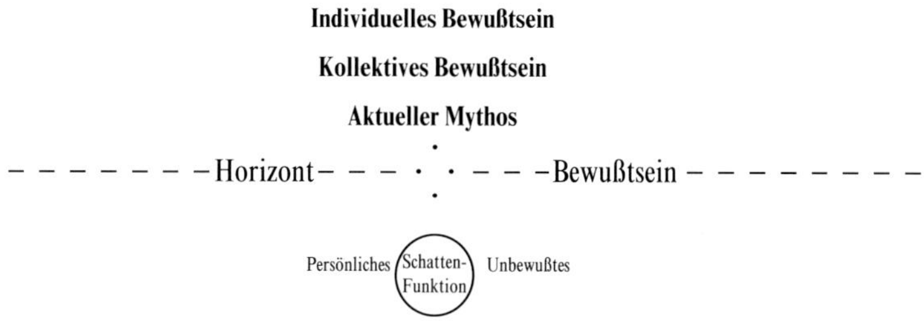

»Das Ziel des Lebens ist wie ein Horizont: Je weiter man voranschreitet, desto weiter weicht er zurück.«[54]

»Wie der Mensch stets noch das ist, was er früher war, so ist er auch immer schon das, was er noch sein wird.«[55]

Das Horizontbewußtsein

Diagramm-Aspekt

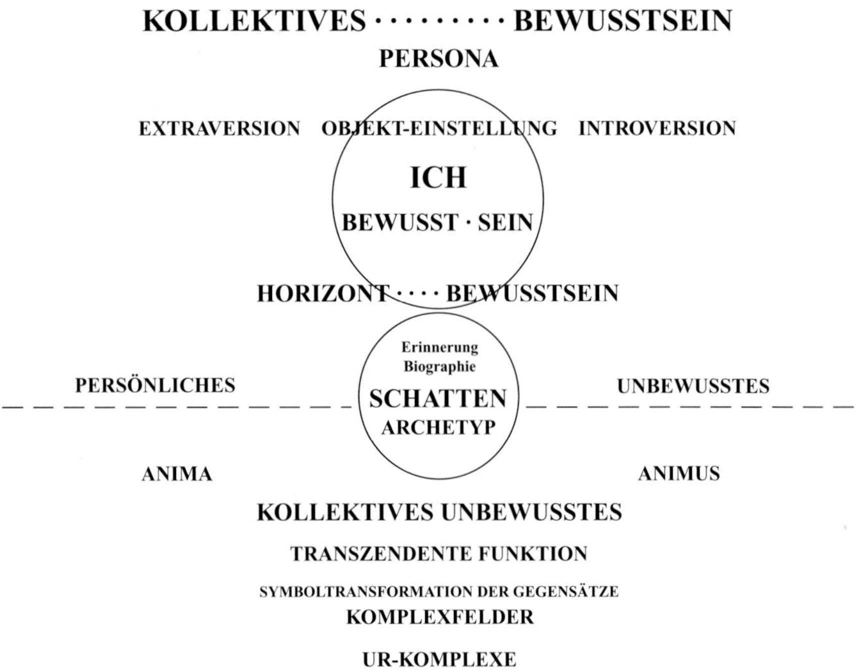

Die autonome Dynamik der Selbstentfaltung erreichte mit dem Wirkfeld des persönlichen Unbewußten (Schattenkomplex) eine »Schwellensituation«, in der phänomenologisch auffallend häufig von »Horizont und Aufstieg« gesprochen wird. Aus der analytischen Bearbeitung von Bild- und Traummaterial und der dabei beobachteten Wirkung konstellierte sich der Begriff »Horizont-Bewußtsein«. In der vergleichenden Betrachtung der Symboldynamik zeigte es sich auch, daß im Bereich des Horizontbewußtseins die Dynamik der Ur-Trennung (Transformation aus der Ursprungseinheit der Ur-Eltern) sich in einer neuen Ebene zu wiederholen schien. Die primäre Wegdynamik der Bewußtwerdung führt nun in dieser neuen Ebene in den Bereich des Bewußt-Seins und enthüllt damit die Fähigkeit, zwischen Bewußtsein und Unbewußtem zu unterscheiden. Wie bei allen psychodynamischen Prozessen bedeutet das Horizontbewußtsein nicht eine scharfe Trennungslinie, sondern eine jeweilige Bewegungsrichtung, wobei das Entwicklungsgeschehen als Kontinuum einerseits (Bewußtwerdung) und andererseits als Aktualsituation der Person die energetischen Dominanzmuster bestimmen.

Der Schwellenbereich des Horizontbewußtseins wird durch eine variationsreiche Bildsymbolik gekennzeichnet. Im Laufe langjähriger Beobachtung konnten zahlreiche unbewußt gemalte Bilder zu diesem Thema beobachtet werden. Gestaltgewordenes, Geformtes und Transzendentes wird sichtbar und kann vom erkennenden Ich-Bewußtsein integriert werden. Das Horizontbewußtsein erhält hier eine Übergangsposition bzw. Brückenfunktion im Beziehungsfeld zwischen dem Selbst und dem Ich-Bewußtsein bzw. zwischen dem Ich und dem Selbst.

Psychodynamisch entsteht der Eindruck, daß das Horizont-Bewußtsein praktisch an allen Bewußtseinszuständen beteiligt ist. Es umschließt Dämmern, Dösen, periphere Wahrnehmung, die nicht das Ich-Bewußtsein erreicht, sowie alle Stadien, die in den Bereich des »abaissement du niveau mental«, der aktiven und passiven Imagination, des katathymen Bilderlebens oder des gelenkten Tagtraumes gehören.

Dem energetischen Integrationsangebot aus dem kollektiven Unbewußten (Träume) gegenüber kann sich, vom Bewußtsein her, aber auch die Dynamik von Abwehr, Widerstand und Verdrängung entwickeln.

Der Funktionsbereich des Horizontbewußtseins scheint auch das »Kommunikationsmodell der neuropsychologischen Funktionsweise« bei der »unterschwelligen Wahrnehmung« einzubeziehen. Pelletier berichtet ausführlich über die »klassische Untersuchung« auf diesem Forschungsgebiet und die Nachfolgeuntersuchungen, bei denen das bekannte Phänomen der unterschwelligen Wahrnehmung, die nicht vom Ich-Bewußtsein aperzipiert, aber vom Unbewußten registriert wird. Das trifft nach tiefenpsychologischer Erfahrung vor allem dann zu, wenn ein gefühlsgeladener Komplex »getroffen« wird und das Ich-Bewußtsein nicht weiß, woher der Affekt kommt. Dementsprechend fährt Pelletier fort: »Weiter kann man folgern, daß solche Wahrnehmungen, obwohl sie, je nach Aufmerksamkeitszuwendung weitgehend unbewußt registriert werden, sehr wohl psychische Prozesse wie spontane Vorstellungen und freie Assoziationen beeinflussen. Von zusätzlichem Interesse – besonders für die Untersuchungen über veränderte Bewußtseinszustände – ist noch die Tatsache, daß die zuvor mitgeteilten Elemente mit photographischer Genauigkeit wiedergegeben werden können, die Träume und Vorstellungen aber häufiger auf zahlreiche, in der

Zwischenzeit stattgefundene Umwandlungen und Verzerrungen hinweisen.«[56]

Offenbar hat der Mensch schon in der magischen Bewußtseinsstruktur Bildwahrnehmung (Imagination) und erkennbare Erlebnisqualitäten gekannt. Denn lange vor dem Wort war das Bild. Hierin lag für den Frühmenschen eine Möglichkeit, sich zu »erkennen« und zu offenbaren. Dem entspricht auch ein Hinweis von M. Eliade: »Imaginationen besitzen bedeutet: sich des innerlichen Reichtums eines ununterbrochenen, sich spontan neu gebärenden Fluktuierens der Bilder erfreuen…«[57]

Die Imagination – passiv spontan, oder aktiv dynamisiert – hat ihre praktische Bedeutung nicht eingebüßt. Im Bereich der Psychotherapie werden eine ganze Reihe von »imaginativen Techniken« angeboten, die letztlich alle ihre Wurzeln im Bereich der »Meditation« (Konzentration auf eine Mitte) haben. Dazu gehört das seit vielen Jahren praktizierte »autogene Training« von I. H. Schultz[58] das katathyme Bilderleben[52] »Bildbewußtsein« und »Bilddenken« von Carl Happich[59]. Und auch das Thema des »gelenkten Tagtraumes« von R. Desoille[60] kann hier dazugedacht werden.

Die Analytische Psychologie verdankt es C. G. Jung, daß die Methode der »aktiven Imagination« einen festen Platz in Theorie und Praxis gefunden hat.

Die aktive Imagination ist eine gezielte Konzentration auf den inneren Dialog mit der Bereitschaft des Ich-Bewußtseins, sich mit den unbewußten Bildimpulsen zu konfrontieren und sie erkennend zu integrieren. Die dabei auftauchenden Bilder können wie Wegweiser zu noch unbekannten, schöpferischen Energiefeldern im kollektiven Unbewußten wirken, aber auch zu aktuellen Erkenntnisprozessen und Bewußtseinsvertiefung führen.

Die aktive Imagination benutzt also die Schwellenfunktion des Horizontbewußtseins durch gezielte Einstellung des Ich-Bewußtseins. Die Aktivität des Ich-Bewußtseins wird durch die Ich-Funktionen unterstützt, wodurch an die aufsteigenden Bilder direkte Fragen gestellt werden können oder auch in die Bilddynamik eingegriffen werden kann. Das Ich-Bewußtsein vermag auch, einen Bildinhalt abzulehnen. Eine aktive Imagination kann und soll unter Umständen unterbrochen werden, damit vom Ich-Bewußtsein wichtige Wort- oder Textinhalte aufgeschrieben werden können.

C. G. Jung weist auf die ernstzunehmende Realität dieser energetischen Vorgänge hin und auf die Verantwortung, die das Ich-Bewußtsein dafür zu übernehmen hat. »… Sie ist eine aktive Hervorrufung von inneren Bildern, eine eigentliche Vorstellungs- und Denkleistung, die nicht planlos und bodenlos ins Blaue ›hinausphantasiert‹, also nicht mit ihren Gegenständen spielt, sondern die innere Gegebenheit der Natur in getreulich nachgebildeten Vorstellungen zu fassen sucht«.[61]

Seine engste Mitarbeiterin, Marie-Luise von Franz, die selbst jahrelange Erfahrungen im praktischen Umgang mit der aktiven Imagination sammeln konnte, formuliert in einem Vortrag: »Die richtig durchgeführte aktive Imagination ist eine in Symbolen verwirklichte schöpferische Befreiungstat.«[62]

Der autonomen Funktionsdynamik des kollektiven Unbewußten muß sich bei der aktiven Imagination die Verantwortlichkeit des Ich-Bewußtseins gegenüberstellen. Das bedeutet, daß in der therapeutischen Anwendung eine kontrollfähige Ich-Instanz zur Verfügung stehen sollte, wenn jemand allein eine aktive Imagination erleben möchte.

Auch an dieser Schwellensituation der Selbstentfaltung läßt sich die symbolische Chiffre der Schöpfungsmythologeme als Kosmogonie und Anthropogonie mit erstaunlicher Bilderfülle und Dynamik amplifizieren. Es gibt Auftauch-, Aufstiegs-, Schwangerschafts- und Geburtsmythen. Die archetypische Phänomenologie evoziert den Aufstieg aus der »Dunkelheit« (Erdhöhle) in die Welt des Lichtes, der Sonne, oder das Auftauchen aus dem Meeresschoß. Desgleichen aber materialisiert sich das Aufsteigen-Können im wachsenden Baum, Leiter oder Stufe einer Treppe oder Zelt-Pfahl, als Kletterpflanze oder hoher Halm. Aber es können sich auch die Polare des Abstiegs, des Falls in die Tiefe oder Dunkelheit, das Ertrinken im Wasser oder Versinken im Moor konstellieren. Jede symbolische Einzelfacette dieser archetypischen Engramme kann sich in ein Traumbild mischen oder in ein unbewußt gemaltes Bild oder in einer aktiven Imagination auftauchen. Kinder können im freien Spiel mühelos in diese Frühschichten der Bewußtwerde-Evolution regredieren und über ihr unbewußtes Symbolwissen ihr eigenes »Jetzt« mit einer »Es-war-einmal-Vergangenheit« verbinden.

Prophetische Visionen, aber auch Imaginationen mythologischer Bilder haben schon immer das eigene »Jetzt« transzendiert und gleichzeitig eine tiefe geistige Geborgenheit vermittelt. Es war von jeher ein Erlebnis der Sinn-Fälligkeit. Der Verlust eines zentralen und bergenden Mythos bewirkt daher auch eine tiefe Verunsicherung und Daseinskrisen für die Menschheit.

Wie aktuell ein mythologisches Bild sein und sich spontan aus der archetypischen Tiefenschicht der Psyche einmischen kann, soll das imaginierte Spiel eines Kindes vermitteln. Das mythologische Bild stammt aus dem christlichen Schöpfungsmythos. Es ist ein Mythos, in dem die Bilder des Schöpfungsereignisses von dem Schöpfergott selber ins Wort geholt werden und die »Zeit« an die Stelle der Ewigkeit, die Ordnung an die Stelle des Chaos tritt.

Es machte fast den Eindruck, als hätte sich die »Urkraft eines ersten Schöpfungstages« (am Anfang schuf Gott Himmel und Erde) in das spontane Spiel eines Kindes eingemischt und sich in ihm selber ebenso spontan zu eigener Schöpfung verwandelt.

Ohne Zögern war das Kind in das Spielzimmer gegangen und hatte begonnen, im Sandkasten zu spielen.

Die Schöpfung im Sandkasten

Ohne daß der neunjährige Fabian es bewußt weiß, hat er in diesem »Spiel« eine für ihn sehr wichtige »Schwellensituation« erreicht. Der Ort seiner Schöpfung ist der Sandkasten. Langsam und tief versunken gleiten seine Hände über den Sand. Seine Worte begleiten sein Tun: »Es war noch ganz dunkel, finstere Nacht...« (Die Worte der Genesis sind erstaunlich ähnlich: »Und die Erde war wüst und leer und es war finster auf der Tiefe...«).

»Alles war Meer, wildes Meer mit lauter schwarzen Strudeln und ein Zyklon tobte – wenn Sie wissen, was das ist. Der lag über dem Wasser und war schrecklich mächtig (und der Geist Gottes schwebte über dem Wasser). Und dann kam eine riesige Faust, man sah sie nicht, aber sie schob etwas aus dem Meer, immer größer und größer und dann war es ein großer Berg, sehr, sehr hoch.« Seine Stimme war voller Ehrfurcht und er mußte schwer atmen. »Und die riesige Faust teilte das Meer, und es konnte an den Seiten abfließen und es wurde die Erde am Ufer sichtbar... Und dann wurde es auch *hell* und man konnte *alles richtig sehen*!«

Dies war Fabians Schöpfungsgeschichte (1989). Und es waren seine Hände, die im Sandkasten das Wasser toben ließen mit seinem Atem als Zyklon. Und es waren auch seine Hände, die den mächtigen Berg aufsteigen ließen und das Wasser schließlich teilten, damit die Erde sichtbar werden konnte.

Sein Bewußtsein benutzte Worte, die er vielleicht schon einmal gehört hatte. Aber sie verbanden sich in diesem schöpferischen Spiel als eben *jetzt* entstandener Text von ihm selber.

Und auch hier erscheint das Ursignal der »Teilung« im Schöpfungsereignis der Materie – der riesige Berg – mit dem Sichtbarwerden (Horizontbewußtsein) für das Bewußtsein. »... es wurde hell und man konnte richtig alles sehen...«

Die archetypischen Engramme mischen sich in das symbolische Spiel des Kindes.

Was bedeutet es heute, speziell im therapeutischen Arbeitsbereich, wenn die unbewußte Amplifikation ein Symbol z.B. aus dem Bereich der Schöpfungsmythen in einen Traum oder, wie in diesem Fall, in ein therapeutisches Spiel mischt? Mythos und Symbol sind bewußtseinsfähige, geformte, psychische Energien aus den unbewußten Komplexfeldern, die sich mit aktuell wichtigen Bewußtseinsinhalten verbinden können. Das Ziel der energiegeladenen Signale ist Bewußtseinserweiterung, Bewußtseinsvertiefung, energetischer Zuwachs für die Ich-Instanz.

Für Fabian handelte es sich in diesem Fall um ein aktuell sehr wichtiges innerseelisches Erlebnis, eine neue Welt, quasi seine eigene Welt erschaffen zu haben, in der eben gerade die »Trennung« (Scheidung) zu einer Neuschöpfung geführt hatte. Denn er gehörte zu den vielen Kindern, die man heute trifft, die die Eltern-Polarität nicht mehr als Ergänzung erleben konnten, sondern wo die Gegensatzthematik in die Dissoziation, zur Trennung und schließlich zur Scheidung geführt hatte. Mit dem ab-geschiedenen Vater verliert aber ein Kind auch oft den »Vater-Gott« und damit die geistige Führungskraft zur schöpferischen Identität. Im seelischen Verlust der Mutter geht die Urgeborgenheit des Schoßes verloren, die, als geistiges Potential mütterlichen Wesens, eigentlich die unauflösbare innere Zuversicht für das ganze Leben, die Nahrungsquelle des Anfangs symbolisiert. Fabian aber gelangte hier zu seinem »inneren Vater- und Schöpfer-Gott« und gelangt dadurch zu seinen eigenen schöpferischen Energiequellen.

Wie wichtig diese archetypischen Engramme für die Bewußtwerdung und speziell für die aktuelle Differenzierung des Ich-Bewußtseins auf dem geistigen Hintergrund der Weltschöpfungsmythen sind, unterstreicht ein Wort von C. G. Jung: »Alle Urwelten vor dem Menschen waren physisch vorhanden. Sie waren ein namenloses Geschehen, aber kein bestimmtes Sein, denn es gab ja jene minimale Konzentration des ebenfalls vorhandenen Psychischen noch nicht, welche das Wort aussprach, das die ganze Schöpfung aufhob: Das ist die Welt und das bin Ich. Das war der erste Tag der Welt, der erste Sonnenaufgang nach dem Urdunkel (Finsternis), als jener bewußtseinsfähige Komplex, der Sohn der Dunkelheit, das Ich, erkennend Subjekt und Objekt schied und damit der Welt und sich selber zum bestimmten Sein verhalf, denn er gab ihr und sich selber Stimme und Name.[57,63]

C. G. Jung hat selber bei einer Afrikareise Vergleichbares erlebt und in seinem Erinnerungsbuch »Erinnerungen, Träume, Gedanken« beschrieben: »Da war ich nun der erste Mensch, der erkannte, daß diese Welt war und sie durch sein Wissen in diesem Augenblick erst wirklich erschaffen hatte. Hier wurde mir die kosmische Bedeutung des Bewußtseins überwältigend klar…«[64]

Immer wieder also kann die Schöpfungschiffre des Anfangs sich in der Zeitdimension eines »Jetzt, in diesem Augenblick« konstellieren. Die im psychotherapeutischen Alltag relativ häufig im Prozeßverlauf auftretenden Bildhinweise aus einem der weitverbreiteten Kosmogonien/Antropologien vermitteln einen erstaunlich realistischen Eindruck von der intuitiven, aber auch durch Übung sehr entwickelten Bild- und Formkraft geistiger Fähigkeiten und des Symbolwissens im Raum der Bewußtwerdung. In diesem Sinne ist vom Standpunkt des Horizontbewußtseins ein Rückblick auf den im Diagramm abstrahierten »Wachstumsvorgang« nach dem Trennungskomplex der Vergleich mit einem nordamerikanischen Indianer-Mythos von der Bilddynamik her sehr interessant. Die energiegeladene Dynamik, der Einfallsreichtum der Bilder, die enorme Durchhaltekraft der dargestellten Menschen und das Horizontereignis zeigen eine erstaunliche Wahrnehmungs- und Ritualisierungsfähigkeit.

Der Bilder- und Vokabelreichtum bietet sich beinahe zu einem Nachschlage-Lexikon für die Interpretation moderner Träume und Imaginationen an.[65,66]

Der Indianer-Mythos benutzt für die Schöpfung sehr ähnliche Wortinhalte wie die Genesis. Am Anfang ist auch hier der Gott allein. »Da faßte Awonawilone bei sich einen Gedanken, und der Gedanke nahm Gestalt an und trat in den Raum hinaus, wodurch Wachstumsnebel, Dämpfe voll Kraft des Werdens sich entwickelten und emporstiegen. Der Allerhalter aber verwandelte sich vermöge des in ihm wohnenden Wissens in Gestalt und Wesenheit der Sonne, die unser aller Vater ist. Und als sie erschien, erfüllte der Raum sich mit Licht, und die Nebel verdichteten sich und sanken, wodurch Wasser sich niederschlug und das weltumspannende Meer entstand.«

Awonawilone erschafft aus dem »Stoff seines Leibes, den er der Oberfläche des Wassers entzog« den Samen für zwei Welten, womit er das Wasser befruchtete und die »kosmischen Zwillinge«, die vierfach bergende Mutter Erde »und den alles bedeckenden Himmel«, also ein Ur-Elternpaar entstehen ließ (siehe Diagramm). Es folgt im Duktus des Mythos nun ein langes Gespräch zwischen der Erdmutter und dem Himmelsvater über das Wachstum und Leben ihrer zahllosen Kinder, die zunächst in der »untersten Höhle, der Höhle der pechschwarzen Tiefe lebten« (archaische Phase, ichlos, traumlos). Die folgende »Wachstumsphase« wird ausführlich und bilderreich beschrieben und mit Ritualen evolutioniert. Die Wachstumsbewegung weist immer nach oben und wird im Umfassen der Materie und Umkreisen (Spiraldynamik) des Lebendigen vollzogen.

Durch viele Entwicklungsstadien führte der »Aufstieg von einer Dunkelschicht zur nächsten«, mit viel Tod und Untergang verbunden, wobei eine allmähliche Differenzierung im allgemeinen »Bewußtwerdeprozeß« eintrat. Das eigentliche Ziel, die Oberfläche der Erde wurde erreicht und der »Horizont der Welt« öffnete sich. »So gewöhnten sie sich gar bald an das Licht und an die große Welt, die sie betreten hatten.«

Bis in heutige Zeiten wird das uralte geistige Erbe weitergegeben, wobei Aufstieg und Abstieg, Tod und Weiterleben tief verwurzelt ist in den archetypischen Engrammen. Und nach wie vor läuft die imaginative Wegdynamik von Progression und Regression über die Schwellensituation des Horizontbewußtseins.

Eliade kommentiert zu diesem Mythos: »Wie alle Mythen ist auch dieser Mythos vorbildlich: Das heißt, er dient als Vorbild und Muster zahlreicher menschlicher Tätigkeiten. Man darf sich ja nicht vorstellen, daß die kosmogonischen und anthropogonischen Mythen nur erzählt würden, um Fragen wie: Wer sind wir? Woher kommen wir? zu beantworten. Solche Mythen stellen auch Muster dar, die man nachahmt, wenn es darum geht, etwas zu schaffen oder einen Menschen wiederherzustellen und zu erneuern.«[57]

Psychologisch und psychodynamisch werden in diesem Mythos die Bewegungssignaturen von Progression/Regression, von Extraversion/Introversion, von Verfall, Teilhabe, Differenzierung und Entfaltung der Urpotentiale aus der Urmatrix imaginiert. Die überraschende Fülle und Variationsbreite von unbewußt gemalten Bildern und Träumen gerade im Symbolbereich des Horizontbewußtseins, weist auf die archaisch-archetypisch und ungemein lebendige Kraft der Wurzelbeziehung hin.

Symbolische Phänomenologie zum Thema Horizontbewußtsein

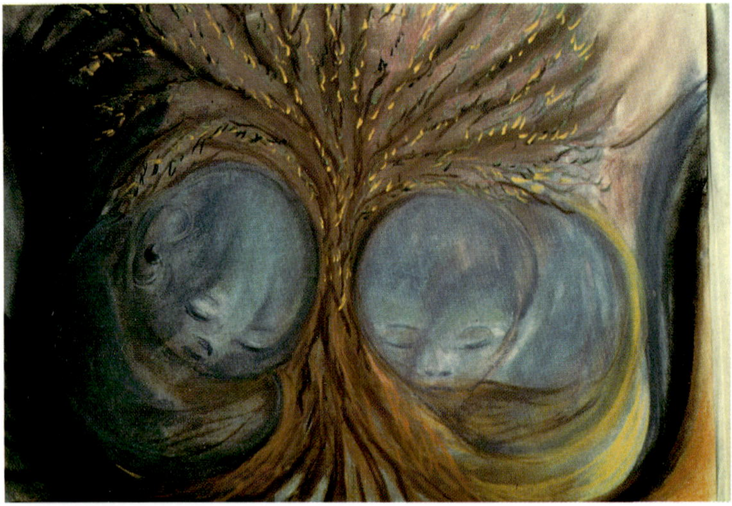

Unbewußt gemaltes Bild einer 50jährigen Frau

Bildbedeutung: Aus den Wurzeln des Baumes (Selbst-Sein) entfaltet sich das Wachstum (Selbstentfaltung) und trägt die Polarität (Yin/Yang) im Stamm bis zur Verzweigung an die Entbindung des Horizont-Bewußtseins. Die unbewußte Polarität trennt sich in das Erkennen der Dualität und »verläßt das Paradies«.

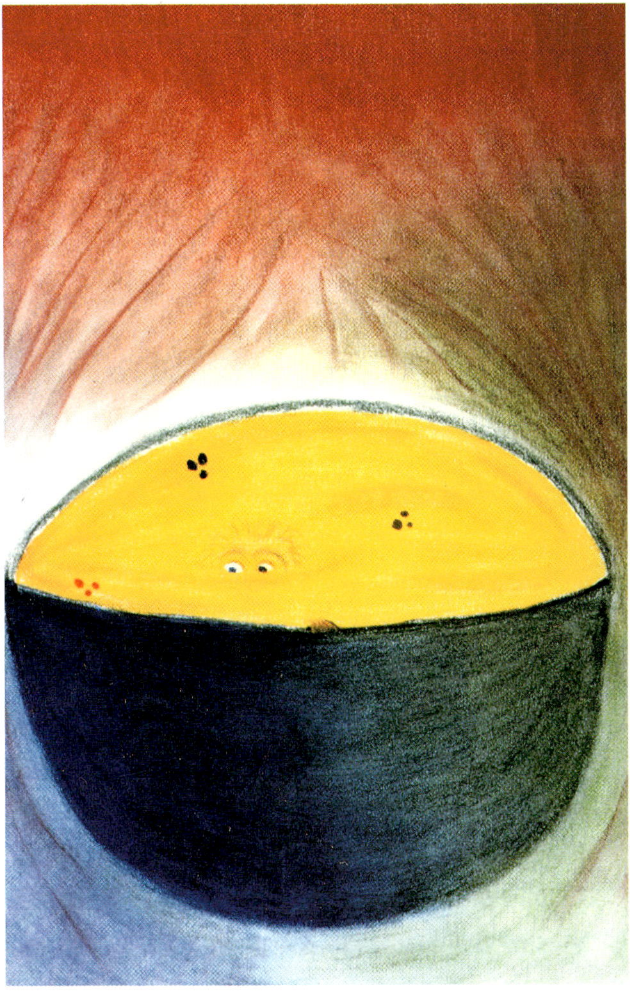

Unbewußt gemaltes Bild einer 43jährigen Frau

Bildbedeutung: Auftauchen aus dem »tiefen Gefäß« – erschrocken, angstvoll, ein Augen-Blick über den Horizont ins Bewußt-Sein. »... das hat mir wahnsinnige Angst gemacht...«

Unbewußt gemaltes Bild eines 53jährigen Mannes

Aussage zum Bild: »Da taucht der wilde Wassermann auf, mit rauschendem Wellenschlag und Blitzlichtgewitter im Hintergrund. Er wirkt ein bißchen wie eine ungekonnte Bedrohung – fliegender Holländer oder Rauschebart? – Bei den Augen weiß ich nicht so genau… ja was eigentlich – ich weiß es eben nicht.«
Bildbedeutung: Von der Farbe und vom Strich her dramatisches Auftauchbild mit alarmierenden Lichteffekten um das ganze Gesicht herum. Es besteht offensichtlich eine starke Bewußtwerdungstendenz, gleichzeitig wirken aber die beiden sehr intensiv gemalten Augen (Pupillen) wie blind. Die diagonal aufgestellten Augenbrauen wirken vogelhaft. Der Auftauchtendenz steht also ein Widerstand entgegen.

Unbewußt gemaltes Bild einer 37jährigen Frau

Realfaktum und Aktualsituation: Eine außereheliche Beziehung, die geheim gehalten werden mußte.
Aussage zum Bild: »Es fällt mir sehr schwer, dieses Bild anzusehen. Es ist ein Verräter. Ich fühle mich gezwungen, ein Geheimnis zu verraten, von dem niemand etwas weiß, aber ich kann es eigentlich auch nicht mehr aushalten, es niemandem anzuvertrauen…«
Bildbedeutung: Das aus dem Wasser auftauchende Wesen – halb Mensch, halb Tier – »kann nicht sehen«. Die großen, froschartig wirkenden Hände fassen besitzergreifend nach der blumengeschmückten Erde. Es sind vier Blumen, die damit dem Familienquartett – Vater, Mutter, Sohn, Tochter – entsprechen. Der »Eindringling« und »Zugriffige« will offenbar dem Bewußtsein signalisiert werden und schiebt sich deswegen über den Horizont: in den analytischen Dialog.

Unbewußt gemaltes Bild einer 39jährigen Frau

Aussage zum Bild: Sehr auffällige Horizontsituation mit etwas stilisiert wirkendem Abschluß nach oben. »… das sieht aus wie eine Spitzengarnitur und die Hände rufen ohne Mund um Hilfe – ob sie den Vogel meinen? Komisch, nach oben hin wird es noch einmal ganz eng. Die Augen sind merkwürdig wach. Was die wohl aus der Wurzeltiefe über den Horizont bringen wollen?«

Bildbedeutung: Sie sehr eigentümliche Zeichnung zeigt eine ausgesprochen archetypische Chiffrierung. Die Chiffrierung in der oberen Hälfte des Bildes scheint ein Gefäß anzudeuten. Die ebenfalls nur angedeutete Vogelchiffre weist auf einen geistigen Inhalt (Luft – Himmel) hin. Der Hilferuf der Hände scheint unter dem Druck des unterhalb des Horizonts verlaufenden Prozesses zu stehen. Die sehr intensiven bewußtseinsträchtigen Augen blicken wie über den Rand eines Mond- oder Vogel-Gefäßes.
Die »Wurzeln« in der Tiefe können auch »Flammen« sein, die »das Gefäß« als Werde- oder Wachstumsschale (vas hermeticum) erscheinen lassen: Bewußtwerdung innerhalb des therapeutischen Prozesses.

»Geburtsbild« (aus dem Unbewußten) einer 30jährigen Frau

Aussage zum Bild: »Das ist so, wie jetzt erst wissen wer ich bin, was ich bin, wozu ich bin… ein neuer Horizont, ein neues Licht«

Spontan gemaltes Bild eines 58jährigen Mannes

Aussage zum Bild: »Der ist steckengeblieben, oder er will nicht raus, – oder sie läßt ihn nicht los… Nase am Horizont… aber mit diesen Augen will der etwas ganz Intensives…«
Bildbedeutung: Der dynamische Prozeß dieses »Auftauchens-Aufsteigens« wirkt macht- und kraftvoll und vom kognitiven Signal her – die fast besitzergreifenden Augen – nach Aktivität drängend. »Tod oder Leben – das ist hier die Frage – und der will leben…«

Unbewußt gemaltes Bild einer 49jährigen Frau

Aussage zum Bild: »Das ist ja ein Piepmatz, der aus dem Wasser guckt. Eigentlich kann das ja nicht stimmen, aber vielleicht ist es ein Wasservogel. Der Schnabel ist sehr groß und sieht so aus, als ob er lächelt. Die Augen sind eigentlich keine Vogelaugen. Sie gucken so intensiv wie Menschenaugen… Und das Wasser sieht aus wie das große Meer… und als ob die Sonne darauf scheint.«
Bildbedeutung: Das Auftauchen in das Horizontbewußtsein signalisiert hier intensive bewußtseinsfähige Energien, die Augen, wobei das Verborgene und noch nicht Sichtbare in der Lebendigkeit dieses Jungvogel-Gesichtes angedeutet ist.

Spontan gemaltes Bild einer 38jährigen Pat., dem sie den Titel »Am Horizont« gab.

Aussage zum Bild: »… das ist wie kurz vor dem Aufwachen und etwas reicht noch ganz tief nach unten… als wäre da etwas Blutiges-unheimlich, auch die beiden Augen in der Tiefe… sie sehen so intensiv und ganz verschieden: eines sieht mich direkt an, sehr ernst, das andere sieht nach unten, als ob es erschrocken wäre. Merkwürdig, daß es in der Wassertiefe so hell ist?… Ob das etwas zu tun hat mit der großen gelben Kugel über dem Horizont und der kleinen schwarzen daneben… eigentlich auch wie Augen… Was weiß das noch schlafende Gesicht, wenn es jetzt die Augen aufmacht?«

Bildbedeutung: Das Bild zeigt besonders deutlich die Aufstiegsthematik aus der Tiefe des kollektiven Unbewußten bis in den Bereich des Horizontbewußtseins. Die energetische Dominanz der Augenthematik weist auf die aktuelle Dringlichkeit des Bewußtwerdevorganges hin, wobei es sich möglicherweise um ein »blutiges Geschehen« in der Vergangenheit (Tiefe) gehandelt hat. (Fehlgeburt, Abtreibung?)

Unbewußt gemaltes Bild einer 45jährigen Frau

Aussage zum Bild: »Das ist sehr unheimlich, schrecklich einsam, und ein ganz dunkles Innen. Was weiß ich eigentlich von mir...?«
Bildbedeutung: Der »ganz persönliche Horizont«, der nachts zwischen Himmel und Erde auftaucht und das wesenhafte Geschehen umfängt. Unterhalb des Horizonts signalisiert ein archaisches Gesicht Wachheit und Dasein aus numinoser Tiefe (das grüne Gesicht). Die leuchtend gelbe mondförmige Schale symbolisiert offenbar eine noch tief verborgene weibliche Thematik. Oberhalb des Horizonts ist ein eigentümlich knospenhaft anmutendes Gesicht – angedeutet durch zwei betont sanft geschlossene Augen –. Die fahle, wie Mondsilber anmutende Farbe läßt einen sehr unbewußten oder tief träumenden Zustand vermuten.

Das Bewußtsein

Diagramm-Aspekt

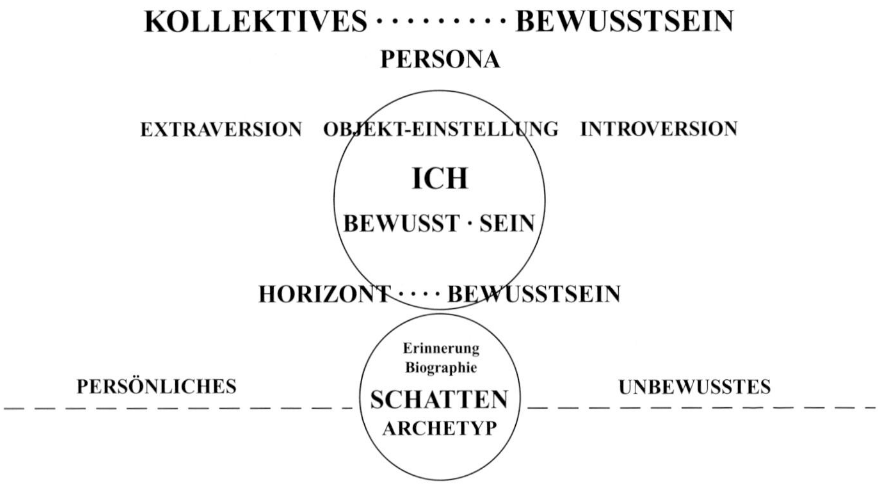

»Sich differenzierendes Bewußtsein heißt: der Ich-Komplex verbindet sich mit einer Fülle differenziert auftretender Inhalte, d.h. er macht Erfahrung.«

(Erich Neumann)

Das Bewußtsein ist der dynamisch-psychische Bereich, der sich mit physiologischen und somatischen Prozessen koppelt. Dadurch wird das Bewußtsein mit seiner umfänglichen Bedeutung für den Menschen zu einer konkreten und nachweisbaren »Wirklichkeit«. Die physiologischen Prozesse sind mit der intakten Hirnfunktion verbunden. Das Elektroenzephalogramm vermag Auskunft zu geben über eine jeweilige Bewußtseinslage. Die Psyche ist also nicht nur ein Phantom »mystischer Schauungen«, sondern ein »psychophysisches Forschungsobjekt«. Die Übernahme der Bewußtseinsforschung in das Arbeitsfeld der Naturwissenschaften, denn Wissenschaft und Wissen ist an die Fähigkeit bewußter Wahrnehmung, an Perzeption und Aperzeption gebunden, bedeutete nicht nur eine weitreichende Veränderung in der Wahrnehmung psychodynamischer Phänomene des Bewußtseins. Das Bewußtsein selber veränderte und differenzierte sich im Laufe der Jahrhundertwende. Der Arbeitsbereich um die Bewußtseinsforschung erweiterte sich beinahe zwangsläufig und zeigt heute ein breites interdisziplinäres Spektrum: Neuroanatomie als Wissensbasis für das somatische Organ der Gehirnfunktion, die speziell mit dem Bewußtsein gekoppelt ist; die Neurochirurgie und die Neuroethologie, eine Forschungsrichtung, die die neuralen Grundlagen des Verhaltens bearbeitet (experimentelle Untersuchungen); die Neuropsychiatrie und Neuropsychologie, sowie die Neurophysiologie. Die Tiefenpsychologie und die praktische Empirie der Psychotherapie haben durch die gründliche Forschung und Erforschung des Unbewußten und kollektiven Unbewußten einen wichtigen wissenschaftlichen Beitrag zum Thema vom Bewußtsein beigetragen.

Jedenfalls verdeutlicht sich die autonome und gesteuerte Vernetzung zwischen Psyche und Soma und läßt etwas von der Ganzheit ahnen, die im primären Entwurf des Menschen zu liegen scheint.

Das Horizontbewußtsein leitet über und gehört zum allgemeinen Bewußtsein. Bewußtsein aber ist kein »Etwas«, sondern ein Geschehen von ausschließlicher Subjektivität. Als psychologische Funktion steht ihm das Verstehen und das Erkennen zur Verfügung. Beides aber ist die Folge der psychodynamischen Früherfahrung auf dem Entwicklungsweg der Selbstentfaltung im Bereich des Trennungskomplexes. Was da im symbolischen Bild des kosmogonischen Ereignisses der Welteltenntrennung vergleichend amplifiziert wurde, konstelliert sich jetzt erneut in einer neuen Strukturebene. Dementsprechend kann man bei E. Neumann lesen: »Dieser Akt der bewußten Unterscheidung, scheidet und trennt die Welt in Gegensätze, denn nur in Gegensätzen ist Welterfahrung (durch Bewußtsein) möglich.«

Gerade in diesem Betrachtungsraum kann die Frage gestellt werden, ob es denn berechtigt erscheint, von einem »Unbewußten« zu sprechen, als wäre es ein allgemein gesichertes Faktum. Besonders alle Traumtheorien fordern zumindest als Arbeitshypothese für Ort, Inhalt und Dynamik einen Begriff, der dem Bewußtsein gegenübergestellt werden kann. Für die Tiefenpsychologie ist der Begriff des Unbewußten eine gültige und mit Erfolg benutzte Metapher, die den Bereich der Empirie aller von »dort« her erfahrbaren Phänomene sicherstellt. Nur von daher ist die Traumforschung und das Erstellen von Traumtheorien überhaupt möglich. W. v. Siebenthal hat sich ausführlich damit auseinandergesetzt und ist ebenfalls zu dem Schluß gekommen: »… dies ist es, was eine Psychologie des Unbewußten intendiert: durch (bewußte) empirisch nachweisbare Tatsachen nämlich auf den erschlossenen Ursprungsort hinzuweisen und in der darauf begründeten Umschreibung seiner charakterisierenden Beweisbarkeit – weil Nicht Wißbarkeit – eines Unbewußten als solchem das wie auch immer gedachte ›Sein‹ des Unbewußten als tatsächlich angenommen werden muß.«[25]

Die Selbstentfaltung hat jedenfalls mit Erreichen des Bewußtseins den ursprünglichen Entwurf der Bewußtwerdung realisiert. Die Phänomenologie der Selbstenthüllung wird als Ganzheitsdynamik des psychischen Organismus von diesem neuen Strukturbereich her erkennbar und verstehbar. Die Dimension des »Wer-bin-ich-Themas« wird breiter und tiefer. Dabei bleibt der Ursprung immer gegenwärtig. Gerade die Phänomene des nicht bewußten Arbeitsbereiches, im Innen der Psyche, lassen immer wieder deutlich werden, daß die Aktualität nicht nur Augenblick und Heute ist, sondern im archetypischen Bild ein Zeitteil der Evolution, die Gegenwart erst zur Ganzheit werden läßt. Die oben beschriebene Fähigkeit und Dynamik zur Regression, Introversion und Depression beruht auf der unaufgehobenen dynamischen Beziehung zum früher, vorher, präpersonal und prärational, deren archetypische Anteile in der Urmatrix engrammiert sind.

Der oben beschriebene nordamerikanische Indianer-Mythos zeigt dementsprechend in seinen »Aufstiegsbildern« z.T. erstaunliche Strukturen während der Durchbruchssituation in den Horizontbereich.

Die breite Entwicklungsdynamik hat die verschiedenen gedanklichen Modelle provoziert, wie z.B. auch diejenige von J. Gebser in seiner Version der »fünf Strukturen des Bewußtseins«. Für den Ursprungsbereich intuierte Gebser den Begriff der »archaischen Bewußtseinsstruktur« und interpretierte die folgenden »Mutationen« als magische, mythische, mentale und integrale Bewußtseinsstrukturen. Im Sinne der in der »Selbstentfaltung« dargestellten »Spiraldynamik« beobachtete auch Gebser bei den »wachsenden Strukturen« und »mutierenden Entwicklungssprüngen«, daß die jeweils erreichte »Ganzheit einer Entwicklungsstufe« bereits die Basis ist, für eine nächste Mutation einer neuen Ganzheit.[21]

Urbewußtseinsstrukturen mit hohem Entwicklungspotential liegen demnach abrufbereit, bzw. latent im Bereich des kollektiven Unbewußten.

W. Obrist definiert unter dem Kapitel-Thema: »Die Entdeckung des Unbewußten ermöglicht die Entdeckung des Bewußtseins« sehr deutlich die Erfahrungen, die aus den interdisziplinären Arbeitsmethoden erwachsen sind: »Die Forschung machte hier einen eigentlichen Kreisprozeß durch, besser gesagt einen Prozeß, der mit der aufsteigenden Spirale verglichen werden kann. Als Jung mittels der tiefenpsychologischen Methode den Nachweis eines arteigenen, strukturierten, zentrierten und autonomen Unbewußten erbracht hatte, hielten viele von denen, welche die in ihrer Eigentümlichkeit nicht tiefenpsychologische Methode kannten, dieses Modell für kaum mehr als eine subjektive Meinung. Als dann die Ethologen mit ihrer eher nachvollziehbaren – weil auf Sinneswahrnehmung sich stützenden – Methoden kognitive Strukturen unbewußter Lebewesen erforscht und eine erdrückende Fülle von staunenswerten Fakten an den Tag gebracht hatten, mußte einer schon fest die Augen zudrücken, wenn er die Tatsächlichkeit unbewußten Erkennens und Entscheidens noch leugnen wollte...

Als es dann darum ging, die Evolution des Bewußtseins zu erforschen, stellte sich heraus, wie wenig man über den spezifischen Charakter dieses kognitiven Systems wußte. Es zeigte sich zudem, daß man aufgrund des Wissens über das Unbewußte und dessen Gewordensein ausmachen konnte, welches die charakteristischen Merkmale bewußten Erkennens sind.«[1]

Der Mythos bildert es lapidar: Wir haben vom Baum der Erkenntnis (kognitive Fähigkeit) gegessen und können den Schritt nicht rückgängig machen. Das Paradies kann nur nach vorwärts erreicht und muß neu erfunden werden. Der Engel trägt für alle Zeiten das Schwert der Unterscheidung (Trennung, Bewußtwerdeweg) in seinen Händen. Aber wo ist der Garten, in dem die neuen Früchte reifen und Kinder ohne Angst spielen?

Die Beschäftigung mit dem Bewußtsein hat in diesem Jahrhundert einen hohen Stellenwert erfahren und ist zu einem interdisziplinären Thema geworden. Weltweit spricht man von »Wandlungen des Bewußtseins«, oder veränderten Bewußtseinszuständen. Die Erfahrungen mit Biofeedbacks, die Betrachtungsweise der Holographie, psychedelische Versuche mit Drogen und den dadurch provozierbaren »veränderten Bewußtseinszuständen«, das Experimentieren mit den verschiedensten Meditationsanweisungen hat vielfach Einbrüche (nicht ungefährlich) in die eingeübten oder konventionellen Erfahrungen des Bewußtseins bewirkt. Hierzu gesellen sich sehr wichtige Ergebnisse der organischen Hirnforschung mit den neuropsychologischen Erfahrungen der Asymmetrie der beiden Hirnhälften. Psychologisch ist besonders interessant, daß die linke Gehirnhälfte somatisch für die Sprache, während die rechte Hirnhälfte für die visuell-räumliche Wahrnehmung und die emotionale Steuerung zuständig ist. Beide Hirnhälften haben eine unterschiedliche Zuordnung zur Psychodynamik des Bewußtseins.[95]

Was ist mein Bewußtsein heute?
Zeitdimensionen von Jahrtausenden haben Gestaltungsformen der einzelnen Stadien, Phasen, Strukturen oder Schichten verwandelt in jeweils neue »Mutationen« (Entwicklungssprünge) und, durch die Fähigkeit des Bewußtseins, psychische Energie (z.B. Komplexenergie) zu integrieren, Bewußtseinserweiterungen und -vertiefungen bewirkt. C. G. Jung schreibt im Vorwort zur »Ursprungsgeschichte des Bewußtseins«, daß es Neumann gelungen sei, »eine erstmalige Geschichte des Bewußtseins aufzubauen...« und »... den Mythos als eine Phänomenologie... dieser Entwicklung darzustellen...«[25]

Auf der Basis der Analytischen Psychologie versuchte Neumann, die von ihm so benannten »archetypischen Stadien der Bewußtseinsentwicklung« nachzuweisen. Sein Modell ist ganz offensichtlich und grundlegend an der theoretischen und praktischen Erfahrung der komplexen Psychologie (Analytische Psychologie) orientiert. Die große Fülle des mythologischen Materialangebotes ist eingebettet in phylogenetische und ontologische Überlegungen. »Schöpfungsmythos und Heldenmythos« werden dabei zu Grundchiffren, die in den »Psychologischen Stadien der Persönlichkeitsentwicklung« vertieft und personifiziert werden. Gedanklich können hierbei deutliche begriffliche Parallelen zu Gebsers Bewußtseinsstrukturen gefunden werden.

Während Neumann als Tiefenpsychologe die archetypisch-mythologischen Imaginationen in ihrer sich im Evolutionsstrom des Bewußtseins verwandelnden Form beschreibt, vermittelt Gebser als Kulturphilosoph und Psychologe durch das Medium der Kunst und kulturhistorischer »Zeiträume« die sich wandelnden Strukturen des Bewußtseins.

Bei beiden aber spürt man das geistige Phänomen des »Ursprungs«, den langen und schmerzvollen Weg von Trennung, Verzicht, Opfer, Untergang und Neubeginn, ein Neubeginn, der immer alles integriert, was brauchbar, nützlich und schöpferisch impulsieren kann.

Das Bewußtsein muß offenbar als komplexes energetisches Funktionssystem angesehen werden, das im allgemeinen nur innerhalb der ganzheitlichen Vernetzung aller psychosomatischen Funktionsabläufe zu verstehen ist, wobei das Gehirn das entscheidende Organ (als Transmitter) für die psychoenergetische Vermittlung darstellt.

Es überrascht das Bewußtsein des Forschers also nicht mehr, daß in der Neurophysiologie »... zwar Parallelität, aber keine Isomorphie zwischen Geist und Gehirn« nachzuweisen ist.[67]

Der Neurophysiologe Linke kommt zu der erstaunlichen Feststellung: »Es besteht kein Zweifel daran, daß Bewußtsein, so wie es gemeinhin verstanden wird, die zusammenhängende Tätigkeit sehr vieler Neuronengruppen (Grundeinheiten mit Nervenzellen, einschließlich sämtlicher Fortsätze) voraussetzt. Doch was versteht man unter Bewußtsein, daß man zu solch' einer dezidierten Aussage hinsichtlich des neuronalen Korrelats gelangen kann? Kann man es so exakt definieren, daß die Konzeption eines ›grenzenlosen‹ Bewußtseins (auch die Pflanze, auch der Stein seien bewußt) ohne weiteres ausgeschlossen sind? Im Gegenteil, die von vielen behauptete Undefinierbarkeit könnte dazu führen, es auch als uneingrenzbar anzusehen und im Sinne eines Panpsychismus nicht nur allen Lebewesen, sondern auch Atomen Beseeltheit zuzusprechen«.

In diesen Betrachtungsbereich interdisziplinärer Beschäftigung mit den Themen des Bewußtseins und der Bewußtwerdung können auch die Arbeitsbegriffe des Soziologen Franz Zwilgmeyer als Bereicherung und Grenzerweiterung hinzugenommen werden. Er schildert eindrucksvoll die Auswirkung »ökonomisch-sozialer Strukturen« auf das Bewußtsein, die Verhaltensweisen und die auch dabei reaktiv einsetzende, stufenweise Entwicklung des Bewußtseins. Er beruft sich in Beziehung auf seinen Forschungsweg auf die Ergebnisse und Erkenntnisse der modernen Tiefenpsychologie, die manche der bisher verborgenen »Hintergründe« aufgehellt hat und damit das Verständnis der psychodynamischen Zusammenhänge zwischen Bewußtsein und archetypischer Engrammierung erweitern half.[54]

Von besonderem Interesse ist in diesem Zusammenhang die differenzierte Bewußtseinslehre, die der tantrische Buddhismus durch Jahrhunderte hindurch praktiziert und erst Mitte dieses Jahrhunderts aus dem Raum der geheimen Vermittlung entlassen hat. Taiko Yamasaki hat als Abt des Jokoin Tempels in Kobe (Japan) und Dekan der Abteilung für esoterische Studien an der Shuchiin Universität in Kyoto eine umfassende Veröffentlichung zu diesem Thema für die Übersetzung zunächst in die englische und danach auch in die deutsche Sprache ermöglicht.[55] In Kapitel vier des Buches werden unter dem Thema: »Die zehn Ebenen des Geistes« zunächst »Die acht Bewußtseinsstufen« und dann »Die neunte und die zehnte und die zahllosen weiteren« einführend beschrieben. Die Ähnlichkeit mit europäischen Texten ist anfangs überraschend:

»Die ersten fünf Bewußtseinsstufen waren die fünf Sinne – Gesichtssinn, Gehör, Geruchs-, Geschmacks- und Tastsinn. Die sechste Stufe war einfach Bewußtstein (shiki) oder Gewahrsinn. Diese wurden dann in dem Begriff der »Wurzeln« oder Möglichkeiten beschrieben, nämlich den Möglichkeiten der Augen, der Ohren, der Nase, der Zunge, des Körpers und des Denkens. Jede Möglichkeit stand mit dem ihr entsprechenden Bereich oder Gegenstand in Verbindung, nämlich mit Form, Klang, Duft, Geschmack, Empfindung und Dingen. Die Funktion, mit denen dies alles wahrgenommen werden konnte, sind Sehen, Hören, Riechen, Schmecken, Berühren und Erkennen und geleitet wurden diese Funktionen von den verschiedenen Bewußtseinsarten, dem Augen-, Ohren-, Nasen-, Zungen- und Körperbewußtsein und dem Bewußtsein selbst. Das sechste Bewußtsein, das die Gegenstände mit den fünf Sinnen wahrnimmt, schloß die vorangegangenen fünf Sinne mit ein.

Jenseits dieser sechs Stufen fand die sich weiterentwickelnde Mahayana-Philosophie, eine siebente, die sie *maha-shiki*, Gewahrsein für das individuelle Selbst, nannte. Noch tiefer lag die achte Stufe, das Speicherbewußtsein *(araya-shiki)*, verborgen unter dem gewöhnlichen Bewußtsein. Die Lehre von diesem achten Bewußtsein gehört zu den wichtigen Entwicklungen im Mahayana-Buddhismus.

Das *Araya-shiki*, häufig Schatzhaus oder Speicherbewußtsein genannt, verweist auf das Substrat allen Geistes überhaupt. Diese Stufe des Geistes, die unter dem individuellen Gewahrsein verborgen ist, zeichnet die Vergangenheit auf und gibt dem Individuum eine Grundlage für ein Leben in der Gegenwart und in die Zukunft hinein. Hier werden auch die Samen verwahrt, die zu allen Dingen werden. Nach und nach wurde das Speicherbewußtsein, dieses Lagerhaus für alle geistigen Reaktionen auf die Erscheinungen, auch als Quelle aller Erscheinungen selbst angesehen.«

Diese kurz zitierten Hinweise signalisieren einen sehr tief reichenden Individuationsweg, auf dem die Wegweiser von einem uralten und erprobten Hintergrundwissen gesetzt sind. Dabei wirkt die Intuition als prädestinierte geistig-spirituelle Funktion, die sich in einer idealen Form mit einer sehr vollständig differenzierten Denkfunktion koppelt, wie ein mächtiges, einerseits verhüllendes, andererseits einweihendes Arbeitsteam im Bewußtsein.

Archetypische Symbolik zum Thema Bewußtsein

Tantrismus und unbewußtes Malen
Symbolverständnis und Decodierung

Im Zusammenhang mit der Bildentstehung unbewußt gemalter Bilder und der Transzendierung in das Ich-Bewußtsein ist eine vergleichende Betrachtung mit den ur-alten, aber auch ganz modernen Erscheinungsformen z.B. in der Thanka-Kunst sehr instruktiv. Thanka-Bilder sind nach buddhistischer Vorstellung ein den ganzen Menschen beanspruchender Weg, kosmisches Bewußtsein zu erlangen. Bei den rituell, psychologisch und philosophisch gestalteten Wegformen ist allerdings nicht der Mensch das Maß aller Dinge, sondern das Universum wird Weg-Ziel, um die Ganzheit des Daseins und dadurch den Sinn im Urgrund aller Dinge begreifen zu können. Die Thankas nehmen als rituelle Funktion einen wichtigen Platz im tibetischen Buddhismus (Tantrismus) ein und dienen als wichtige Hilfen bei Visualisierungen spiritueller Kraftfelder (Ch'i).

Tibetisches Tantra mit dem Lebensrad von Anfang und Ende, Geburt und Tod, von der Ganzheit des Seins

Der lichte Aspekt füllt als Mandala den oberen Bildraum. Der als zornvoller Gott und gleichzeitig als mächtig umfangender Schutz dargestellte Aspekt beherrscht den unteren Bildraum. Das Zentrum im Mandala symbolisiert (in vielen bildlichen Variationen) das innerste Sein des Menschen, das unzerstörbare Selbst, die absolute Wirklichkeit, die Ganzheit.

Was aber bedeutet das Bewußtsein in der Tiefenpsychologie und in der Psychotherapie?

Bewußtsein ist nicht nur Wahrnehmen, Erkennen, rational und logisches Denken, sondern es erlebt Freude, Trauer, Schmerz, Haß, Liebe, Enttäuschung, Hoffnung, Rausch, Leidenschaft, Glaube, Sehnsucht und noch zahllose andere Modalitäten im psychodynamisch-somatischen Lebensraum. Wer oder was registriert, ordnet, zentriert und gestaltet die zahllosen Einzelsignale zu einem jeweiligen Ganzen?

Welche Engramme wurden während der »Bewußtwerdung« gespeichert, um in einem Jetzt-Sein zur Verfügung zu stehen?

Das Bewußtsein ist durch Evolution und Selektion entstanden und scheint mit den Kontrollzentren des limbischen Systems im Hypothalamus (im Gehirn) in Verbindung zu stehen. Auf dieser organischen (somatischen) Basis baut sich ein kompliziertes und funktionsreiches System von vielen einzelnen Fähigkeiten und (energetischen) Übertragungsbeziehungen auf.[68] Die neuesten Forschungsergebnisse der Genetik und Psychogenetik führen darüberhinaus zu der Folgerung, daß ohne die Basis der Erb- bzw. Genengramme von Erfahrung und Erkenntnis die Fähigkeit zu immer neuen Differenzierungen (Vertiefung, Erweiterung, Transzendenz) des Bewußtseins und der Ich-Instanz gar nicht möglich wären.[69,70,71,72]

Die primäre Codierung aller psychischen Verhaltensweisen ist nach den zurückliegend geschilderten Erfahrungen in den archetypischen Kernelementen (Ur-Komplexen) und Wirkfeldern (matriarchaler und patriarchaler Archetyp) zu suchen und zu finden. Was in den Genen als biologisch-chemischer Prozeß stattfindet, zeigt sich in der psychischen Entwicklung als archetypische Tiefendimension im kollektiven Unbewußten. Die archaisch bedingten Ur-Engramme mischen sich jeweils autonom mit den prägenden Erlebnisengrammen der eigenen Biographie und der auslösenden Aktualsituation.

So unendlich verschieden die subjektiv-psychische Phänomenologie erscheinen mag, so findet man in ihr doch durchgehend die archetypischen Formelemente. Es entsteht der Eindruck, als könne kaum eine Tat, kein Gedanke, keine entwicklungsbedingte Dynamik wirklich verloren gehen. Dieser Eindruck verstärkt sich, wenn man erfährt, was für Weisheiten es gibt, die schon in uralten Zeiten gedacht, gelehrt und gelebt worden sind. Gerade dieses psychische Erfahrungsgut scheint der fruchtbare Boden der Psyche zu sein, in dem, wie Guiseppe Tucci es nennt: »… die Pflanze des Individuums sprießt, damit, wenn sie stirbt, sie stets die sich erneuernde Saat der eigenen Lebenserfahrung zurückläßt.«[73]

Die vom Bewußtsein her gesteuerte Betrachtungsweise und die Erkenntnismöglichkeit, die im Zusammenhang mit den immer deutlicher übersetzbar werdenden psychischen Phänomenen sichtbar wird, läßt auch die »kosmische Vernetzung« innerhalb der Gesamtdynamik der Psychosomatik immer transparenter werden. Die naturwissenschaftlich z.T. recht engen Denkgrenzen und »Sperrbezirke« werden überall aufgeweicht und müssen sich mit den neuen Paradigmata auseinandersetzen. Mit Staunen trifft man auf geistige Synchronizitäten, die zwar nicht zeitgleich, aber denkgleich sind. So liest man bei Garma C. C. Chang in: »Die buddhistische Lehre von der Ganzheit des Seins. Das holistische Weltbild der buddhistischen Philosophie« über das *»Alaya-Bewußtsein«* und die Totalität vom »Geist«, der die gesamte Psyche des Menschen umfaßt, einschließlich des Bewußtseins und des Unbewußten. Das *Alaya-Bewußtsein* wird auch hier als Speicherbewußtsein bezeichnet und erfährt in den Begriffen: »das »Karma-stützende-Bewußtsein«, oder das »Fundamentale«, das »Ur-Bewußtsein« oder das »Bewußtsein Aller Samen« eine breit gefächerte inhaltliche und dynamische Bedeutung und Wirksamkeit. Die daraus folgenden Hauptmerkmale und Funktionen haben teilweise erstaunliche Übereinstimmungen mit tiefenpsychologischer Erfahrung psychodynamischer Vorgänge in der Gesamtpsyche. Sie entstammen aber einem 2000 Jahre alten und seither geübten philosophisch-geistigem System. Das *Alaya-Bewußtsein* wird unter anderem als »ein großes Sammelbecken« bezeichnet, das »alle mentalen Eindrücke und Lernvorgänge festhält und bewahrt, einschließlich jener Instinkte, die in den früheren Leben in Samsara (fortlaufende Wiedergeburt in die phänomenale Welt) erworben wurden. Und man liest auch, daß das *Alaya-Bewußtsein* eine »unvorstellbare potentielle Macht« habe; eine, gerade für die tiefenpsychologische Forschung, aber auch für die integrativen Bewußtwerdungsvorgänge im analytischen Arbeitsprozeß (verbale Analyse) bemerkenswerte Vermittlung liegt in dem Satz: »… der Versuch, den gesamten Inhalt des Unbewußten bewußt zu machen, nennt man Erleuchtung.«[74]

Wenn auch nicht durchgängig mit den gleichen Worten, so besteht doch in der psychischen Dynamik eine geistige Synchronizität zwischen der »buddhistischen Lehre von der Ganzheit des Seins« und den Vorstellungen in der komplexen Psychologie C. G. Jungs. Die dabei benutzte Formulierung vom »Selbst als Ganzheit der Psyche« schließt das Beziehungsfeld zwischen dem Ich-Bewußtsein und dem Selbst dynamisch mit ein. Im Prozeß der *Individuation* vermag das Ich-Bewußtsein sich zu transzendieren und dabei aktuell seine eigene Ganzheit als Funktionskomplex zu erfahren und zu erkennen. Als aktuelle Lebenserfahrung ist das Ich das Zentrum des Bewußtseins. Das Selbst bleibt für die individuelle Lebenszeit das Zentrum der ganzen Persönlichkeit.

Radmilla Moacanin schreibt in seinem Buch über »Archetypische Symbole und tantrische Geheimlehren«: »Das größte Hindernis, Erleuchtung zu erfahren, ist das Ego. Ego, oder besser die Einstellung, die man zum eigenen Ich hat – ist gemäß buddhistischem Denken die Wurzel aller Probleme und allen Leidens. Wenn Buddhisten vom Ego sprechen, meinen sie damit den illusionären Glauben an eine festgelegte, konkrete, separate Einheit, die unabhängig und ohne Verbindung mit irgendwelchen Phänomenen existiert. In diesem Sinne wird das Ego naturgemäß zu einer unüberwindlichen Barriere zwischen einem Selbst und der übrigen Welt, ohne jede Möglichkeit zu einer echten Kommunikation und Vereinigung, nicht nur mit anderen, sondern auch mit der eigenen Tiefe. Diese Barriere muß zerstört werden, und eben das ist das Hauptanliegen auf dem Pfad zur Befreiung.«[75]

Hier wird also von einer »falschen Auffassung« geschrieben, die aufgelöst werden sollte und nicht von einer »Auflösung des Ego«. Wie bei der Vorstellung von einer Individuation geht es um die Entfaltung aller Potentiale, die anlagemäßig zur Verfügung stehen und durch die Befreiung fixierter Energien aus neurotischen Komplexen zur Bewutßseinserweiterung transzendiert werden können.[10]

Das Ich-Bewußtsein und die psychische Ganzheit in einem psychotherapeutischen Prozeßverlauf

Diagramm-Aspekt

»Rumpite libros, corda vestra rumpantur«
(Alchemistischer Meisterspruch)

Den umseitig stehenden »alchemistischen Meisterspruch« – »zerreißt die Bücher, auf daß eure Herzen nicht zerbrochen werden…« schrieb C. G. Jung in einem Brief an Prof. Eugen Böhler 1956[76] im Zusammenhang mit der Beendigung seines Manuskripts »Wandlungen und Symbole der Libido«. Und er setzte es in Beziehung zu der hohen Verantwortung, die der Mensch mit seinem Bewußtsein und vor allem eben auch Ich-Bewußtsein zu übernehmen habe.

»Der Mensch und seine Seele, das Individuum, ist der einzige wirkliche Lebensträger, der nicht bloß arbeitet, frißt, schläft, sich fortpflanzt und stirbt, sondern eine über ihn hinausreichende sinnvolle Bestimmung hat.«

Es ist sicherlich kein Zufall, daß man in den Schriften von C. G. Jung immer wieder auf die sehr ernsten Hinweise über die Verantwortung des Ich-Bewußtseins und des Bewußtseins überhaupt stößt. Denn die sehr spezifische Auseinandersetzung gerade mit dem Ich-Komplex und den Ich-Funktionen, also den »Psychologischen Typen« fiel in die Zeit der schwerwiegenden Auseinandersetzung zwischen Freud und Jung, die zeitlich im Umfeld mit der Ablösung Alfred Adlers von Freud und weiterreichenden Spaltungsvorgängen innerhalb der psychoanalytischen Bewegung stattfand. Bei C. G. Jung wurde dadurch offensichtlich ein innerpsychischer Erkenntnisprozeß in Gang gesetzt, der sich in tiefreichender Weise auf sein ganzes Leben auswirkte. Als auslösender Faktor betrachtet, wurde gerade die Trennung vom »väterlichen Freund« für C. G. Jung einer der Anstöße für den Forschungsweg in den Bereich der Polarität und des Gegensatzes in der Beziehung zwischen der Ganzheit der Bewußtseinsdynamik und dem kollektiven Unbewußten. Der sichtbare Ausdruck wurde die Veröffentlichung des Buches »Psychologische Typen«.[4]

Daß der Mensch »seine über ihn hinausreichende Bestimmung hat«, soll ein Beispiel aus der Praxis unterstreichen: ein kurzer Einblick durch die »Werkstatt-Tür« in die schwere Krisensituation eines 15jährigen Mädchens.

Ein kurzer klinischer Bericht war aufschlußreich und beunruhigend. Das junge Mädchen hatte »durchgedreht«, nachdem sich ihr nur wenig älterer Freund mit einem »goldenen Schuß« das Leben genommen hatte. Ob Absicht oder Unfall war nicht geklärt. Der seelische Schock hatte bei dem Mädchen schwere Schuldgefühle ausgelöst und sie in eine »Abgrundtiefe fallen« lassen, in der nur noch »Sinnlosigkeit und Dunkelheit« vorhanden waren. Sie nahm Schlafmittel und trank viel Alkohol. Die Polizei fand sie in der Nähe eines Waldsees und konnte sie noch rechtzeitig in eine Klinik bringen. Sie wurde auf einer Intensivstation aufgefangen.

Das Mädchen kam überraschend schnell wieder voll zu Bewußtsein, lehnte sofort jegliche arzneiliche Behandlung ab und wollte umgehend entlassen werden. Und sie wurde entlassen.

Die aufgeregten und völlig verwirrten, hilflosen Eltern wandten sich dann an die psychotherapeutische Poliklinik.

Der daraus entstehende psychoanalytische Dialog umfaßte eine Zeitdimension von etwa sechs Jahren bei völlig atypischem zeitlichen Ablauf (Fixum waren nur der Praxisraum und das Telefon).

Die erste Begegnung:
Das Mädchen kam allein. »Das ist nichts für meine Eltern. Das verstehen die gar nicht!« Sie wirkte unruhig, scheu, aber gleichzeitig etwas aufgelöst. Sie produzierte in kürzester Zeit eine Unzahl von Sätzen, die eine solche Fülle von den verschiedensten Inhalten aufwiesen, daß nur ein Teil davon dazu dienen konnte, einen Eindruck von ihrer Situation zu vermitteln.

Sie äußerte sich zur Kliniksituation: »Die wollten nicht, daß ich zu einem Psychotherapeuten gehe. Die meinten, das tue mir jetzt nicht gut. Ich solle lieber die Medikamente nehmen – zu Hause. Aber ich finde, *die* tun mir nicht gut. Sie verändern etwas in mir. – So eine klinische Behandlung ist im Grunde Unsinn. Natürlich sind die Ärzte bemüht, aber sie haben nur wenig Zeit zum Zuhören. Sie ermüden schnell, sie haben selber zu viele Probleme, sie möchten selber angehört werden mit ihren Nöten, die brauchen Hilfe, die versinken in ihrem eigenen Ich. Aber es hat mich nicht erreicht, denn sie sind ja selber alle zu Maschinen geworden, die alle nur noch mit Sachen und anfaßbaren Objekten umgehen und Augen haben, die nur nach Dingen gucken. Aber (dabei bekam sie plötzlich eine ganz weiche Stimme) die sind ja auch alle so einsam, sie haben keine Zeit für sich und die hatten auch keine Zeit für mich. Nur für das Tun. Nur für die Spritze, für den Blutdruck. Ihre Hände waren immer in Eile und ihre Füße guckten eigentlich schon wieder nach rückwärts, bevor sie überhaupt mein Bett erreichten.«

In einer weiteren der ganz unregelmäßig und aktuell verabredeten Stunden kam sie mit der spontanen Bitte, malen zu dürfen. Schweigend und vertieft ließ sie die Farben auf dem Papier spielen. Sie beendete den Vorgang mit dem lapidaren Satz: »Jetzt war ich ganz bei mir!«

Im Protokoll steht dann weiter: »Es ist so, als ob lauter Bilder aus einer ganz großen Tiefe aufsteigen wollen – aus mir – muß ich sie denn wirklich abweisen? Die in der Klinik haben das immer gesagt. Haben die Angst davor? Die Bilder sind großmächtig, aber ganz leise, ohne Worte – und dann die Träume: ich gehe durch einen langen dunklen Tunnel und am Ende tobt ein wilder Strudel, der alles in die Tiefe saugt – aber vielleicht saugt er auch alles weg, was falsch ist, die Drogen und so… die (Drogen) versprechen ja immer ganz viel, aber dann fühlt man sich betrogen und niemand ist da, der die Wahrheit weiß…

»… das ist meine Stimmung, Farben, Striche und überall kann man durchsehen, keine Ordnung…«

Ich liege in der Nacht und dann drängt etwas wie ein süßer Saft in mein Bewußtsein und ich kann tief in mich hineinfühlen. Manchmal ist es auch so, als wäre ich ein Kreuz und müßte in zwei Richtungen leben. Dann denke ich, daß man zutiefst ausgeliefert und gleichzeitig ganz verwurzelt ist.«

Im Dialog über das »Jetzt-war-ich-ganz-bei-mir-Bild« fällt ihr erst jetzt die konzentrierende Kraft des »Mittelpunktes« oder Zentrums auf. »Das ist ohne mich entstanden«, reagiert sie ganz schnell, aber der Einwand: »Sie haben es gemalt«, läßt sich nicht abweisen. Sie erlebt das Bild erst jetzt, kann sich über die »Tiefe« freuen und die fast heitere Bewegung, die das ganze Bild durchpulst. »Ich kann mich ja freuen…« stellt sie ganz erstaunt fest, – »… an mir selber, oder bin ich das nicht? Aber wer bin ich dann eigentlich?«

Pausen, Unterbrechungen und einfach Abwesenheit bestimmten den äußeren Prozeßverlauf. Die dafür zugesicherte Freiheit (Pubertät, Ablösungsbedürfnisse, Identitätssuche, Angst vorm Verlassenwerden), bei Zusicherung von Präsenzzeiten, ermöglichten einen stabilen inneren Kontakt. Sie verließ das Elternhaus (der heftige Protest der Eltern konnte aufgeweicht werden). Aus dieser Zeit stammt eine Protokollnotiz, die ihre ernstzunehmende Auseinandersetzung mit einer »Menschenwelt« zeigt, aus der sie herausgefallen zu sein scheint.

»Jetzt war ich bei mir.
Aber wer bin ich dann eigentlich?
Bin ich *wirklich* geboren? *Wirklich* da? Ist mir Leben *geschenkt*? Von Ihr? Von dieser Vaterliebe, die Schuldgefühle schafft und keinen haltenden Boden. Grobmaschiger, löchriger Vater... eigentlich selber noch ein halbes Kind... Da ist nichts vorwärts... als nur rückwärts fallen... in die Rauschwelt... schön, aber Betrug... in das Unbewußte, Vorbewußte, Niegewußte... wohin?«

»Sie lachen, wenn ich es gar nicht komisch finde (über ihre faulen Witze und ihre Faulheit zu sich). Sie heulen, wenn ich es gar nicht schlimm finde (über Termine, Arbeiten, verpaßte Gelegenheiten und Geld, was sie nicht haben).

Kann ich die Umwelt einmal annehmen oder wenigstens soweit mit ihr abschließen, daß irgendein Zusammenhang besteht zwischen draußen und drinnen? Drinnen tobt immer wieder einmal ein gewaltiger Sturm. Draußen ist verpestende Giftruhe, genau so vergiftend wie Autogas oder Atomtod.«

Sie wohnte in Wohngemeinschaften, abenteuerte durch ganz Europa per Anhalter, jobbte in einer alternativen Teekantine und ging regelmäßig in die Schule, wo sie voll akzeptiert wurde.

»Das kann ein Schatz sein«, steht in einem späteren Protokoll, »daß ich viel an mir habe. Aber verfalle ich ganz in meiner Welt, stimmt etwas nicht

– ist das neurotisch? – muß da etwas krank sein. Denn trotz Anstrengung und viel Leid bringe ich damit gar nichts in die Welt. Vielleicht ja etwas in meine Schizophrenie – Welt, wo es ich und – ja was eigentlich? noch ein anderes gibt, was aber zusammen gehört – so wie Gott und Nicht-Gott.«

Nach einer Pause sagte sie leise: »Sie hören zu. Das ist gut. Ich habe dies nur mit großer Kraft durchleben können, dieses Hängen am letzten Lebensfaden. Für Du's muß man wandern und irren und Fehler machen und zwar draußen in der rauhen Welt, nicht in meinem stillen Herzen.«

Regine war inzwischen 18 Jahre alt geworden und hatte ein sehr gutes Abitur bestanden. Es waren alle Vorbereitungen für die Aufnahme eines Studiums mit Erfolg getroffen worden. Aus der Vorbereitungszeit stammt folgende Protokollnotiz: »Gestern habe ich eine Entdeckung gemacht. Ich suche Geborgenheit bei denen, die Geist haben. Sie pflanzen ihre Person in einen Bereich ein, vielleicht so wie ein innerer Baum, lassen sich nieder und versuchen überall anzuknüpfen, wo Geist ist und mehr zu *wirken*, als besessen zur Tat zu schreiten. Mein Freund hat sich mit solchem Tun getötet. Er war unwissend und betrogen. Wenn man *wirken* kann, gibt es auch Veränderung. Sie ist sogar bleibender, weil sie langsamer entsteht.« Protokollnotiz im zweiten Semester: »Ich normalisiere mich. Ich weiß noch nicht, ob das Studienfach richtig ist. Ich kann mich noch nicht in einem Beruf sehen. Da ist viel Enge und Gesetz. Ich träume viel, auch vom Alltag und Banales. Manchen Traum schreibe ich auch wieder auf. Einer war wohl wichtig. Ich stand in einem sonderbaren, sehr intensiven Licht – es schimmerte – nach oben hin wurde es ganz golden. Aber es war nicht die Sonne. Neben mir stand ein Baum. Es war riesengroß und doch nicht größer als ich. Irgendwo etwas in mir sagte: ›Das ist der Baum des Lebens‹, vielleicht mein Baum. Und dann war da auch noch ein Ton. Der war gleichzeitig viele Töne, wie ein Instrument, das alle Instrumente in sich vereinigte. Es war unsagbar schön.«

Sie war in der Nacht wach geworden und hatte unmittelbar unter dem Eindruck des Traumes ein Bild gemalt: »Das bin ich und der Baum. Aber da ist noch etwas, was nicht im Traum war – das große Auge – wie das Auge Gottes – und aus ihm fließt der Ton wie eine Note in die Tiefe. Ob ich vielleicht da meine Wurzeln finden kann, denn ich bin hier ja ganz beinlos…«

Wenige Wochen später schickte sie das Bild von Paul Ernst und schrieb dazu: »Es geht mir sehr gut. Ob dieses zu meiner Baum-Bild-Symbolik dazugehört? Ob das meine nächste Schwangerschaft und mein nächster Tod ist?«

Sie hatte den Anfang eines neuen Weges gefunden und sie ging ihn mit einem neuen Bewußtsein von sich selber und neuen Erfahrungsmöglich-

»Ich und mein Lebensbaum«

Ich-Bewußtsein und psychische Ganzheit

Die Geburt des Neuen steht bevor. Im Hintergrund ist das Dunkle, der Tod, das Vergehende.

Gemälde von Paul Ernst

keiten ihres Ich-Bewußtseins. Ohne daß sie das Wort von C. G. Jung kannte, hatte sie ganz tief erfahren, daß »der Mensch und seine Seele… der einzige wirkliche Lebensträger« sei und »eine über ihn hinausreichende sinnvolle Bestimmung hat.«

Ihr Weg wurde nicht leichter. Aber der schwere Schock und das tiefe Leiden hatte bei ihr Kräfte in Bewegung gesetzt, die ihn (den Weg) *»anders«* machten.

Die Ich-Instanz

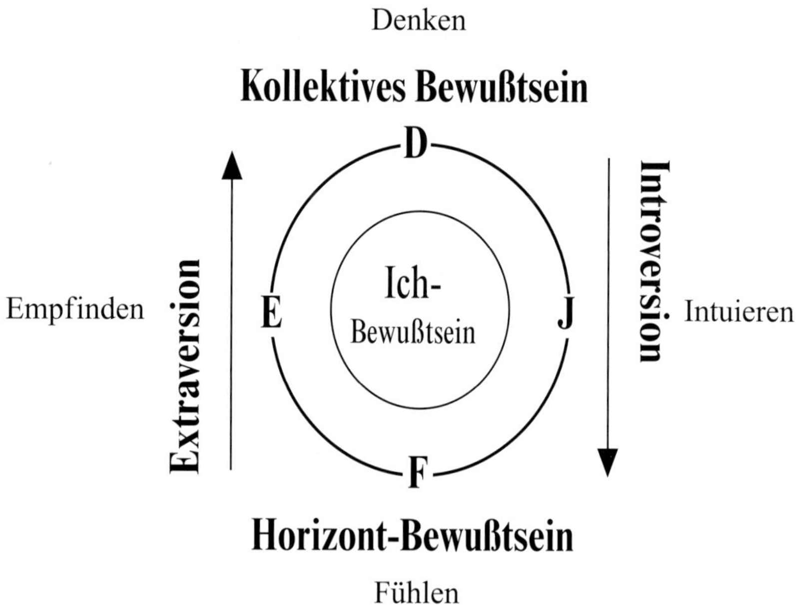

Obwohl es das Alltäglichste und Selbstverständlichste zu sein scheint, ist es doch gleichzeitig auch ein recht schwieriges und weites Thema im Bereich der psychologischen, tiefenpsychologischen, philosophischen und neuropsychologischen Forschung: das Ich-Bewußtsein, oder wie C. G. Jung es auch formuliert, der Ich-Komplex. Energetik und Libidotheorie, Psychodynamik und Funktionstheorien gelten als Schlüsselbegriffe, um Verständniskategorien zu finden.

In der analytischen Psychologie spricht man von der Libido als »bewußtseinstranszendenter Kraft«, die man in dem vorauf geschildertem praktischen Beispiel in einem therapeutischen Prozeßverlauf eindrucksvoll beobachten konnte. Wichtig ist dabei, daß die vom Unbewußten für das Bewußtsein zur Verfügung gestellte, disponible, psychische Energiesumme aller psychischen Phänomene (die gesamte Symbolik), die »Intensität des psychischen Vorganges« darstellt. Psychische Kraft, Libido und psychische Energie wurden von C. G. Jung synonym gebraucht.[10]

Ich, Ich-Bewußtsein und Ich-Komplex sind zwar in sich jeweils klar definierbare Begriffe, die aber in der Praxis teilweise salopp oder sich überlappend benutzt werden. C. G. Jung unterscheidet den Ich-Komplex von anderen Komplexen, die entweder sehr unbewußt, oder mehr oder weniger bewußtseinsnah sein können. Er hatte die energetischen Zentren im Unbewußten bei seinen Assoziationen (wie oben berichtet) entdeckt und aus diesen Zusammenhängen die »Komplexe Psychologie« entwickelt.

Für die moderne Neurosenlehre ist die Information wichtig, daß das Ich als Bewußtseinsfaktor »kein einfacher, elementarer, sondern komplexer Faktor« sei, der »erfahrungsgemäß auf zwei anscheinend verschiedenen Grundlagen« beruhe, »nämlich erstens auf einer somatischen und zweitens auf einer psychischen«.[77] Darin liegt als dynamische Basis die Grundlage für die psychosomatische Medizin und Neurosenlehre. »Die somatische Basis wird erschlossen aus der Gesamtheit der endosomatischen Empfindungen, die ihrerseits bereits psychischer Natur und mit dem Ich verbunden, also bewußt, sind. Sie beruhen auf endosomatischen Reizen, die nur zum Teil die Bewußtseinsschwelle (Horizontbewußtsein) überschreiten. Ein erheblicher Anteil verläuft unbewußt, das heißt subliminal.« Eine solche Betrachtungsweise erweitert den an sich rein psychisch vorgestellten Ich-Begriff, indem sowohl psychische, als auch körperliche Signale als ganzheitliche Dynamismen der eigenen Person bewußt werden können. Die ursprüngliche Assoziationsfähigkeit der unbewußten Komplexe ist in ganz besonderem Maße auch im Ich-Komplex angelegt und erfährt in den einzelnen Ich-Funktionen eine spezifische Phänomenologie. Die Differenzierung und Spezifizierung im Funktionsbereich bestimmt in hohem Maße das Identitätsbewußtsein des Ich.

Der Ich-Komplex enthüllt sich quasi als Ziel der »Selbstentfaltung«, wobei das Selbst als »implizite Ordnungsinstanz« angesehen werden kann.[78]

Die Dynamik der Selbstentfaltung ist gleichzusetzen mit der Bewußtwerdung des Ich und fördert als energetischer Integrationsprozeß die soziale Anpassung an den Gesamtbereich der Umwelt. In der Praxis kann man immer wieder beobachten, daß der Begriff der Integration mit dem grundlegenden Begriff der *Individuation* verwechselt wird. Individuation ist innerer Weg und Bewegung, ist äußeres (bewußtes) Erkennen und erkennendes handeln nach innerem Schöpfungsentwurf, also das Finden des eigenen schöpferischen Ganzheitsentwurfes.[79]

Der Weg vom Selbst zum Ich und der Weg vom Ich zum Selbst wird damit transparent.

Das Ich-Bewußtsein durchläuft nach diesen Beobachtungen der Entwicklungsdynamik seinen eigenen psychischen Reifungsprozeß, wobei die (mögliche) »ganzheitliche Reife« einem »Selbst-Bewußtsein des Ich« entsprechen könnte. Auf jeder neuen Bewußtseinsebene entsteht mit den neu auftauchenden Strukturen ein neues Identitätsgefühl, das sich mit den Wandlungsstufen des gesamten Lebens jeweils erneuert. Die Notwendigkeit kontinuierlicher Neuorientierung im Jetzt und Hier jedes einzelnen Menschen wird dabei deutlich erkennbar. Die dazu notwendige Durchhalteenergie kann nur durch den archetypischen Energiefundus im Unbewußten gewährleistet werden, oder, wie Lama Anagarika Govinda es beschreibt: »... die Kraft der Bilder innerer Schauung, d.h. die Bilderkraft innerer Schauung, die samengleich in das dunkle Erdreich des Unbewußten hinabsinkt, um dort zu keimen, zu wachsen und sich zu entfalten.« Im symbolischen Bild wird die innere Realität der Psyche in sichtbare Form verwandelt und zum Code für die Erkenntnisse und Wirkmöglichkeiten des menschlichen Geistes.

Das Ich-Bewußtsein übernimmt jedenfalls als Träger einer langen geistigen Entwicklung die Führungsrolle für die aus dem Unbewußten zur Verfügung gestellten Energien und wird zum Schöpfer und Gestalter menschlicher Kultur. Dabei muß ein ungewöhnlich hohes Potential in den extravertierenden Objekteinstellungen zur Verfügung gestanden haben, um die jeweilige, im mutativen Evolutionsstrom notwendige Anpassung zu gewährleisten. Polar dazu aber müssen auch für die introvertierenden Objekteinstellungen, bzw. für die innere Entwicklung und Gestaltung der dynamischen Prozesse, ebenso energiestarke Potentiale vorhanden gewesen sein, um Selbstentfaltung und Individuation zu entwickeln.

Der Bewußtwerdeweg hat in der Entwicklung und Differenzierung der Ich-Instanz den dynamischen (veränderbaren) Ort erreicht, an dem die Frage nach dem *»Wer-bin-Ich«* gestellt und beantwortet werden *kann*.

Als C. G. Jung sein Buch »Psychologische Typen« veröffentlichte, schrieb er im Vorwort, daß es »die Frucht einer beinahe 20jährigen Arbeit im Gebiet der praktischen Psychologie« sei. Und er betonte die Vielfalt seiner persönlichen, also subjektiven Beobachtungen und Erfahrungen in seiner »psychiatrischen und nervenärztlichen Praxis«.[4]

Vor allem aber muß durch die für ihn sehr schwerwiegende »Auseinandersetzung mit Freund und Feind« – wobei die mit Sigmund Freud eine entscheidende Rolle spielte – bei ihm selber eine tiefgreifende Innenbegegnung ausgelöst haben.

In den zurückliegenden Jahrzehnten hat sich deutlich erwiesen, daß der praktische Umgang mit dem dynamischen Funktionsbereich des Ich-Komplexes ein breites, therapeutisches und sehr wirksames Arbeitsfeld erschlossen hat. Die Beziehungsvernetzung zwischen dem Ich und dem Unbewußten, dem Ich und den Komplexfeldern, dem Ich und dem Selbst hat sich phänomenologisch ganz speziell über die einzelnen Ich-Funktionen und -einstellungen verdeutlicht und in ihrer Dynamik enthüllt.

Bei der allgemeinen Beschreibung der Typen wird deutlich, daß C. G. Jung selber von der Dynamik der Objekteinstellung der Extraversion/Introversion sehr beeindruckt war und daß ihn die Wahrnehmung sehr inspirierte. Die ausführliche Darstellung seiner Projektion dieses Themas auf die verschiedensten kulturellen Bereiche des Menschseins füllt dementsprechend mehr als $^{3}/_{4}$ seines Buches.

Es ist ein vielfältiges Spektrum dessen, was er auf seinem Forschungsweg im dynamischen Bereich des Funktionskomplexes perzipierend und aperzipierend verarbeiten konnte. Dabei wurden weite und tiefe Wirkbereiche im Beziehungsfeld der typischen Objekteinstellungen für das Bewußtsein erkennbar.

Wie im Gesamtverlauf der Bewußtwerdung, bestätigt sich auch bei diesem religiös-philosophisch-psychologischem Erkenntnisweg die Thematik der Polarität als psychodynamisches Grundprinzip. Mythologisch (Schöpfungsmythos) wurden aus der Ganzheitlichkeit der Ur-Polarität erst die Gegensätze geschaffen und damit die Fähigkeit der Erkenntnis des »Du«, des »Gegenüberseins« und der »Dualität« antizipiert.

In der Praxis wird man gerade bei dieser spezifischen Dynamik mit der dahinter auftauchenden »Bedeutung des vereinigenden Symbols« konfrontiert. C. G. Jung weist in dem Kapitel über »Die brahmanistische Auffassung des Gegensatzproblems« speziell daraufhin.

»Wenn man psychologisch zu denken vermag und das Gedachte assoziativ und amplifikatorisch sowohl objektiv, als auch subjektiv erweitert hat, dazu die emotionalen Anteile durch die Raster des Fühlens gespeichert und schließlich – vorher, nachher oder dazwischen –, je nach Libidoimpuls mit der objektiven und subjektiven aktuellen Realität verbunden hat, sollte es eigentlich möglich sein, unsere Erfahrungen in einfachen Worten zu übermitteln.«[50]

Sollte uns allerdings ein Komplex dazwischen funken oder eine dieser Funktionsmöglichkeiten nicht abrufbar für das Ich-Bewußtsein zur Verfügung stehen, dann könnte es auch zu sehr komplexen, widersprüchlichen, gegensätzlichen, kontroversen und sehr mißverständlichen Erfahrungsmitteilungen führen. Dies soll u.a. auch in den Fachgesprächen aller wissenschaftlichen Disziplinen gar nicht so selten vorkommen. Für das Verständnis der Polarität in der psychischen Dynamik (Ich-Selbst, Ich-Bewußtsein/Unbewußtsein, Ich-Funktionen, Persona/Schatten, Ich-Bewußtsein/Animus/Anima) ist es wichtig, ein anderes Grundthema in der psychischen Ganzheit mit einzubeziehen. Es handelt sich dabei um den schillernden und vielfältig definierten Begriff der Energie (Libido). Er ist in der Dynamik der Polarität ebenso enthalten, wie im Begriff der Dualität und ist die Hintergrundmatrix aller psychischen Phänomene.

Die Fähigkeit zum »Gegensatz« wird primär nicht als ein »Dagegen-Sein«, sondern als Möglichkeit der »Ergänzung« (also Polarität), bzw. als »Kompensation«, also als ein aktueller Ausgleich einer zeitlich oder inhaltlich bedingten Unsicherheit, Einengung oder Minderwertigkeit verstanden.

In diesem Zusammenhang gibt C. G. Jung allerdings auch einen wichtigen Einblick in neurosenpsychologischen Zusammenhänge. Er beschreibt den Zustand einer »Abspaltung«[17] als einen im praktischen Leben gelegentlich, aber vor allem bei neurotischen Erkrankungen auftauchenden Reaktionszustand. Ohne daß es expressis verbis ausgedrückt wird, liegt hier auch ein Hinweis über den praktisch-therapeutischen Umgang mit den Ich-Funktionen. Denn an sich ist die *Fähigkeit* der Energie-Abspaltung, wenn sie vom Ich-Bewußtsein gezielt eingesetzt werden kann, auch die Fähigkeit zur »Konzentration bzw. Einseitigkeit«, eine in allen meditativen Techniken benutzte und bekannte Libidosteuerung.

Die unbewußte, eben neurotische Einseitigkeit, gesteigert im Zwangssymptom des »Ich-kann-nicht-Anders« bewirkt ein Aufbiegen der autonomen Polarität im Funktionsbereich. Es kann zu sogenannten Hinkphänomenen in den einzelnen Funktionsebenen oder in der Einstellungsdynamik führen. An Stelle der sich gegenseitig ergänzenden (polarisierenden) Verhaltensweisen kann sich ein »starrer Typ« entwickeln, der aus der Sackgasse eines Schmalspurtrips nicht mehr herausfindet.

Dem Psychotherapeuten bieten sich gerade in der neurotischen Symptomatik solche Einseitigkeiten fast regelmäßig an. C. G. Jung formuliert es drastisch, wenn er schreibt. »… je zwangsmäßiger Einseitigkeit ist, d.h. je ungezähmter die Libido (Energie) ist, welche zur einen Seite drängt, desto dämonischer ist die Einseitigkeit.«[4]

Jeder, der sich mit diesen energetischen Kraftströmen beschäftigt, erfährt bei sich selbst und beim Gegenüber, welche Mächtigkeiten sie enthalten. Im Zusammenhang mit diesen empirischen Erfahrungen tauchen Worte wie »Dämonie« und »Besessenheit« auf, die etwas ahnen lassen von dem Maß dieser psychoenergetischen Potentiale.

C. G. Jung hat diese Erfahrung selbst schmerzhaft erlitten, »daß der Mensch nahezu unfähig ist, einen anderen Standpunkt als seinen eigenen zu begreifen und gelten zu lassen.« Nacherlebbar geht diese subjektive Erfahrung in besonderer Weise aus einem Briefwechsel mit seinem Freund Hans Schmid-Guisan in 13 langen Briefen aus den Jahren 1915/16 hervor, also aus einer Zeit, in der das Buch über die psychologischen Typen entstanden ist. Für den heutigen Leser ist der Briefwechsel sehr eindrucksvoll, klug und lehrreich, weil Dynamik, Polarität und Einseitigkeit auf hohem Niveau sichtbar werden. Hans Konrad Iselin hat sich dankenswerter Weise mit dem »Stoff« auseinandergesetzt und läßt in seiner Studie »Zur Entstehung von C. G. Jungs Psychologische Typen« den Leser teilhaben an sehr privaten Dokumenten der Freunde Hans Schmid-Guisan und C. G. Jung.[80]

In Briefen und auch in verschiedenen Hinweisen auf Veröffentlichungen, Zusammenarbeit mit Typologien anderer Kollegen und den in dieser

Zeit ablaufenden privaten Krisen wird eindrucksvoll deutlich, wie schwierig und unsicher der weitreichende Entwurf einer tiefenpsychologischen Typologie in ihren Anfängen für C. G. Jung gewesen ist.

Diese Schwierigkeiten wiederholen sich auch heute noch in hohem Maße, obwohl die einzelnen Begriffe leicht zu benutzen sind. Die polar/duale Dynamik und ganzheitliche Vernetzung mit den Energiefeldern der Gesamtpsyche aber ist, trotz der reichen Phänomenologie des Unbewußten, nicht leicht zu dekodieren. C. G. Jung selber hat sich nur schwer von einigen anfänglichen Postulaten trennen können (z.B. Denken = introvertiert, männlich; Fühlen = extravertiert, weiblich), wie auch die anfänglich sehr ausdrücklich geäußerten Wertakzente – indirekt, aber sehr nachhaltig – immer wieder zur Nachahmung verführen.

Für den praktisch/therapeutischen Umgang mit den Ich-Funktionen aber sollte als Grundprinzip das Freisein von Wertung bestehen. Dies bedarf allerdings in einer Umwelt, die zu 99% in Wertkategorien denkt, einer sehr ichbewußten und täglich neu zu übenden Leistung. Allzuleicht läuft das Prädiakt: ›Der/die ist ein Extravert/Introvert‹ über die Lippen, oder aber: ›der/die ist ein Denk- oder Fühl-Typ‹. Dabei wird, wie sich in der Praxis immer wieder zeigt, das ganzheitliche, variationsreiche und entwicklungsfähige Funktionssystem des Bewußtseins in der Beurteilung und Deutung in Teilaspekte dissoziiert und negativiert durch das kleine Wort »nur«. Für den praktisch/therapeutischen Umgang mit den Ich-Funktionen empfiehlt sich daher – wie überhaupt mit der psychischen Dynamik – die Form des polaren Denkens zu praktizieren (Ganzheitliche Denkweise).

C. G. Jung vermittelt von seinem Standpunkt her ein breit angelegtes und phänomenologisch fundiertes Modell, das vom Leser allerdings ein hohes Maß im Einsatz aller Ich-Funktionen fordert.

Viele seiner in langjähriger Beobachtung entstandenen Begriffe sind ganz allgemein in die Alltagssprache übernommen worden und mancher hat sich dabei auch aus dem Zusammenhang herausgelöst und ist ein Vokabular für typische Verhaltensweisen geworden. Man hört Begriffe wie: Denktyp oder Fühltyp; ein Introvert ist einer, der sich »nur« um sich selber kümmert und seine Gegenpol, der Extrovert interessiert sich »nur« für das materielle Objekt. Dabei passiert es nicht selten, daß die Teilfacette für den ganzen Menschen benutzt wird und dieser sich dann in das Prokustesbett einer Meinung, einer Modellvorstellung oder einer Diagnose eingesperrt fühlt. Die immer wieder neue Frage: *Wer bin ich?* erstickt im Gefängnis einer Typologie.

Schon in der Einleitung zur »Allgemeinen Beschreibung der Typen« wird deutlich, daß es sich bei der Typologie um einen Entwurf handelt, der, wie ein beginnendes Forschungsprojekt, zunächst einmal empirisch gesammeltes Material zur Verfügung stellt und nicht nur kontroverse, sondern auch teilweise überspitzte Formulierungen anbietet. Das beginnt schon bei den beiden Einstellungsfunktionen Extraversion/Introversion. Einerseits spricht C. G. Jung von der Beziehungsfunktion zwischen Subjekt und Objekt, aber auch von gerichteter Einstellung zum Objekt, wobei die Frage, ob die Gerichtetheit vom Objekt oder Subjekt, oder von der jeweiligen Libidoladung des einen oder anderen Objektes/Subjektes ausgeht, offen bleibt. Auf jeden Fall handelt es sich um ein »Anpassungsverhältnis«, in dem jede Beziehung zwischen Subjekt und Objekt modifizierende Wirkungen des einen auf das andere voraussetzt. Diese Modifikationen machen die Anpassung aus.

Diese Beziehungs- bzw. Einstellungsdynamik in der psychischen Subjekt/Objekt-Konstellation entspricht der, in der Physik durch von Heisenberg beobachteten »Unschärferelation« (Unbestimmtheitsrelation), die besagt, daß Ort und Impuls eines Teilchens niemals gleichzeitig beliebig genau gemessen werden können, weil die Genauigkeit des einen, eine »Unschärfe« des anderen provoziert. Ebenso, wie die Tiefenpsychologie das Weltbild des Bewußtseins und der Ich-Psychologie verändert hat und weiter verändert, hat parallel dazu und teilweise in gleichen Kanälen laufend, die Physik das mechanische Weltbild von Descartes und Newton erweitert zu einer holistischen und ökologischen Sicht. Bemerkenswerter Weise werden dabei uralte Erfahrungen und vor allem aus dem Orient stammendes uraltes Wissen zunehmend zu wissenschaftlich relevanten Themen. Die Wahrnehmungs-Möglichkeit im Bereich der Geist/Materie-Thematik hat sich vertieft und erweitert, um eine interdisziplinäre, um nicht zu sagen, globale Vernetzung der psychologisch/tiefenpsychologischen, biologischen und sozialen energetisch geladenen Umweltphänomene, als aufeinander bezogen und voneinander abhängig erkennen zu können.

In der Nomenklatur des psychoanalytischen Modells der Ich-Psychologie (S. Freud) kennt man ebenfalls den Begriff der Ich-Funktion als die »synthetische Funktion eines Organisationsprinzips« oder das »System-Ich mit seinen cognitiven, koordinierenden, integrativen, adaptiven, steuernden Funktionen«. Der Begriffsrahmen ist auch hier weit gespannt und zeigt im dynamischen Betrachtungsfeld inhaltliche Ähnlichkeiten. Dies ist allerdings im wesentlichen auf die Ich-Ebenen-Arbeit bezogen, da die Vernetzung mit den energetischen Feldern des kollektiven Unbewußten, wie die Analytische bzw. komplexe Psychologie die Phänomenologie betrachtet, im psychoanalytischen Modell nicht angewendet wird. Bei derartigen vergleichbaren Betrachtungen kann man aber auch erfahren, daß Begriffe zur Schablone werden können, hinter der sich der, vom Entwurf her, schöpferische Inhalt verhüllt.

C. G. Jung ist dieser »Verführung« immer wieder erlegen, wenn er z.B. von der »Eigenart der Extravertierten sich ständig auszugeben und sich in alles hineinzuverbreiten« schreibt und die Tendenz des »Introvertierten« schildert, »sich gegen äußere Ansprüche zu verteidigen, sich möglichst aller Energieausgaben, die sich direkt auf das Objekt beziehen, zu enthalten, dafür aber sich selbst eine möglichst gesicherte und mächtige Position zu schaffen.« Oder: »Was der eine durch massenhafte Beziehungen zuwege bringt, erreicht der andere durch ein Monopol.«[4]

Die jeweilige Einstellungsreaktion (Beziehung) bestimmt den dynamischen Umgang mit dem Objekt, aber nicht Form, Inhalt oder Wert des Objektes. Dafür steht die spezifische und breit angelegte Funktionsmöglichkeit in den Funktionspaaren, Denken/Fühlen, Empfinden/Intuieren und den, in jeder Lebenspraxis entstehenden Mischformen in der Dynamik der Annäherungsfelder zur Verfügung.

Wenn man die Beschreibung der einzelnen Funktionstypen bei C. G. Jung nachliest, dann wird immer wieder spürbar, daß auch er große Mühe hatte, aus der Gesamtheit dieses Funktionskomplexes ein klares Bild, sowohl phänomenologisch, besonders aber auch psychodynamisch von den einzelnen Funktionen darzustellen. Letztlich vermittelt er den Eindruck, daß der sogenannte »Typus« eigentlich die Folge einer neurotischen Fehlform im Sinne *einer* »einseitigen Entwicklung nur einer Funktionsmöglichkeit bzw. eines fehlgeleiteten Anpassungsversuches mit bewußt gesteuertem (gefordertem) Libidoüberschuß in *einer* Funktion darstellt.« Aus den vielschichtigen Informationen über die Reaktionstypen und Funktionstypen des Ichkomplexes entwickelte sich ein Arbeitsprogramm mit bestimmten Fragenkomplexen:

Wer oder was ist Ich? Was bewirken die archetypischen Wirkfelder im Ich und über welche Ichfunktionen? Was bewirken positive und/oder neurotische Komplexe in welchen Funktionen und wie sieht die Phänomenologie aus? Welche Dynamik steht dem Ich zur Verfügung, um als Bewußtseinskomplex schöpferisch, aktuell, originell, *subjektiv* und *objektiv* gestalterisch tätig sein zu können? Wie weit kann das Ich sein eigenes Bewußtsein so weit differenzieren, daß ein »integrales« (Gebser) oder ein »supramentales Bewußtsein« (Sri Aurobindo) entstehen kann?

Bei den gezielten Interpretationen der Reaktions- und Funktionstypen in allen unbewußten Phänomenen (Träumen, Imaginationen usw.) und den darauf basierenden Bedeutungsgehalten für das Ich-Bewußtsein – was will dieses Signal/Symbol dem Ichbewußtsein vermitteln? – entwickelte sich einerseits eine neue Möglichkeit der Tiefen-Diagnostik. Andererseits entstand ein neuer Bezug des Ich-Bewußtseins zum kollektiven Unbewußten und eine zunehmende Bewußtseinserfahrung der einzelnen Ich-Funktionen zu einem »Wissen um mich selbst«. Die transzendierende Fähigkeit im Sinne kognitiver Erfahrung und damit verwandelnder energetischer Integration ist allerdings ein meist langwieriger und variabler Arbeitsprozeß. Der Lernprozeß, im eigenen Traummosaik die Delegation an Dinge, Ereignisse, Menschen, Tiere oder andere Objekte als aussagefähige Chiffren des Unbewußten anzuerkennen und zu decodieren, muß vom Ich-Bewußtsein gewollt und erkannt werden.

Die Intensivierung im Beobachtungsraum dieses ganzheitlichen Beziehungsfeldes zwischen dem Ich-Bewußtsein und dem Unbewußten hat viele Hinweise gegeben, daß jede Funktion bei entsprechender Achtsamkeit ein eigenes, relativ spezifisches Gedächtnis zu entwickeln vermag. Das Fühlen merkt sich andere Inhalte als das Denken, die Empfindungsfunktion andere als die Intuition. Darin könnte ein wichtiger Hinweis liegen, bei einer bewußten Gedächtnisschulung, die Fähigkeiten der Ich-Funktionen mit spezifischen Angeboten zu konfrontieren. Diese Überlegungen sind nicht nur für Senioren hilfreich, sondern ganz besonders auch im primären Entwicklungsraum eines Kindes. Denn je früher überhaupt die menschliche Fähigkeit des Bewußtseins sowohl der Physis, wie der Psyche entwickelt und gefördert wird, um so aussichtsreicher ist deren jeweilige Vollständigkeit zu erreichen.

Gerade das Wissen um diese Fähigkeiten und Entwicklungsmöglichkeiten ist vom therapeutischen Standpunkt ganz besonders bei Kindern und Jugendlichen hilf- und trostreich. Dies konnte mehrfach bei Prozeßverläufen beobachtet werden, bei denen sich überraschende aktuelle »Individuationen« einstellten. Kinder konnten über die schöpferische Entfaltung im Ich-Funktionsgefüge eine altersgemäße Identität erreichen, um die sie von ihren Eltern beneidet wurden mit der bezeichnenden Erfahrung: »Warum durfte ich als Kind so etwas nicht erleben…« Oder: »Warum blieb bei mir alles so verschüttet und wird mir nun erst durch mein Kind offenbar…«, voller Trauer um den eigenen unentdeckten Schatz. Gerade beim praktischen Umgang, also in der unmittelbaren Konfrontation, hat sich gezeigt, daß das bekannte »grafische Typenkreuz« als Vorstellungsmodell für die Ich-Funktionen sich als äußerst karges und zu statischem Denken aufforderndes Diagramm erwiesen hat. Es verführt dazu, eine einzelne Funktion als Reaktion auf einen Objektauslöser zu betrachten und ihr darüberhinaus ein meist sehr schmales und sehr subjektiv bestimmtes Arbeitsfeld zuzuweisen.

Das dynamische Spielfeld der einzelnen Ich-Funktionen bzw. Funktionsebenen für die materielle und spirituelle Objektwahrnehmung, für Beurteilung, Wertung, Begriffsfindung und fühlende Beziehungsentscheidung umfaßt die breit gefächerten Arbeitsbereiche dieses zum Ich-Bewußtsein gehörenden Funktionssystems. Hier entfaltet sich das Spektrum polarer Beziehungen, hier kann man Dominanz und Rivalität, Bremsung und Beschleunigung, Substitution und Minderung beobachten.

Die Inhaltsliste der vier Polfunktionen: Denken/Fühlen, Empfinden/Intuieren, der Einstellungsfunktionen: Extraversion/Introversion und der im Alltag unzählbaren Mischvarianten bestimmen die Gesamtdynamik der Annäherungsfelder im Arbeitsbereich des Ich-Komplexes.

13. Das Diagramm der Ichfunktionen

»Nach indianischem Glauben
ist jeder Mensch ein Haus
mit vier Zimmern:
einem körperlichen, einem geistigen,
einem gefühlsbetonten
und einem religiösen.
Die meisten von uns neigen dazu,
den größten Teil der Zeit
in nur einem Zimmer zu verbringen.
Doch so lange wir nicht täglich
jedes Zimmer betreten, und sei es
nur, um zu lüften,
so lange sind wir
keine ganzen Menschen.«

Rumer Godden

Intuieren, gelb, introvertiert

Empfinden, grün, extravertiert

Fühlen, rot, introvertiert

Denken, blau, extravertiert

Spiel mit Farbe: Orientierungs-/urteilende Funktionsebene: Denken/Fühlen und wahrnehmende Ebene: Empfinden/Intuieren. In einer Selbsterfahrungsgruppe gemalt.

Der Ich-Funktionskomplex

C. G. Jung beschreibt das Ich als einen »Komplex von Vorstellungen« und definiert: »Ich spreche daher auch von Ich-Komplex«. Unter dem Begriff der (psychologischen) Funktion versteht er »eine gewisse, unter Umständen sich prinzipiell gleichbleibende, psychische Tätigkeitsform«.[4]

Das libidostarke, reaktionsfähige und sich kontinuierlich entwickelnde Funktionssystem (Arbeitsteam) der Ich-Funktionen hat in diesem Sinne den Komplexbegriff übernommen. Der Ich-Funktionskomplex umfaßt die Wahrnehmungsfunktionen des Fühlens (Sinneswahrnehmung, Materie, Realität) und der Intuition (Spiritualität, objektiver Geist) und die rationalen, bzw. urteilenden Funktionen des Fühlens und Denkens. Dazu gesellen sich die beiden Objekt-Einstellungsfunktionen der Extraversion und Introversion und die Dynamik in den Annäherungsfeldern.

In der Urzeit der Bewußtseinsentwicklung (Menschwerdung) entstanden aus der sinnlichen Wahrnehmung der Um- und Innenwelt allmählich aus Nöten, Ängsten, Freuden und Leiden, Tod und Leben im Rhythmus der Natur – der Ton, der Laut, der Schrei, die Gebärde und die Bilder.

»Wenn wir nicht körperlich zu Gesten fähig wären, hätte sich keine Sprache, kein Sprachdenken und keine soziale Ordnung entwickelt.«[70] Das Auftauchen und die Wahrnehmung von Bildern (Urbilder bzw. Archetypen) führte in der Frühzeit der menschlichen Evolution reflexartig zur Handlungsreaktion, wobei das frühe Bewußtsein noch so nahe bei den Sinnesorganen funktionierte, daß der Begriff der »participation mystique« dafür benutzt wird, um es dynamisch zu definieren.

Die enge Arbeitsbeziehung der Ich-Funktionen untereinander (in den Annäherungsfeldern) und ihre Fähigkeit des Energietransportes aus dem persönlichen und kollektiven Unbewußten (Traumbilder und Komplexenergien), sowie die Symbolik der Körpersprache lassen transparent werden, daß nicht nur die Psyche über ein uraltes archetypisches Wissen verfügt, sondern auch das »Soma« (der körperliche Organismus) schon »vorwissenschaftlich« über ein lebendiges Wissen von »meinem eigenen Körper« gewußt haben muß.

In der »Beschreibung der Typen«[4] bezeichnet C. G. Jung die Objekt-Einstellungs-Funktionen auch als »allgemeine Einstellungs Typen«, die sich durch die Richtung ihrer Libidobewegung (nach innen/außen) voneinander unterscheiden. Hierzu findet er vielfache Beispiele, so daß Begriff und Inhalt relativ leicht und schnell in die Alltagssprache übernommen wurden. Damit fiel der Begriff »Typ« unauffällig und schnell in die Kasse der Wertbörse und wurde mit falsch/richtig, schlecht/gut, geeignet/ungeeignet gekoppelt und nicht allzuselten auch vereinseitigt. Die Introvertierten tauchten auf der Lebensbühne als »Spinner« auf oder als die immer »Zu-spät-Kommer«, die Extravertierten als die Gewinner. Dieser weiträumig ausgefächerte Wertungscharakter mit speziell mindernder Tendenz, führte nicht selten zu Abwehr und Ablehnung der »Typologie«, weil sich Angst einstellte, »eingeordnet und katalogisiert« zu werden.[4]

Einige von den vielen Fragen, die sich im Laufe der Jahre immer wiederholten und mit ihrer Intensität den Arbeitsbereich auch immer neu befruchteten, sollen hier als Anregung zum Nach-Denken, Nach-Fühlen, Nach-Empfinden und Einfälle zuzulassen vermittelt werden:

»Was ändert sich für mich, wenn ich weiß, daß ich zwei extravertiert eingestellte Ich-Funktionen und zwei introvertiert eingestellte Ich-Funktionen habe und daß die Objektbeziehungsfunktionen jeweils angeboren sind? Und was hat es mit dem allgemein benutzten Begriff *»Beziehung«* zu tun, bei dem jeder etwas anderes versteht und meint und fühlt und denkt und sich vor allem mißversteht? Wann ist denn eine Beziehung gültig zwischen Subjekt und Objekt? Wann »beziehe ich mich« auf das oder ein Objekt und wann beziehe ich mich eigentlich auf mich – oder ein Subjekt? Und passiert das nicht alles, ohne daß ich es überhaupt merke, ganz zu schweigen davon, ob ich etwas davon weiß? Woran erkenne ich bei mir, welche Ich-Funktion eine extravertierte Einstellung zum Objekt hat und welche eine introvertierte Einstellungs-Beziehung?«

Die oben zusammengestellten Protokollnotizen stammen aus entsprechenden Diskussionen, Seminaren und therapeutischen Dialogen. Sie zeigen sehr instruktiv den breiten Fächer von Schwierigkeiten, der sich bei der Beschäftigung mit diesem dynamischen Spielfeld der Ich-Funktionen auftut, aber auch von Möglichkeiten der Entwicklung und Differenzierung für den Bereich des Bewußtseins.

Zusammenfassung

Das Teilgebiet der Ich-Psychologie im psychodynamischen Kreislauf der Gesamtpsyche steht in der analytischen Psychologie unter dem Thema der Psychologischen Typen. Diese beinhalten als einzelne Funktionsbereiche des Ich-Komplexes die objektgerichteten Einstellungsfunktionen der Extraversion und Introversion, sowie die objektspezifischen Ich-Funktionen: Denken, Fühlen, Empfinden, Intuieren. Die weiterführende Erforschung dieses Funktionssystems als gestalterische Zwischenstation zwischen Objektwelt außen und schöpferischer Energie der Gesamtpsyche, einschließlich der inneren Komplexbereiche und der archetypischen Wirkfelder, läßt Lebensperspektiven sichtbar werden, die den Ich-Selbst-Bezug sowohl in einer transzendierenden Selbstverwirklichung, aber auch einer Du und weltbezogenen Identität zu vermöglichen vermag.

Diagramm-Aspekt: Die Wahrnehmungsebenen Empfinden/Intuieren
Die urteilende Ebenen: Fühlen/Denken

Dynamische autonome Variationen im Ich-Funktions-Komplex sowohl im Objektbezug, als auch in den Funktionsebenen und Funktionen

Die Ich-Funktionen Denken (blau) und Intuieren (gelb) haben sich angenähert im Bewußtseinsfeld. Beide Funktionen sind extravertiert eingestellt; die Inhalte beider Funktionen sind geistig/intellektuell und geistig spirituell (rational/irrational).

Ich-Funktions Variante: Empfinden und Denken sind in der gleichen Objekteinstellungsfunktion introvertiert, Fühlen und Intuieren sind extravertiert zum Objekt eingestellt.

Die Ich-Funktions-Ebenen

Wahrnehmungs-Ebene-Urteilende-Ebene

Diagrammaspekte: Die Objekteinstellungen der Extraversion und Introversion kann sich sehr variabel, aber immer angeboren, mit den einzelnen Ich-Funktionen koppeln. In den Funktionsebenen besteht immer eine Polarität, die ergänzend, aber auch dissoziierende (gegensätzlich) wirken kann.

Aktuelle Besetztheit/Überflutung der Ich-Bewußtseinsinstanz bei dominanten Libidostau einer Ich-Funktion mit Komplex-Energie (gefühlsgeladener Komplex, oder neurotisch aufgeladenen Inhalten in Ur-Komplexen).

Im Gegensatz oder als Ergänzung zu der im Laufe der menschlichen Bewußtseinsentwicklung zwar sehr verschiedenen, aber z.T. hochentwikkelten Differenzierung von Wort und Sprache (Denkfunktion) ist die menschliche Geste oder Gebärde eine urtümliche (symbolische) Ausdruckssprache geblieben. Sie ist wohl die naivste Form zwischenmenschlicher Kommunikation und setzt sich letztlich fort in der Gebärdensprache der Gehörlosen und Taubstummen. In der Pantomimik erreicht die menschliche Gebärde eine ausdrucksstarke »Darstellungskunst«.

Gerade in dieser speziellen Form der Verbindung von Körper und Sprache, durch die beiden Objektbeziehungs-Funktionen, der Extraversion und der Introversion kann sich die autonome Vernetzung zwischen Körper und Psyche verdeutlichen.

Das Sich-ausdrücken-Können in Mimik und Gestik basiert auf einem Urphänomen, das in engstem Zusammenhang mit Bewegungs- und Handlungsfähigkeit steht. Ein wichtiges »Objekt« ist dabei die *Hand*, denn sie vermag – eben in engster Verbindung zur Psyche, dem Bewußtsein und den Ich-Funktionen – den willentlichen Ausdruck eines Begriffes oder eines sonst gesprochenen Wortes zu vermitteln. So kann es nicht verwundern, daß – wie man heute weiß – es eben die Differenzierung der Hand war, die eine gleichlaufende Differenzierung speziell im Sprachzentrum (im Großhirn) bewirkte. Der eigentümliche Sakralcharakter, der dem Handwerk von jeher anhaftete und dessen Wurzeln in alle bildenden Künste als Formgebung geistiger Inhalte hineinreicht, verbindet die »Hand-lung und Hände« mit der schöpferischen Kraft der Seele.

Im tibetischen Buddhismus kennt man auch heute noch das Sanskritwort »Mudra«, von denen es heißt, »daß sie allgemein und überall verstanden und akzeptiert werden können. Sie basieren auf dem Wissen und der Erfahrung allgemeingültiger menschlicher Psychologie.«

Beten, Segnen, Winken, Grüßen, Geben, Nehmen und noch viele andere Gesten begleiten mehr oder weniger unbewußt (unauffällig) oder bewußt (bewußt und erkannt) die Kommunikation menschlicher Begegnung.[81]

Der indische Tänzer vermag mit seinen Händen das Leben des ganzen Universums auszudrücken. Die Hände eines Buddhas verkünden die heiligen Geheimnisse seines Wissens und seiner Weisheit. Die Mudra verbinden den Meditierenden mit der göttlichen Welt. Die Hand mit der Gestik einer Mudra wird zum Träger wichtiger und allgemeingültiger Symbole.[82]

Die Bewegung und Haltung der menschlichen Hand ist aber auch da, wo sie sich ganz unbewußt bewegt und »gestaltet« bedeutsam im wahrsten Sinne dieses Wortes. Denn sie ist immer Ausdruck geistiger und intellektueller, bzw. emotionaler Inhalte der Psyche.[83]

te, sondern auch verunsicherte, vor allem, weil er Lehrer ist. Im Ge-

Die Geste der Drohung
(Tarjani-Mudra)
Diese Geste, bei der der ausgestreckte Zeigefinger nach oben weist, drückt Warnung oder Belehrung aus.

Die Geste der Weisung
(Suchi-Mudra)
Die Geste, bei der der Zeigefinger nach unten weist, symbolisiert das Losgelöstsein von Gegenständlichkeit. Die mit dieser Mudra dargestellte Gottheit weist auf einen imaginären Gegenstand, den sich der Gläubige selbst vorzustellen hat.

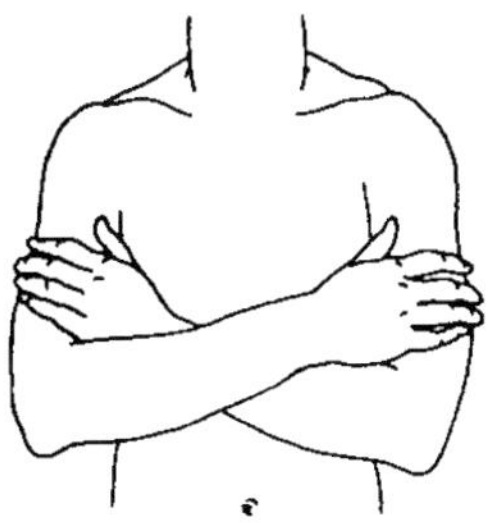

Die Geste der verschränkten Arme
(Hastavastika)
Wird eine Gottheit mit vor der Brust verschränkten Armen dargestellt, so drückt sie tiefste religiöse Hingabe aus und ist anderen Gottheiten untergeordnet.

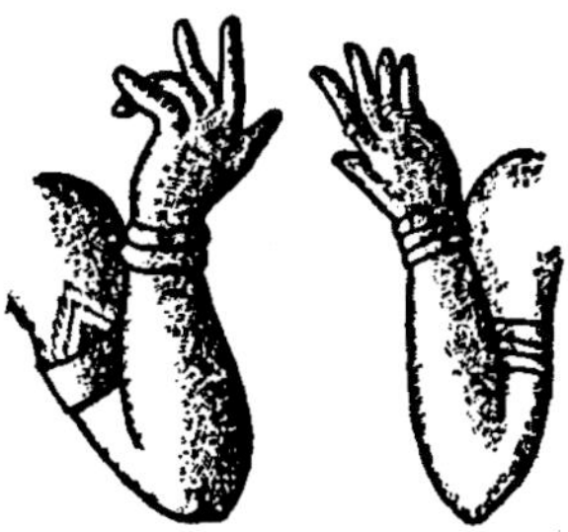

Die Geste der Verwunderung
(Vismaya-Mudra)
Die Mudra, bei der der Unterarm und die Hände seitlich von der Brust erhoben und die Finger leicht gekrümmt sind, drückt Erstaunen oder Verwunderung aus.[83]

Die Einstellungs-Objektbeziehungsfunktionen im Arbeitsteam des Ich-Komplexes in Gestik und Mimik

Extraversion und Introversion in Gestik und Mimik

Sigmund Freud

C. G. Jung

Die zwei Beter

Frauenblick: Extraversion
Katzenblick: Introversion

Mädchenblick: Introversion
Katzenblick: Extraversion

Extraversion

Introversion

Extraversion

Introversion

Der große Politiker Konrad Adenauer
Der weite Blick (Extraversion)

Der berühmte Schriftsteller Ezra Pound
Der Blick nach Innen (Introversion)

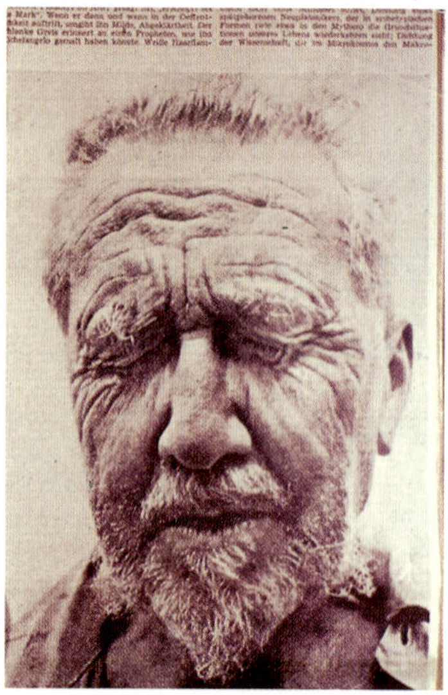

Innenschau – Introversion

Symbolische Phänomenologie zur Thematik von Extraversion und Introversion auf unbewußt gemalten Bildern

Bildentstehung nach einer aktiven Imagination während einer Individuationsanalyse

Bildbedeutung: Bemerkenswert sind die leuchtenden, auffallend pastellig wirkenden Farben, wobei rot und grün, blau und gelb harmonisch ins Bild gemalt wurden und eine eigentümliche »Tiefe« und »Hintergründigkeit« (Worte der »Malerin«) entstanden ist. Im oberen Bildraum imponieren zwei weit auseinandergerückte, deutlich in die Ferne sehende Augen. Ein fast transparent wirkender, »mondschalenförmiger« Bogen verbindet das »Mondgesicht mit den »geschlossenen Augen«, das »nach Außen« und das »nach Innen«.
Das Signal für das Bewußtsein könnte also heißen: *»Sowohl« Extraversion »als auch« Introversion*

Abaissement du niveau Mental

Sehen im Horizontbereich: Extraversion
In die Tiefe tauchen: Introversion

Nach innen schauen: Introversion
Vor sich hinsehen: Objektloses Sehen – Extraversion

Im Vergleich zu dem auf der vorigen Seite dargestelltem unbewußt gemalten Bild, stammt die obige Darstellung eines Indischen Tantra aus dem Bereich moderner Kunst von G. Santosh. Auch hier sind die »oberen Augen nach innen gewendet und im Bauchbereich des untersten Chakras erscheinen wach und nach außen orientierte Augen. Auch hier also Introversion und Extraversion als Polarität. Besonders interessant ist dazu die Mudra-Haltung der beiden Hände, die im Buddhismus als Geste des Bewußtseins, oder auch als Geste der perfekten Vision genannt wird.«[83]

Das Schöpferische und die Schwangerschaft im analytischen Prozeß

Aussage zum Bild: »Das ist meine blaue Schwangerschaft, die mein Bewußtsein ganz nach Innen ruft und meine an sich doch so wichtige Außenwelt abblockt. Aber da Innen ist wohl etwas, was nach draußen will – das Gesicht hat ganz wache Augen –… das ist kein Schoßkind. Das muß so etwas wie ein Geistkind sein…«
Bildbeschreibung: Im inneren Gesicht sind die Augen geöffnet und der Mund ist rosig. Die feinen wie Gold aussehenden Haare, sehen aus, als könne man sie anfassen.

Nicht entweder/oder, sondern sowohl als auch:
Extraversion und Introversion

Extraversion – Introversion

Die Annäherungsfelder und die Zwillingsfunktionen

Diagramm-Aspekt

Der Diagramm-Aspekt ermöglicht die Vorstellung von der Dynamik und Team-Arbeit der Ich-Funktionen.
Die Annäherungsfelder und dynamische Koppelungsmöglichkeit.
Die Objekt-Einstellungsfunktionen der Extraversion/Introversion.
Die urteilenden Orientierungsfunktionen und -ebenen:
Die Polarität Denken/Fühlen; die Polarität Empfinden/Intuieren.

Um die lebendige Dynamik und Arbeitsvernetzung der Ich-Funktionen, in ihrer jeweils spezifischen Phänomenologie (sichtbaren Erscheinungsweise) verstehen zu können, ist es notwendig, die spezifische Fähigkeit jeder Funktion und die Modalitäten der Funktionskontakte zu kennen und nach Möglichkeit in der jeweiligen, d.h. aktuellen Situation zu erkennen. Der Fragenkomplex, der aus diesen Arbeitshypothesen entstanden ist, umfaßt letztlich die dynamischen Komplexe der Gesamtpsyche. Speziell auf das Arbeitsgebiet der Ich-Funktionsebenen bezogen, betrifft es die polare Ebene von Denken/Fühlen und von Empfinden/Intuieren. Dazu gesellt sich die Dynamik der beiden Einstellungsfunktionen: Extraversion/Introversion mit ihrer ausdrucksstarken Phänomenologie in Gestik und Mimik, sowie den unbewußten Signaturen. Hierbei wurde im praktischen Umgang mit diesem Arbeitsfeld in erschreckender Weise deutlich, wie störbar und vor allem, wie gestört dieses primär autonome Funktionssystem im Ich-Bewußtseins-Raum weitverbreitet zu beobachten ist. Dazu gehören plötzliche Blockaden, Einseitigkeiten, zwanghafte Dominanzen (von den Funktionen nicht steuerbare Komplexenergien), Fixierung an kollektive Bewußtseinsschienen: »das weiß ich nicht, »das kann ich nicht«, »das tut man nicht« usw., Undifferenziertheiten, die über die Ich-Funktionen Störsignale für das Ich-Bewußtsein setzen.

Das sich aus vielen Einzelfakten zusammensetzende Mosaik der dynamischen »Ganzheit der Psyche« forderte eine zunehmend konzentriertere Beobachtung der Einzelphänomene, um die offensichtlich in einem unerwartet hohen Maße nach innen hin vernetzte Arbeitsweise des Gesamtsystems Bewußtsein überschaubar zu lassen. Einer der Zielgedanken dabei war, das Bewußtsein für die Fähigkeiten der Ich-Funktionen zu erweitern. Darüber hinaus provozierte die Beobachtung der »primären Autonomie« des Ich-Funktions-Systems die Idee, daß unter bestimmten Umständen das Ich-Bewußtsein einen Einfluß auf einzelne Funktionen ausüben und sogar aktiv steuern könnte. Daraus entwickelte sich ein Entwurf der therapeutischen Behandlungsform. Die dazu notwendigen Abstraktionen aus den empirischen Beobachtungen, sowie Gruppen-, Seminar- und therapeutische Einzelerfahrungen haben diese Vorgehensweise voll bestätigt.

Das anfangs relativ einfach chiffrierte Typogramm zeigte, besonders bei mangelnder Erfahrung und Unbewußtheit der Funktionbsdynamik, daß die in der Praxis auftretende Variationsbreite den diagnostischen Bereich teilweise stark verunsichern konnte oder einfach ausgeklammert wurde.

Der Reichtum an Modalitäten im Erscheinungsbild der einzelnen Funktionen und Einstellungen sowie deren energetische Ladung bzw. Reaktionsstärke hat sich durch den Einblick in die dahinter liegende An-Ordnung – um das fixierende Wort ›Gesetzmäßigkeit‹ zu vermeiden – klären lassen.

Denn bei zunehmendem Wissen um die jeweilige Inhaltlichkeit (Gedankeninhalte, Fühlinhalte, intuitive Inhalte, Empfindungsinhalte) wurde es möglich, bestimmte Arbeitsbereiche und Austauschphänomene zwischen Funktion und Reaktion (transzendente Funktion, Träume, Komplexbereiche) zu registrieren. Daraus ergab sich die Arbeitshypothese, bzw. der Arbeitsbegriff der *Annäherungsfelder* zwischen den einzelnen Ich-Funktionen. Unter Annäherungsfeld ist die energetische Pendelbewegung zwischen der Wahrnehmungsebene und der urteilenden Ebene, bzw. den einzelnen Polfunktionen zu verstehen. Jede Ich-Funktion bekommt dadurch einen »Spielraum« von Annäherung und Entfernung (Distanz) zwischen jeweils zwei anderen Funktionsinhalten. Das Denken kann sich entweder mit dem Empfinden, oder mit der Intuition koppeln; die Intuition kann sich mit dem Denken oder dem Fühlen koppeln; das Fühlen kann sich mit der Intuition oder der Empfindung koppeln; und das Empfinden kann sich mit dem Fühlen oder dem Denken koppeln. Durch diese Annäherungsmöglichkeit kann jede einzelne Ich-Funktion in der dynamischen Koppelung mit einer anderen Funktion eine spezifische Betonung erfahren, die je nach Libidobesetzung einen Akzent deutlich macht. Sowohl Inhalt als aber auch die Objekteinstellung der jeweiligen Funktionskoppelungen spielen dabei eine wesentliche Rolle. Dadurch kann der Eindruck von »Mischtypen« entstehen, wie z.B. »denkender Empfinder«, oder »empfindender Denker«, oder intuierender Denker« bzw. »denkender Intuierer« – und alle anderen Variationen. Polares Wahrnehmen und Urteilen ist dabei notwendig, weil sonst die Möglichkeit besteht, im ursprünglichen Konzept der »alleinigen Vier« die Optik für das Vielfältige der Funktionsdynamik zu übersehen.

Die jeweils libidostärkere, oder vom »Objekt« her angeforderte und mehr benötigte Funktion, gibt den »ersten Ton« an und wird dadurch am Inhalt erkennbar. Der praktische Umgang mit den Ich-Funktionen hat aber, als therapeutischen Erfahrungseffekt, auch gezeigt, daß bei entsprechender Bewußtseinserweiterung das Ich selber die aktuelle Führungs- und Ergänzungsrolle im Teamwork übernehmen kann.

Das labile Funktionsspiel in den Annäherungsfeldern ermöglicht also für die Ich-Funktionen eine Vielfalt von Verhaltensweisen (Modalitäten), die Mechanisierungen, kollektive Bewußtseinsschienen, Erziehungssysteme – wie man es bei neurotischen Störungen fast immer vorfindet – Fixierungen in Theologie, Wissenschaft oder Politik verhindern, oder wenn notwendig, auflösen können.

In den Annäherungsfeldern findet aber auch (in der autonomen Dynamik des Ich-Komplexes) eine breit gelagerte Energieverteilung im Sinne schöpferischer Gestaltungsmöglichkeit statt. Dabei kann es in den Ich-Funktionen zu harmonisch wirkender und auch ich-erlebbarer Übereinstimmung im libidostarken Miteinander, Nacheinander und Nebeneinander kommen, so daß Entwurf und Kontrollinstanz (Wahrnehmung und Urteil) ergänzend und/oder korrigierend ineinandergreifen können. Solche Erlebnisse vermitteln eine besondere Art ganzheitlicher Identität.

In der freien Funktionsdynamik der Ich-Funktionen in den Annäherungsfeldern ist Wandlung, Veränderung, libidoaustauschender Kontakt, Reifung durch Erfahrung, durch Begabung und Auswahl möglich. Durch Achtsamkeit und Aufmerksamkeit kann sich mittels Differenzierung des Ich-Bewußtseins und der sich ebenfalls differenzierenden Ich-Funktionen eine allmählich steuerbare Funktionsbenutzung entwickeln. C. G. Jung spricht in diesem Zusammenhang von »Passivität und Aktivität« und meint damit ebenfalls den willentlichen Einsatzvon »Einstellung« (Extraversion/Introversion) und Orientierung. (Denken/Fühlen, Empfinden/Intuieren).

Die Zwillingsmodalitäten und der Gegensatz als Modalität

Die Ur-Komplexe und die dynamische Beziehung zu den Ich-Funktionen

Die Zwillingsmodalitäten

Der Begriff Modalität wurde aus dem lat. modalitas abgeleitet. In der Medizin wird er benutzt, um die Verbindung zwischen Symptom und dem dazu passenden Arzneimittel herzustellen nach dem Motto: »similia similibus curentur« (Gleiches wird mit Gleichem geheilt.) Psychologisch bezeichnet es die Gültigkeit der Verbindung (Copula) zweier Vorstellungen von z.B. Subjekt und Objekt, die als möglich, wirklich oder auch als notwendig erlebt werden, z.B. Orientierungs- und Einstellungsfunktion.

In den langjährigen Beobachtungen des gesamten Bewußtseinsbereiches einschließlich seiner Vernetzung mit den dynamischen Abläufen innerhalb der gesamten unbewußten psychischen Bereiche, hat es sich erwiesen, daß in den einzelnen Arbeitsbündnissen Wiederholungen, Bevorzugung, Ablehnung, oder auch spezifische Schwierigkeiten auftreten können. Der jeweilige Differenzierungsgrad der Funktionen und die jeweilige Bewußtseinsfähigkeit bestimmen die Phänomenologie der Koppelungen für das Ich-Bewußtsein. Die Ich-Funktionen haben ihren Arbeitsradius für ihren Funktionsinhalt und kontaktieren (setzen in Beziehung) ihr Arbeitsobjekt über die primär mit ihnen gekoppelten Objekteinstellungsfunktionen; mit der gerichteten Libidohaltung der Extraversion zum Außenobjekt, bzw. der gerichteten Libidohaltung zum Innenobjekt, der Introversion. Aus dieser Verbindung von Subjekt (Ich-Funktion) und Objekt (Objekteinstellungsfunktion) ergab sich der Begriff der »Zwillingsmodalität«, der sich auf die Arbeitssituation zweier Funktionen mit gleichem Inhalt und gleicher Einstellung bezog. Variationen entstehen in der Funktionsdynamik, wenn der gleiche Inhalt, aber verschiedene Einstellungen sich koppeln.

Die Beziehungsdynamik in den Annäherungsfeldern und die Ähnlichkeit der Inhalte der Ich-Funktionen (Zwillinghaftigkeit)

Ein dynamischer Gegensatz entsteht immer dann, wenn sich eine extravertiert eingestellte mit einer introvertiert eingestellten Ich-Funktion koppelt. Das bezieht sich in erster Linie auf die Reaktionsgeschwindigkeit (schnell oder langsam) im Dialog mit einem Partner, in der Gruppe, oder auch im Umgang mit sich selber. Im praktischen Alltag sind die Werte der schnellen Reaktionsfähigkeit meist höher angesetzt als die langsamen. Erfolg oder Mißerfolg werden häufig an dieser Wertung gemessen – und das schon beim Kind im Elternhaus und in der Schule. Die Wertigkeit der Langsamkeit, Gründlichkeit, Tiefe, Konzentrationsfähigkeit gehen dabei bedauerlicherweise häufig verloren und statt dessen konstelliert sich ein Minderwertigkeitsgefühl (Komplex), der das »Selbstwertgefühl« erheblich einengen kann. Primär und anlagemäßig wird auch der Ich-Funktions-Bereich vom Prinzip der Polarität bestimmt. Das zeigt sich in der Funktionsdynamik darin, daß jede extravertiert eingestellte durch eine introvertiert eingestellte Funktion kompensiert, ergänzt und vervollständigt wird. Für eine einigermaßen gleichwertige Differenzierung aller Funktionen wäre also eine Bestätigung, Akzeptanz und Abrufbarkeit in das Bewußtsein/Ich-Bewußtsein notwendig. Dies ist um so wichtiger, da vernachlässigte oder eingeengte bzw. abgewertete Ich-Funktionen ihren starken Entwicklungs- und Differenzierungsimpuls transponieren (Konversionssymptome), indem die Funktionsbedürfnisse durch »symbolische Symptome« sich »rächen« und unter Umständen zu Irritationen des Bewußtseins führen können.[35] Solche innerpsychisch ablaufenden Vorgänge bewirken aktuell den Zustand einer depressiven Verstimmung oder plötzliche Gereiztheit/Aggressivität oder einfach schlechte Laune. Denn im allgemeinen wehrt sich das autonome polare System gegen jede einseitige Libidobelastung, die sich über längere Zeit hinzieht.

Die energetische Beziehung zwischen dem Ich-Komplex und den Ur-Komplexen

Die Ich-Funktionen sind, wie oben berichtet, nicht nur die engsten Mitarbeiter des gesamten Bewußtseinsfeldes, sondern auch, wie ein dynamisch-funktionelles Leitungsnetz, mit der gesamten Psyche verbunden. Gerade im dynamischen Beziehungsfeld zum kollektiven Unbewußten konnte in der Phänomenologie der Ich-Funktionen beobachtet werden, daß z.B. das energetische Potential aus den Ur-Komplexen (Schuld, Angst, Rivalität [Geschwisterkomplex] und Begabung) für das Ich-Funktionssystem von hoher Bedeutung ist.

Wie bei der Interpretation des Diagramms der »Selbstentfaltung« bereits berichtet, haben die Ur-Komplexe mit ihrem mächtigen Energiepotential jeweils spezifische, archetypisch bedingte psychodynamische Aufgaben. Als »archetypische Kernelemente« stellen sie aber auch die Basis für »gefühlsgeladene Komplexe«, bzw. neurotische Komplexe dar. Schuld-, Angst-, Macht-Minderwertigkeitskomplexe tauchen so häufig auf der Seelenbühne auf, daß man von »meinem« Minderwertigkeitskomplex spricht, als sei er ein »Besitzobjekt«.

Alle Ur-Komplexe haben energetische Beziehungswege zum gesamten Bewußtsein. Das Ich-Funktionssystem dient dabei als Energieträger. Nach den bisherigen Beobachtungen sieht es dabei so aus, als würde die jeweilige Wahl der Ich-Funktion vom unbewußten Energieimpuls (Komplexinhalt) bestimmt werden, der mit Hilfe der Ich-Funktion aktuell das Ich-Bewußtsein dominiert. Unbewußte Schuld- oder Angstkomplexe können sich z.B. an die Fühlfunktion anklammern und sie so bestimmen, daß sie mit affektiven oder aggressiven Entladungen die Umwelt terrorisiert (extravertiert). Bei einer introvertiert eingestellten Fühlfunktion kann die zurückgehaltene Energie über das vegetative Nervensystem in eine Körpersymptomatik transzendiert werden.

Der Minderwertigkeitskomplex und sein polarer Partner, der Machtkomplex, können (wie alle anderen Komplexe auch) alle Ich-Funktionen belästigen, werden aber vom Bewußtsein her am schnellsten und leichtesten in der Denkfunktion registriert. Trotz meist vielfältiger und meistens auch unbewußter Kompensationsversuche wird der Minderwertigkeitskomplex als sehr belastend, weil eben »mindernd« erlebt. Wenn die Komplexenergie in der betroffenen Funktion selber vom Bewußtsein perzipiert und aperzipiert werden (analytische Integrationsarbeit) d.h., wenn z.B. das mindernde Wurzelerlebnis gefunden werden kann, besteht die Möglichkeit der Komplexauflösung, zumindest zur Auflösung der »Fremdaufladung«, und das z.T. tatsächlich geminderte Eigenpotential kann zur eigenständigen Funktionsidentität »auf-bearbeitet« werden. Dies gilt im Sinne einer therapeutisch möglichen Dynamik funktioneller Zusammenhänge in der Gesamtpsyche mehr oder weniger für alle neurotischen Komplexe.

Der Minderwertigkeitskomplex hat als Basis den Geschwister/Rivalitätskomplex, der die Gegebenheit, Geschwister zu haben oder zu sein, antizipiert. Die Fähigkeit zur Rivalität enthält die (Wachstums-)Kraft und Fähigkeit des sich Durchsetzen-Könnens, das nicht nur in der Außenwelt die Lebenswege entscheidend beeinflussen, sondern auch innerhalb der Orientierungsfunktionen (Ich-Funktionen) selber wirksam werden kann. Gedanken können sich gegen Gefühle durchsetzen, oder umgekehrt, Einfälle können die Realität vernebeln, Fühlen kann im Affektsturm alles wegschwemmen und die Empfindung kann spirituellen Einfällen aus der Intuition vor unübersteigbare, materielle Grenzen stellen.

Diagramm-Aspekt

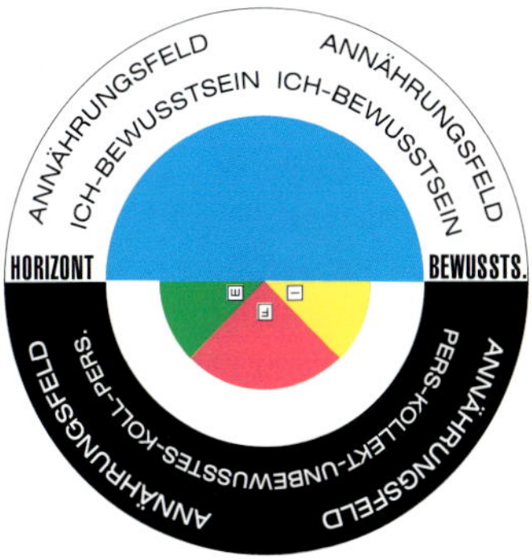

Einseitige Energiebesetzung der Ich-Instanz durch eine aktuell dominant gewordene Ich-Funktion: 1. Denken, 2. Empfinden, 3. Fühlen, 4. Intuieren.

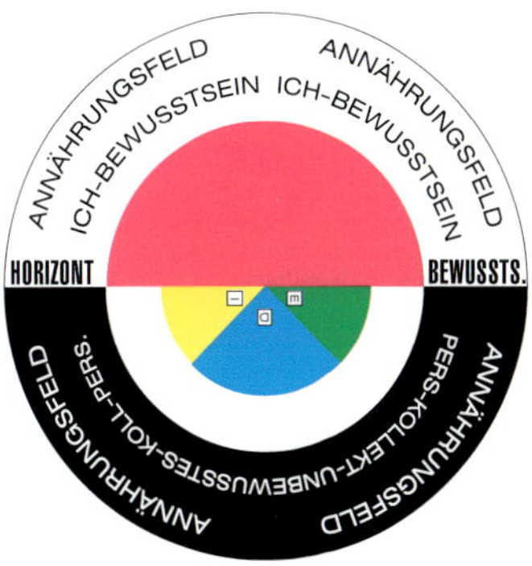

Die Fülle der verschiedenen Modalitäten ist auch in diesem Erfahrungsraum des dynamischen Beziehungsfeldes zwischen dem Ich-Bewußtsein und den Ur-Komplexen des kollektiven Unbewußten sehr groß und bedarf eines geduldigen Wahrnehmungstrainings für die jeweilige Phänomenologie. Die Arbeitsweise des Bewußtseinskomplexes (Bewußtseins-Ganzheit) wird dabei aber zunehmend transparent und kann, wie ein Verschärfermikroskop, die Dynamismen des persönlichen und des kollektiven Unbewußten in den bewußten Erkenntnisraum holen. Sehr hilfreich ist hierbei die Fähigkeit jeder Ich-Funktion, in den Bereich des Unbewußten tauchen zu können (z.B. bei Regressionen und Depressionen) und Komplexenergien (wie oben beschrieben) ins Bewußtsein zu transportieren. Die von C. G. Jung noch vermutete »minderwertige Funktion« (unbewußte Ich-Funktion) konnte nach den jetzt vorliegenden Beobachtungen nicht mehr bestätigt werden, da der Begriff »minderwertig« einen sehr subjektiven Maßstab darstellt, der unter Umständen an dem des Beobachters gemessen wurde. Statt dessen zeigte sich in der Praxis in breiter Ausdehnung der Zustand von Undifferenziertheit – meist einer Ich-Funktion- und einer mehr oder weniger deutlichen Unbewußtheit, die sich erst im analytischen Dialog allmählich dem kognitiven Zugang öffnete. Auch die »Nichtabrufbarkeit einer Ich-Funktion« aus dem Unbewußten im Sinne einer Dauerfixierung konnte nur als pathologisierter Zustand (z.B. bei einer Zwangssymptomatik) diagnostiziert werden. Vermutlich stammen beide Beobachtungen aus neurotisch, bzw. pathologisch bedingten oder veränderten Verhaltensweisen von Ich-Funktionen und nicht aus dem anlagemäßig bestimmten Entwicklungsplan des dynamischen Ich-Funktions-Systems.

Die Zwillings- und Gegensatzmodalitäten entwickeln sich aus aktuellen Lebenssituationen. Sie bieten sich der praktischen Erfahrung an und können Erfolgs- und Mißerfolgserlebnisse vermitteln. In diesem Arbeitsbereich liegen aber auch die häufigsten neurotisierenden Lebenserfahrungen und Engramme, wodurch individuell erhebliche Schwierigkeiten im Kontakt mit der äußeren und inneren »Weltbegegnung« stattfinden kann.

Als Alltagserfahrung gehören in dieses dynamische Funktionsfeld die komplexen Themen von Beziehungsfähigkeit, Kontakt, Gemeinsamkeit, Unterschiedenheit (die Gruppe und das Individuum) Wortwechsel und Dialog, Verstehen und Mißverstehen usw.

Es gibt heute viele Modellangebote, wie man am besten mit seinen seelischen und körperlichen Schwierigkeiten fertig werden könnte. Und alle versprechen viel. Sie können auch häufig Wegweiser sein. Aber wer sich auf seinem Weg nicht selber begegnet und/oder findet, geht letztlich immer hinter sich her.

Wenn man die zurückliegenden Seiten über die Betrachtungen des Ich-

Komplexes liest, dann könnte man schon etwas irritiert sein durch das vielfältige dynamische Netzwerk dieses an sich ja eher etwas ärmlich wirkende Drei-Buchstaben-Objekt als zentrale Instanz des Bewußtseins. Es erscheint auch nicht ganz leicht, im gewöhnlichen Alltag, bzw. in der therapeutischen Praxis, diese Teilaspekte und ihre Phänomene aktuell zu erkennen, ihre Bedeutung zu verstehen oder ins »richtige Blickfeld« zu bekommen. Gerade hierin liegen aber auch wesentliche Möglichkeiten der analytischen Ich-Funktions- und Ich-Ebenen-Arbeit. Die Basis dafür ist das Wissen, um die Fähigkeiten und Inhaltlichkeit der einzelnen Ich-Funktionen, sowie die Mischphänomene der jeweiligen Arbeitssituation.

Die vier Ich-Funktionen

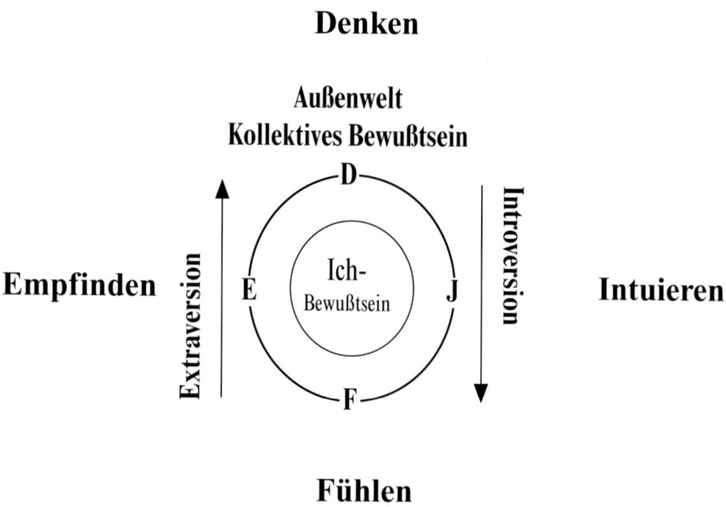

Bildimagination zum Thema: Wer bin Ich?

Bin ich oben oder unten?< Bin ich innen oder außen?< Bin ich rechts oder links?< Bin ich alles oder niemand?

Auf diesem unbewußt gemalten Bild »haben sich vier Gesichter eingeschlichen: eins rechts, eins links, eines in der Tiefe und eines leuchtend hell, aber einäugig in der Mitte…«

Wenn man die Summe der bis hierher zurückgelegten Gedanken- und Bilder-Weges über die Möglichkeit einer Bewußtseinsentwicklung und -differenzierung betrachtet, kann der Eindruck entstehen, als wären die typischen Ich-Funktionen und ihre breit gelagerte dynamische Funktionsfähigkeit in besonderer Weise potenziert. Die autonome Beziehung zwischen dem Ich und dem Unbewußten läuft über die beschriebene Wachstumsstruktur und die Funktionen werden zu Trägern (Transport) der intrapsychischen Symbolphänomene. Die Erkenntnisse über die Arbeitsfelder und die Arbeitsbewegungen der typischen Ich-Funktionen und der mit ihnen gekoppelten Einstellungen zum Objekt sind das Resultat langjähriger Beobachtungen und spezifischer diagnostischer Untersuchungen von bewußten und unbewußten Daten, wie anamnestische Fakten, speziell der Frühestentwicklung und der sozialen Anamnese, von Träumen, aktiven Imaginationen, unbewußtem Malen und vom Umgang mit formbarer Materie. Primär Vorhandenes (Empfängnis, Schwangerschaft und Säuglingsanamnese), sich Entwickelndes (Kindheitsphase und Pubertät) und Gewordenes (Erwachsensein) wurden zu den Grundpfeilern für die Diagnostik und Therapie.

Die Verbindung zu der Anfangskonzentration des hohen Potentials an (genetischer) Entwicklungsdynamik, die im Enthaltensein des Ich-Keims im Selbst bestand, bleibt für die Beziehungsdynamik zwischen Ich und Selbst – zwischen Bewußtsein und Unbewußtem – wie zu einem Wurzelgeflecht erhalten. Dadurch wird der immer neue Anschluß an die Gleichgewichtskräfte auf der Basis der Polarität der Urschicht gesichert. Die Wortchiffre für diese Dynamik heißt Individuation. Das symbolische Bild dafür ist die Spirale.

In der Anfangszeit des Menschseins entstanden aus der sinnlichen Wahrnehmung der Um- und Innenwelt allmählich aus Nöten, Ängsten, Freuden und Leiden, Tod und Leben im Rhythmus der Natur der Laut, der Ton, der Schrei, die Gebärde und die Bilder. Daraus entwickelte sich allmählich das verstehende Wort. »Wenn wir nicht körperlich zu Gesten fähig wären, hätte sich keine Sprache, kein Sprachdenken und keine sozialen Ordnungen entwickelt – schreibt Erich Blechschmidt in seinem Buch: Vom Ei zum Embryo.[70]

Die Unheimlichkeit des Todes und das Geheimnis des Lebens formte sich zu Wunsch-, Hoffnungs- und Phantasie-Bildern, die jeweils der erkennenden Wahrheit entsprachen und einen ahnbaren Vorgriff auf das darstellten, was viel später als Symbol, als Mythos, als Religion und als Kunst benannt wurde. Blechschmidt spricht vom Embryo als »vollfunktionsfähiger früher Mensch« und vermittelt in seinen, mit modernsten Möglichkeiten und interdisziplinären Arbeitshypothesen angereicherten Forschungs-

Diagramm des Individuationsweges
vom Ich zum Selbst

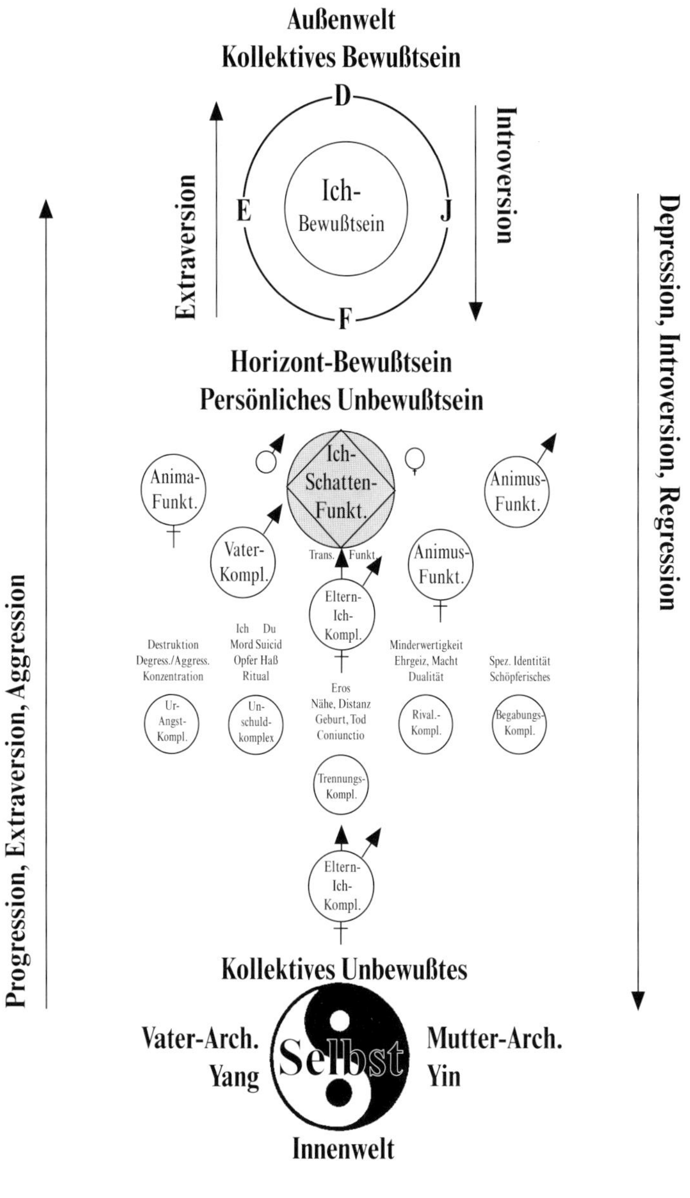

ergebnissen einen eindrucksvollen Einblick in die Gestaltungskraft des menschlichen Keim«.[70] (S. 63)

Speziell durch die Phänomenologie der Ich-Funktionen (als Energieträger) und die psychosomatischen Reaktionen konnten die Entwicklungsstrukturen erkennbar werden und das Diagramm der Selbstentfaltung entstehen.

Schon in der achten Schwangerschaftswoche kann der Embryo seine »Vorlieben und Abneigungen«, also seine Empfindungen und sein Fühlen mit gezielten Püffen und Tritten gegen den Leib der Mutter zum Ausdruck bringen. Er reagiert auf Musik und auf emotionale Spannungszustände der Mutter. Blechschmidt sprach schon 1968 von der »Individualität des Keimes und schrieb (S. 31): »Schon der einzellige menschliche Keim ist ein individueller Organismus… Die Individualität erscheint unter anderem in der Spezifität des Stoffwechsels, also nicht in unmittelbar molekularen Vorgängen. Heute wissen wir: Dieser Stoffwechsel hat in den Riesenmolekülen der Chromosomen ein zentrales Bezugssystem, das bei jedem Individuum verschieden ist.«

Damit ist eine Betrachtungsschwelle erreicht, die die anschließenden Überlegungen aus den zurückliegenden Erfahrungen ermöglichen soll. Gerade bei »Frühestentwicklung, Frühstrukturen, Stoffwechselvorgängen und Entwicklungs- bzw. Differenzierungsvorgängen« assoziiert sich psychodynamisch das Begriffsfeld von archaisch, archetypisch, urtümlich und Ursprung. Gibt es Gefühl, Emotion, Affekt, Aggression als archetypische Chiffre, und wie differenziert sich die bewußtseinsfähige Wahrnehmungsfähigkeit für das Ich-Bewußtsein?

Das Traumbild

Der Ich-Komplex und sein Arbeitsteam

Beispiele aus der Praxis

Werden die Ich-Funktionen auch im Traum sichtbar?
Der praktische Umgang mit den Ich-Funktionen überhaupt fordert den Einsatz der Ich-Funktionen und für den Therapeuten Bewußtsein und Bewußtheit für das eigene Funktionsarbeits-Team. Das gilt in besonderem Maße für die Diagnostik der Ich-Funktionen im Traumbild. Behutsame, geduldige, aber genaue Fragetechnik – besser Nachfragetechnik – bei der meist Vieles beim spontanen Traumbericht Weggelassene ergänzend assoziiert und dadurch – quasi durch sich selbst – ins Bewußtsein integriert werden kann. Die Arbeit mit den Ich-Funktionen gerade im Traum kann über eine allgemeine Bewußtseinserweiterung hinaus zu einem spezifischen Funktionsbewußtsein führen.

Wie deutlich immer wieder die Traumbildsignaturen in den aktuellen psychischen Lebensdialog einzusteigen vermögen, soll an dem folgenden Traum transparent gemacht werden. Er wurde von einem 45jährigen amerikanisch-deutschen Geschäftsmann geträumt, der ein extrem extravertiert betontes Leben führte.

Sein Typogramm zeigte eine extrem extravertierte Empfindungs- und Fühlfunktion mit entsprechend introvertierter Intuition und Denkfunktion. Alle Funktionen waren gut differenziert, bewußtseinsfähig einsetzbar. Ein mächtiger psychischer Energievorrat war in die »Objekte« seiner Umwelt investiert. Seine geschäftlichen und privaten Beziehungen waren global, man kannte ihn bei allen großen Fluglinien und auch sonst gehörte er, was seinem sozialen Status anbelangt, in die oberste Etage. Privat war er ein eher scheuer, sehr kränkbarer und von zutiefst verheimlichten Minderwertigkeitsgefühlen gequälter, nach Wärme sich sehnender Mann, der sich zwar alles kaufen konnte, nur nicht die liebende Zuwendung und Bestätigung durch einen zu ihm gehörenden Menschen. Folgender Traum forderte ihn zum inneren Dialog auf:

»Es war nach einer großen Gesellschaft. Alles war vertreten. So das Übliche: viel Geld, viel Schmuck, viel zu viel und zu gutes Essen, noch viel mehr zu Trinken, shake hands, how do you do and so on… lauter berühmte Leute… dabei sein ist wichtig. Das lag im Traum aber schon alles hinter mir, nur Erinnerung. Ich bin auf dem Nachhauseweg. Ich komme auf einen großen, einen riesigen Parkplatz. Er ist vollkommen leer, aber merkwürdigerweise von einer großen Mauer umgeben. Es ist dämmrig, etwas neblig. Mir ist flau und fade zu Mute. Ich steige aus. Ich weiß nicht, warum, als ob ich etwas suche. Ich finde in der Mauer eine kleine Bude, in der ich noch etwas trinken will. Es ist aber niemand drin und da ist plötzlich etwas Merkwürdiges. Es ist schwer zu beschreiben – unwirklich, aber da… Ich sitze plötzlich in der Mauer selbst drin und kann nur noch nach der anderen Seite raus. Ich bin wie eingemauert, spüre einen starken Drang auszubrechen. Da ist dann alles ganz anders, obwohl ich gar nicht weiß, wie es ist. Ich habe den Eindruck, daß da im dunklen Schatten etwas lauert, was mich drängt, nach der anderen Seite durchzubrechen.

Dann bin ich, Gott sei Dank, aufgewacht.«

Die auslösende Ursache zu diesem Traum war die Realität des »großen Festes«, alles Übrige ist »Traumphantasie«.

Im Traumbericht fehlt zunächst jedes urteilende Signal aus der urteilenden Ebene Denken/Fühlen. Erst bei Nachfrage kommt ein Einsamkeits- und Verlassenheitsgefühl ins Bewußtsein, wobei nicht deutlich unterschieden werden kann, ob das erst beim Erwachen oder schon während des Traumerlebens spürbar gewesen sei. Der ummauerte Parkplatz läßt keine Frage aufkommen, zeigt sich von der Traumdynamik her aber als »Entscheidungsobjekt und -ort« für den Träumer an. Jedenfalls bewirkt die Symbolik des Parkens, das Aussteigen, indirekt (auf Frage) die Kontrolle seiner Standfestigkeit trotz großer Mengen Alkoholika. Die »neblige Morgendämmerung« (auf Frage) vermittelt symboldynamisch einen »vernebelten« Zustand, der vom Träumer auch (auf Frage) bewußtseinsnäher erkannt, aber nicht weiter gewertet wurde. In diesem Zwischenzustand von Gestern und Heute, vor allem aber ganz deutlich dem *Jetzt*, hat er Durst, wobei im Dialog sein Alkoholkonsum unter der Symbolchiffre seines eigentlich bisher noch ganz ungestillten »Lebensdurstes« ins Wort geholt werden konnte. Und dann die Bildchiffre: der Millionär in der leeren Bude, in der niemand und nichts ist? Es ereignet sich eine blitzschnelle, für ihn selber gar nicht wahrnehmbare Einengung des Raumes, also Regression in den engsten Raum, den jeder Mensch erfährt, bevor er das Licht der Welt erblickt. Er war wie eingemauert an der Schwelle zum Anderland, zu der anderen Seite seines Lebens. Darum seine ständige Objektjagd im Außen seiner Welt, als Flucht vor der Leere und Enge, die auf ihn lauerte. Denn an dieser Stelle im Traum – »sehr sehr unheimlich« – hört er, aber nicht mit den Ohren, den inneren Befehl, den Durch- und Ausbruch zu wagen. Die Intuition und die Empfindungsfunktion hatten in diesem Traum ihre Signale für das Ich-Bewußtsein gesetzt, um die aktuelle Lebensrealität zu polarisieren und einen kognitiven Zugang zum Bewußtsein zu ermöglichen. Die wertende Möglichkeit des Fühlens blieb fast ich-fern und die Denkfunktion konnte erst im analytischen Dialog aktiviert werden.

In diesem Fall aber war es vom Traum her das hintergründige Gefühl des

Alleinseins und auch der Bedrohung, das den so stark durch seine extravertiert eingestellten Ich-Funktionen beherrschten Mann, ohne daß er es wußte in die Welt hinausjagen ließ, weil er ohne die äußeren Objekte und Anregungen sich selber als leer erlebte und Angst davor hatte, sich selbst zu begegnen.

Eine extrem aufgeladene extravertierte Empfindungsfunktion – und das gilt grundsätzlich für jede Libidoübertreibung in jeder Ich-Funktion – kann unter Umständen bei dem Versuch einer Rückführung und Differenzierung in das autonome Gleichgewicht erhebliche Schwierigkeiten bereiten. Nur bei großer Behutsamkeit mit dem Wort, bei Weglassen jeglicher Pädagogik, und vor allem bei absoluter Wertfreiheit, wird sich allmählich eine Bereitschaft bemerkbar machen, dem jeweiligen Bedeutungsübergewicht z.B. des Objektes, oder eben des Subjektes (Extraversion/Introversion) ein polares Gleichgewicht anzubieten.

Aus diesem Grunde soll hier der Traum einer 55 Jahre alten Frau mit einer schweren Angstneurose und ausgedehnter Konversionsymptomatik einen Eindruck vermitteln, wie die Traumbilder die Diagnostik der Funktionsrealität vermitteln können. Er wird von der Patientin mit den Worten: »Das war ein schrecklicher Traum« berichtet. Das Typogramm hatte ergeben, daß die Patientin eine gut differenzierte extravertierte Denkfunktion und eine sehr introvertiert und offenbar von einem gefühlsgeladenen Komplex (Minderwertigkeitskomplex) belastete Fühlfunktion hatte. Die Empfindungsfunktion war anlagemäßig extravertiert eingestellt, lag aber praktisch weit unter ihrem Verhaltensniveau. Die Intuition war introvertiert eingestellt, undifferenziert, ungesteuert, oft libidoaufgeladen und dann hysterisch überlaufend. Aktuell bestand für die Patientin nur selten die Möglichkeit, mit Hilfe der Denkfunktion Ordnung in ihren psychischen Stoffwechsel zu bringen.

Der Traumtext: »Ich war Einkaufen, vielleicht wollte ich das auch nur, denn eigentlich hatte ich keine Einkaufstasche bei mir. Da fing es an, fürchterlich zu regnen. Ich hatte keinen Schirm bei mir und war ganz schnell völlig durchnäßt. Alles klebte an mir. Ich schämte mich, weil alles ganz deutlich zu sehen war. (Sie machte eine bezeichnende Geste über ihre Brust). Und dann rannte ich durch unsere Straße und rannte und rannte und fand einfach das Haus nicht (in dem sie seit ihrer Kindheit wohnt), es war nicht mehr da, ich müßte schon längst da sein, es war einfach nicht da. Ich konnte das einfach nicht begreifen.«

Der noch folgende Kommentar: »Das ist doch ganz furchtbar schrecklich, was bedeutet das nur? Ich finde mein Haus nicht mehr. Soll das heißen, daß ich nun sterben muß?«

Bei Nachfrage stellt sie erstaunt fest, daß sie, entgegen ihrer ständigen

Angstreaktionen, im Traum überhaupt keine Angst hatte. Sie könne sich aber auch gar nicht vorstellen, daß sie sooo lange und intensiv rennen könnte. Eigentlich habe sie das Rennen im Traum gar nicht angestrengt. Bei der Frage nach dem »so sehr naß machenden Regen«, mußte sie lachen und meinte: »Na, ja, schämen ist ja ein bißchen übertrieben(!). Irgendwo fand ich es auch ganz lustig und eigentlich war ich auch etwas erstaunt, *was* da so eigentlich sichtbar wurde, so fast wie nackt…« Es scheint also die »nackte Wahrheit« zu sein, die sie im Traum sieht, eine unverhüllte Weiblichkeit, wie ihr Bewußtsein jetzt, ebenso wie auch im Traum wahrzunehmen vermag.

Die Empfindungsfunktion nimmt zwar die aktuelle Realität deutlich wahr, handelt aber nicht sicher gezielt, denn die Einkauftasche fehlt. Sie läuft »ohne Punkt und Komma« durch die relativ kurze Straße und wird offenbar durch ihre Regen-Verwandlung (wie nackt) – dieser sonderbare Einfall des Traumes als Sinnfälligkeit aus der Intuition eingeblendet – so aus der vertrauten Realität gestoßen, daß sie zum Anhalten und wohl auch zum Nach-Denken gezwungen wird.

Die teilweise übermäßige und nicht immer sinnvolle Betonung der Außenobjekte blendete ihre sehr ahnungshafte und auffallend begabte Intuition aus und machte sie für die Patientin sehr unbewußt, wohl auch deswegen, weil die Funktion sich oft fast paranoid gegen die Zurücksetzung durch das Ich-Bewußtsein zur Wehr setzte. Die wichtige und bei ihr sehr Angst machende Frage – etwas umformuliert – ob vielleicht *»etwas bei ihr«* sterben müsse oder wolle und was denn das Haus *symbolisch* bedeuten könnte, ließ nach längerer Pause den überraschenden Einfall entstehen: »… das muß etwas mit meiner Kindheit zu tun haben.«

Der Traum hatte also über die notwendige und für die Patientin aktuell bewußtseinserweiternde Dialogarbeit den inneren Weg in die Kindheitsreminiszenzkomplexe antizipiert. Empfindungsfunktion und Intuition, also die Wahrnehmungsebene mit polarem Inhalt und polarer Objekteinstellung, haben korrespondierend die Traumdynamik und das Traumbild gemischt und in das Ich-Bewußtsein transportiert. Das Außer-Gewöhnliche wirkte erschreckend und wach, d.h. bewußt machend und läßt die Patientin über sich selbst nachdenken.

Nach diesem Traum entsteht ein Bild. Ihr erster Kommentar heißt: »Das ist der Angst-Tumor! (ihr eigener Ausdruck) Ich malte meine Stimmung… so sieht das aus. Das sind aber alles Fragezeichen nach allem, was ich nicht verstehe und wovor ich Angst habe. Das hakt sich ständig in mein Gehirn und rotiert in mir. Ich versuche auszureißen, aber es hält mich fest…«

Aus dem Dialog über das Bild, bei dem das eigentümlich »Augenhafte« ins Wort kam: »... ja, das stimmt wirklich – das sieht mich an... mit einem ganz großen weit offenem Auge... eigentlich ist das jetzt keine Angst... vielleicht ist das nur etwas zu eng... vielleicht sollte ich irgendwo rauskommen... ich weiß nicht...«

Die Wahrnehmungsebene

Die Polarität zwischen Empfinden und Intuieren

Die Empfindungs-Funktion (Wahrnehmung)

C. G. Jung rechnet die Wahrnehmungsfunktionen, zu denen er auch die Intuition zählt, zu den sogenannten »irrationalen Typen«, weil sie ihr Tun und Lassen nicht auf Vernunfturteile gründen, sondern auf die absolute Stärke der Wahrnehmung.« Der Begriff »Typ« ist hier in dem Sinne zu verstehen, daß eine typische Verhaltensweise – z.B. der Empfindungsfunktion, eine dominante Position im Ich-Bewußtsein einnimmt und eventuell das polare Energiegefälle stört, bzw. »Einseitigkeit« bewirkt.

Der Begriff Empfinden wird im deutschen Sprachraum oft synonym mit Wahrnehmen gebraucht. Letzteres läßt sich koppeln mit »bewahren«, beachten, gewahr werden und (ethymologisch) schauen, überwachen, wahrschauen, aber auch verwahrlosen. Alle diese Wortkinder lassen sich mit dem Wesen der Empfindungsfunktion verbinden. W. Wundt fügt dem in seiner sogenannten Erfahrungspsychologie die Wahrnehmungsmöglichkeit von Raum und Zeit dazu.[84] Im Behaviorismus, einer relativ extremen Form der objektiven Psychologie, in der vor allem die neurophysiologischen Begriffe von Reiz und Reaktion gültig sind, wird an die Stelle des Begriffs »Empfindung« der Ausdruck »discrimination reaction« gesetzt. Der funktionelle Bereich läuft also durch ein breites Flußbett mit vielen verschiedenen Anlegerstellen.

Die Empfindungs-Funktion wurde von C. G. Jung als irrationale psychische Grundfunktion bezeichnet, die auch als identisch mit dem Begriff Perzeption (Wahrnehmung von Sinnesreizen) verstanden wurde.

Die Physiologie hat sich ausgiebig mit den nachprüfbaren Vorgängen der Sinnesorgane beschäftigt und damit im Arbeitsfeld der Empfindungsfunktion zu weitreichenden und sehr genau nachprüfbaren Ergebnissen gekommen. Auf welche Weise aber eine Empfindung *bewußt* wird, ist nach wie vor völlig unklar.[85]

Die allgemein bekannten Wortchiffren der Empfindungsfunktion für ein unbewußt/bewußtes, sehr umfängliches Informationssystem zur Erfassung der inneren und äußeren materiellen Objekte sind: Sehen, Hören, Riechen, Schmecken, Tasten. Empfinden ist ein psychodynamisch aktiver, auswählender und gestaltungsfähiger Vorgang. Psychologisch können die *Sinnesorgane* transzendierend eine Sinnfindung bewirken, indem die Fülle einzelner Empfindungen vom Ich-Bewußtsein in ein »sinnvolles Ganzes« geformt wird. Theoretisch wird hier die Schwelle der Sinnesphysiologie überschritten und der Bereich der Wahrnehmungspsychologie erreicht, die sich mit der Wirksamkeit psychischer Faktoren auseinandersetzt. In der Praxis hat sich gezeigt, daß erst das Zusammenspiel körperlicher und geistig-seelischer Funktionen zu einer über die einzelnen Funktionen und ihre jeweiligen Signale/Symbole hinausführenden, Wahrnehmung zur Ergreifung der inneren und äußeren Welt führen kann.

Die »sinnlichen Wahrnehmungsorgane« schlagen vom Wort her eine Brücke zu dem Begriff der *Sinnesorgane* und damit zum Sinn. Dieser Begriff erweitert das Erkenntnisvermögen für die umfängliche Bedeutung der Entwicklungs- und Differenzierungsfähigkeit jeder einzelnen Ich-Funktion.

Der Hörsinn wird über das akustische Hören äußerer Geräusche zum »inneren Hören«, der Sehsinn zum »inneren Sehen«, das Riechen zum Beziehungsmaßstab (das stinkt mir oder das Stinktier), das Schmecken mit seinen vielen Begriffen aus dem oralen Erfahrungsraum (das kotzt mich an, die ist ein süßes Kind, hat eine Pfefferzunge usw.). Auch der Tastsinn als Fähigkeit der Empfindungsfunktion bedarf, um sie umfänglich zu verstehen – und damit auch jeder sich selber besser zu verstehen –, eines Basiswissens, um die sehr komplizierten Zusammenhängen dieses aus zahlreichen koordinierten Einzelsignalen zusammengesetzten Funktions-Systems verstehend folgen zu können. Das Hauptorgan dafür ist die Haut und ein relativ schmaler Bereich der Schleimhäute.

Wenn man hierzu die zahlreichen Störungen und Erkrankungen schon beim sehr jungen Kind(Baby) und, weit darüber hinausreichend, die Probleme und Konflikte im menschlichen Beziehungsfeld (alle Körperkontakte, einschließlich der Sexualität) assoziiert, wird schnell deutlich, daß der *Tast-Sinn* eine breite Skala komplexhafter innerpsychischer Probleme zum Ausdruck bringen kann. Die Erfahrungen, die der Tast-Sinn vermittelt, können zunächst nur solche sein, die am eigenen Körper wahrgenommen werden. Damit besteht die Möglichkeit, daß bereits intrauterin positive oder eben – und das gar nicht so selten – leider auch negative Erfahrungen im psychischen Wahrnehmungsbereich engrammiert werden können. Der schon intrauterin vorgeübte Saugreflex wird beim Säugling über die Schleimhaut der Lippen ausgelöst und er erlebt dabei unbewußt sich selbst. Diesen Kontakt sucht der Säugling, auch wenn er nicht trinken will, wohl als Zeichen der Sehnsucht nach Berührung. Mit dem Ertasten der Umwelt durch Fingerchen und Hände, entdeckt das Baby die nahen Objekte und setzt dieses später mit dem Ergreifen von Gegenständen fort. Weltergreifung und Selbsterfahrung des eigenen Körpers verbinden sich im Tast-Sinn als Erkenntnismöglichkeit von Materie und Sein.

Welch hohe Verantwortung dem Ich-Bewußtsein gerade den Sinnesorganen gegenüber anvertraut wird, zeigt sich im Sinne einer weitreichenden geistigen Entwicklung, »durch das Erfahren, sämtlichen anderen Wesen von Nutzen sein zu können und mit diesem Ziel… eine Vervollkommnung der eigenen geistigen Entwicklung zu erreichen.« In einem Vortrag von Lama Geshe Thupten vom 11. Mai 1985: »Bewußt denken, bewußt handeln« wird ausführlich »von vier bestimmten Möglichkeiten gesprochen«, um »eine solche Entwicklung des Geistes voranzubringen«. Mit großer Intensität wird auf »das Hüten der Sinne« eingegangen und zwar mit Hilfe des »Denk-Sinnes«, der als sechster Sinn zu den fünf bei uns bekannten Sinnen hinzugenommen wird. Wörtlich heißt es im Text (auf Band): »Unter dem Hüten der Sinne wird folgendes verstanden: Wörtlich übersetzt heißt der tibetische Ausdruck: Das Hüten der Tore der Sinne. Wenn man ein Tor hütet, dann wird das so gemacht, daß ein Wächter neben dem Tor aufgestellt wird, der mit Achtsamkeit prüft, ob ein ›Zugelassener‹ oder ein ›zu Wartender‹ um Einlaß bittet…« und der »das Tor nur dann öffnet, wenn es sinnvoll und notwendig ist und es sonst schließt, wenn irgendwelche Gefahren bestehen. Was zu erklären gilt, ist der Weg oder die Handlungsweise, in der ein Lebensstil verfolgt wird, bei dem Unheilsames mehr und mehr vermieden wird, der Geist von Unheilsamen abgewendet wird und allem, was heilsam ist, zugewendet wird… Was ist das Mittel, mit dem man die Tore der Sinne hüten kann? Das Mittel dazu ist das Verwenden unserer Fähigkeit des *Denkens*, des *Nachdenkens*, des *Überlegens*.«[86] In erstaunlicher geistiger Übereinstimmung mit der tiefenpsychologischen Erfahrung eines *bewußten* Umganges mit dem Ich-Bewußtsein und den Ich-Funktionen, wird hier ein meditatives Verhaltenstraining der Achtsamkeit, der Kritik und des unterscheidenden Urteils angemahnt. Kein Verbot und keine Einengung, sondern die Entscheidung des ja oder nein wird an das bewußtseinsstarke und (im asiatisch-tibetisch-buddhistischen Kulturraum gültige) ethisch trainierte Denken (Denksinn) delegiert. Dieser Umgang vermittelt nicht Strafe aber auch nicht Belohnung, sondern das Erkennen der eigenen Möglichkeiten und aktuelle Nicht-Möglichkeiten. Damit wird das Training nicht Ziel, sondern Weg, nicht Leistung, sondern Jetzt-Sein.

Für die Empfindungsfunktion gilt nach unseren Beobachtungen in besonderem Maße der Begriff des »Gegenstandsbewußtseins«. Das Objekt »Gegenstand«[87] wird als das gegenüber Seiende mit Hilfe der Sinnesorgane »erfaßt« und, nach zunehmender Bewußtseinsfähigkeit und Differenzierung der Funktion durch alle Signale der Sinnesorgane, also Farbe, Ton, Gewicht, Geruch, Konsistenz, Oberflächenbeschaffenheit usw. jeweils mit dem Objektreiz konfrontiert. Die Empfindungsfunktion verbindet das Bewußtsein mit der Realität, der Welt der sinnlich wahrnehmbaren Materie. Dazu gehört natürlich auch der eigene Körper. Sie vermittelt Gegenstandsinhalte mit Objektivitätscharakter und kollektiver Gültigkeit, da sie auch für jeden anderen sichtbar und erfaßbar sind.

Empfindlichkeit, Empfindsamkeit, Sensitivität als seelische aber auch als körperliche Eigenschaften signalisieren mit oft überraschender Sensibilität Grenzpunkte von Reizschwellen der Wahrnehmung wie z.B. minimale Größen- oder Gewichtsunterschiede, ungewöhnliche Sehschärfen, oder Farbsicherheit und musikalische Fähigkeiten inneren Hörens.

Der Werkzeugkasten der Empfindungsfunktion enthält folgendes Instrumentarium:

1. Materielle Begrifflichkeit, Realitätswahrnehmung
2. Dingliches Erfassen: messen, wiegen, Materialwissen
3. Dynamische Objektbezogenheit: anfassen, stellen, legen, sammeln
4. Materie-Erfahrung bis zum Computer
5. Materielle Funktionserfahrung

Wahrnehmungsleistungen (empfindendes Tun) stehen in engstem funktionellen Zusammenhang mit Handlungs- und Bewegungsfähigkeit. Man könnte also die Frage stellen: ist der Impuls zur Ergreifung eines Objektes ein Willensimpuls des Ich, oder eine Reaktion einer Ich-Funktion auf das Reizsignal eines Objektes?

C. G. Jung betrachtet den Willen als einen Dynamismus, der dem Ich-Bewußtsein unterstellt ist, in dem sich kollektiv-kulturell, wie aber auch biografisch-subjektiv Erlebtes, bzw. Erfahrenes in einem Willensimpuls mischen können.

Physiologisch werden Außenreize vom »sogenannten sensorischen Apparat« der Sinnesorgane perzipiert und in den übergeordneten zentralnervösen Hirnstrukturen und mit Hilfe der Empfindungsfunktion durch Aperzeption im Ich-Bewußtsein integriert. Psychodynamisch werden dabei aber auch die beiden typischen Objektbeziehungsfunktionen aktiviert, entweder die Extraversion oder die Introversion, je nachdem, mit welcher Einstellung die abgerufene Ich-Funktion jeweils gekoppelt ist.

Die Empfindungsfunktion wird häufig etwas vereinfacht als die materielle oder Realitätsfunktion bezeichnet. Das energetische Potential, das physiologisch aber auch psychodynamisch dabei in Bewegung gesetzt werden kann, hat C. G. Jung veranlaßt, vom Empfinden als »vitale Funktion, die mit dem stärksten Lebenstrieb ausgestattet ist« zu schreiben. Er findet besonders für die extravertiert eingestellte Empfindungsfunktion »harte Worte«, so daß der Eindruck entstehen kann, daß er mit der Funktion, oder der Einstellung vielleicht selbst Schwierigkeiten erlebt hat. Allerdings spricht er dann vom »Typ« und nicht von der Funktion, also einer möglichen einseitigen Betonung durch die Funktion im Ich-Bewußtsein, oder einem gestörten Umgang für das Ich-Bewußtsein. C. G. Jung weist darauf hin, daß es sich dabei »um Männer« (nicht um Frauen) handele um den »rohen Genußmenschen« oder um den »skrupellosen, raffinierten Ästheten«. Die extravertiert eingestellte Funktion reagiert ganz allgemein schon in der Perzeption rasch, angstfrei, positiv oder auch ebenso negativ auf das Objekt, immer mit einer schnell ergreifenden oder angreifenden Beziehungsaufnahme.

Die introvertiert eingestellte Empfindungsfunktion perzipiert primär oft schon ausschnitthaft, vergrößert unter Umständen den Abstand zwischen Objekt und wahrnehmendem Subjekt, untersucht langsam gründlich und abwartend, ob eine Beziehung zu einer *inneren* Notwendigkeit besteht. Für diese Funktion ist die *subjektive* Entscheidung wichtiger als das Objekt. Für die extravertiert eingestellte Funktion ist das wahrgenommene Objekt unendlich viel wichtiger als das wahrnehmende Ich.

Das Wissen um diese bei allen Ich-Funktionen sehr unterschiedliche Phänomenologie und Dynamik ist für die praktische und speziell therapeutische Arbeit von entscheidender Bedeutung. Sehr gute Beobachtungs-Subjekte für die Variationsbreite besonders dieser Funktion sind alle künstlerisch oder handwerklich tätigen Menschen. Die Variationsbreite liegt dabei nicht nur in den beiden Einstellungsfunktionen zum jeweiligen Objekt, sondern vor allem in den individuellen Mischungen des Ich-Funktionsquartettes untereinander. Was wird also durch die spirituelle Wahrnehmung der Intuition jeweils motiviert, oder wird im sinnlich wahrnehmbaren Objekt sichtbar? Und wie verhalten sich jeweils die beiden urteilenden Funktionen des Fühlens und Denkens?

In diesen Beobachtungsraum gehört z.B. auch der Tanz, der in besonders eindrucksvoller Weise die Vereinigung von »Körper und Seele« auszudrükken vermag. Denn der Tänzer ist ja auch in hohem Maße an eine gute und wahrnehmungsfähige Beziehung an seinen Körper gebunden. Die vollendet schönen Kult-, besonders die indischen Tempeltänze, bei denen fast jede Geste einem »Mudra« entspricht und als Symbolsprache der Yogis verstanden wird, haben in Europa einen großen Freundeskreis gefunden.

Das Sanskritwort »Mudra« verdeutlicht – wie eben auch der Tanz als Geste –, daß die jeweilige Gebärde nicht zufällig gestaltet wird, sondern sich darin ein Ausdruck des »Tiefenbewußtseins« enthüllt.

»Die Bewegung oder die Haltung unserer Hände ist höchst bedeutsam als Ausdruck unserer geistigen oder emotionellen Haltung.«[81] Auch bei diesen wahrnehmbaren Ausdrucksformen wird deutlich erkennbar, daß es nicht allein die Empfindungsfunktion ist, die ihre Signale in das Ich-Bewußtsein trägt, sondern daß Informationsverbindungen zu den anderen Funktionsbereichen bestehen.

Die Intuition als geistige Wahrnehmungsfunktion

Als Überleitung von der Empfindungsfunktion zu der polaren Ergänzung, der Intuition, erscheint die sehr subjektive Aussage eines »wunderbaren Erlebnisses« von dem weltbekannten Physiker Fritjof Capra als besonders geeignet, etwas über die Phänomenologie in der Praxis der Ich-Funktions-Arbeit zu vermitteln. Es läßt den Leser in eindrucksvoller Weise teilhaben, wie Materie und Geist sich im energetischen Wirkfeld eines hohen Begabungspotentials über die wahrnehmenden Ich-Funktionen (Funktionsebene) vom »Bild« in das erkennende Wort transferieren lassen: »Vor fünf Jahren hatte ich ein wunderbares Erlebnis, worauf ich den Weg einschlug, der zum Schreiben dieses Buches führte. Eines Nachmittags im Spätsommer saß ich am Meer und sah, wie die Wellen anrollen, und fühlte den Rhythmus meines Atems, als mir plötzlich meine Umgebung als Teil eines gigantischen kosmischen Tanzes bewußt wurde. Als Physiker wußte ich, daß der Sand und die Felsen, das Wasser und die Luft um mich her sich aus vibrierenden Molekülen und Atomen zusammensetzten. Diese wiederum bestehen aus Teilchen, die durch Erzeugung und Zerstörung anderer Teilchen miteinander reagieren. Ich wußte auch, daß unsere Atmosphäre ständig durch Ströme kosmischer Strahlen bombardiert wird, Teilchen von hoher Energie, die beim Durchdringen der Luft vielfache Zusammenstöße erleiden. All dies war mir von meiner Forschungstätigkeit in Hochenergie-Physik vertraut, aber bis zu diesem Augenblick beschränkte sich meine Erfahrung auf grafische Darstellungen, Diagramme und mathematische Theorien. Als ich an diesem Strand saß, gewannen meine früheren Experimente Leben.
Ich ›sah‹ förmlich, wie aus dem Weltraum Energie in Kaskaden herabkam und ihre Teilchen rhythmisch erzeugt und zerstört wurden. Ich ›sah‹ die Atome der Elemente und die meines Körpers als Teil dieses kosmischen Tanzes; ich fühlte seinen Rhythmus und ›hörte‹ seinen Klang, und in diesem Augenblick wußte ich, daß dies der Tanz Shivas war, des Gottes der Tänzer, den die Hindus verehren.«[33]

Im Gegensatz zur wahrnehmenden Empfindung ist die ebenfalls »wahrnehmende« Intuition inhaltlich dynamisch schwieriger zu beschreiben. Es ist leicht zu sagen: ich fühle… ich denke… ich empfinde… Aber selten oder nie hört man sagen: ich intuiere, auch wenn man weiß, daß die Intuition als Ich-Funktions-Möglichkeit vorhanden ist. Selten wagt jemand, zu sagen: »Ich habe eine gute Intuition«, weil unter Umständen die geheime Angst besteht, sich lächerlich zu machen. Die Intuition fügt sich in kein System, in kein Schema, keine Ordnung, ist raum- und zeitfrei, vermittelt Wortbilder und Bildworte (Runen, Kalligrafie, Imaginationen, Visionen, plötzlich »Einfälle« usw.). Die Intuition läßt plötzlich ein Ganzes sichtbar

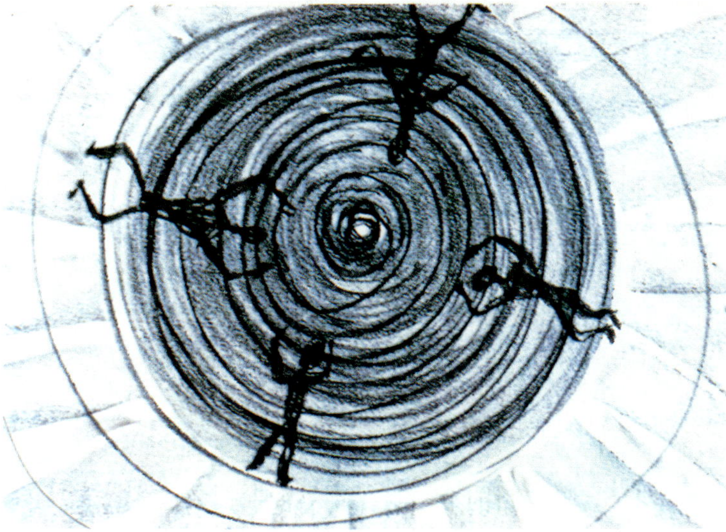

Unbewußt gemaltes Bild während einer Individuationsanalyse in einer Gruppensituation.

Aussage zum Bild: »Der Tanz der Vier in der kosmischen Spirale, die in die tiefste Tiefe und bis in den hohen Kosmos und das strahlende Sonnenrad reicht…«

werden, ohne den Weg zu bezeichnen, wie viele wissenschaftliche und schöpferische Werke immer wieder erneut beweisen. (z.B. die Vision von der Sechserringstruktur des Benzols von A. Kekule, oder auch die Seitenkettentheorie von Paul Ehrlich…) Die Intuitionsfunktion enthält praktisch eine unbegrenzte Wissens*fähigkeit*, die durch spezifische Angebote aus dem geistig-kulturellen Raum zu einem ebenfalls fast unbegrenzten Gedächtnis sich entwickeln kann.

Das Wort, vom lateinischen *intueri* abstammend, heißt in der deutschen Übersetzung ganz schlicht »hineinschauen« und erscheint damit nicht besonders geheimnisvoll. Aber dieses Hineinschauen verbindet sich mit Ahnungshaftem, eher nicht *Durch*schaubarem, Möglichem. Die enttäuschten Worte: »… hätte ich doch… ich habe es doch geahnt… ich wußte doch genau, daß…« sind eigentlich jedem Erwachsenen bekannt und fast jeder hat Ähnliches schon einmal erlebt. Die jeweiligen Signale erreichen offensichtlich die Ich-Instanz, werden aber von dieser offensichtlich auch perzipiert, aber nicht mit dem entsprechenden »Urteil« aperzipiert (urteilende Funktion: Denken/Fühlen).

Die Intuition widersteht jeder Pädagogik. Aber die Achtsamkeit und Bewußtseinserweiterung der Ich-Instanz als Erfahrungseffekt kann den Kontakt zwischen Funktion und Instanz sehr intensivieren und für die spezifischen Signale empfangsbereiter machen.

Das Riesenangebot materieller Objekte fordert und fördert das Bewußtseinstraining der Empfindungsfunktion, und die Gewöhnung an die Fülle kann das Urteilsvermögen abstumpfen. Die oft wie eine »übersinnlich anmutende Schau« der Intuition wirkt demgegenüber unter Umständen »metaphysisch« oder magisch, kann Angst machen oder Mißtrauen erwecken. Von daher ist es auch verständlich, daß die Intuition in die Nähe des Instinktes, oder auch der Frühpsyche, der »primitiven Psychologie« verlagert wird.

Junge Kinder vermögen allerdings auch in erstaunlicher geistiger Freiheit ihre schöpferischen Intuitionen zu gestalten, ohne sich an vorgegebene Gesetze von »normal oder richtig« zu halten.

In diesem gedanklichen Zusammenhang ist eine Information ganz besonders interessant, die dem Buch von Josephine Zöller entstammt, in dem sie schreibt: »Den Anstoß zum Entstehen dieses Buches gaben Begegnungen mit äußerst merkwürdigen Vorkommnissen, die ich in der Volksrepublik China beobachten konnte.« Die Verfasserin ist selber Ärztin und hat viele Jahre in China gearbeitet. Sie hat sich mit der spezifische chinesischen Heilbehandlung der »Qi Gong Übungen« auseinandergesetzt. Es geht dabei – auf einen einfachsten Nenner gebracht – um die Kraft »Qi«, nicht greifbar, nicht sichtbar, nicht hörbar, aber im Wirk-Phänomen darstellbar.

Frau Zöller schreibt: »Die Vermutung, daß Wahrnehmungen nicht nur durch unsere fünf Sinnesorgane registriert werden, sondern mittels des Qi an anderen Orten des Nervensystems auftreten können, wird inzwischen auch von chinesischen Naturwissenschaftlern geäußert.«

Aus diesem Grunde fand im August 1981 ein Kongreß statt, zu dem sich mehr als tausend Kinder(!) aus dem ganzen Land gemeldet hatten, die »besondere Fähigkeiten« besaßen.

»Auf dem Symposium wurden Tausende von unglaublichen Beispielen zusammengetragen. Die Versuchspersonen sehen und lesen, ohne die Augen zu benutzen; durch bloßes Anblicken können sie den Ast eines Baumes zum Abbrechen bringen; in hundertfacher Vergrößerung sehen sie Organe und lassen Gegenstände durch Körper und Wände hindurch fliegen.«[88]

Gerade solche urhaft und archaisch anmutenden »Phänomene« führen auch heute noch dazu, daß die Intuition als Ich-Funktion mehr oder weniger abgewertet, oder als unglaubhaft abgeschoben wird. C. G. Jung hat bei seiner Wahrnehmungsforschung (nachvollziehbar) festgestellt, daß sich bei der Intuition »irgend ein Inhalt als Ganzes« präsentiert, »ohne daß wir zunächst fähig wären, anzugeben oder herauszufinden, auf welche Weise dieser Inhalt zustande gekommen ist.« Und er vermittelt in diesem Zusammenhang ein Wort von Spinoza, der die Intuition als »scientia intuitiva« für die höchste Form der Erkenntnis hielt.[4]

Auf jeden Fall hat die Intuition die Sprache des Bildes, das vom Ich-Bewußtsein in Worte übersetzt werden kann. Zwischen Wort und Bild entsteht das Gespräch, die duale Beziehung und das Gewahrwerden der unsichtbaren Mächte in einer noch nicht erklärbaren Welt. Die extravertiert eingestellte Funktion durchbricht mühelos alle historischen Schwellensituationen und vermag das Jetzt mit den Ursprüngen aller Anfänge und Evolutionssprünge zu verbinden. Dementsprechend vermag die introvertiert eingestellte Intuition in den »inneren Kosmos« einzudringen, um in der archetypischen Tiefenschicht Ur-Bilder zu evozieren und sie über die transzendente Funktion dem Ich-Bewußtsein anzubieten.

Das individuelle Erfahrungswissen der »subjektiven« Intuition, also »meiner Intuition« ist gedächtnismäßig ebenso bewußt abrufbar, wie bei der Gedächtnisfähigkeit jeder anderen Ich-Funktion. Das eigentümliche Tiefen-Wissen über die Urbilder der archetypischen Wirkfelder dagegen signalisiert sich autonom über unvorhersagbare Einfälle, Vermutungen: »... dazu fällt mir ein...« Die Intuition vermag z.B. wie mit einem psychodynamischen Zeitraffer Urbilder mythologischer Vergangenheiten mit aktueller subjektiver Dynamik (oder Symbolik) zu mischen und dadurch ein archetypisch zeitgültiges Mosaik für das Ich-Bewußtsein zu transzendieren.

Die Nicht-Sinnesorgangebundenheit der Intuition kann sie gedanklich in den Bereich des »Außersinnlichen« verweisen. Einfälle zum sogenannten »dritten Auge« aus dem Hinduismus oder dem ägyptischen Udjat-Auge (Auge des Horus) weisen über die »normale« Sehfähigkeit hinaus und deuten auf geistig-seelische Wahrnehmungsfähigkeiten hin. Visionen und spontane Imaginationen sind als »innere Schauungen« anzusehen und haben einen anderen Erlebnischarakter als das konkrete (materielle) Sehen mit den Sehorganen. Im gleichen Sinne spricht man auch vom inneren Gehör, – bzw. vom inneren Hören, was sich sowohl auf Worte: »... da hat in meinem Inneren etwas zu mir gesagt...« oder: »... es war, als ob ich sagen hörte...« beziehen kann, wie aber auch auf Töne oder Melodien. Wie beim Sehen das »Hellsehen« und beim Hören das gelegentlich Prophetische, haftet diesen geistigen Inhalten nicht selten eine beeindruckende »Numinosität« an. Aber diese durchaus realen Erlebnisse sind inhaltlich an die spezifische Wahrnehmungsfähigkeit der Intuition gekoppelt und sie transportiert sie in die Ich-Bewußtseinsinstanz. Aber nicht nur sehen und hören, sondern auch die materiell körperliche Sinneswahrnehmung wird (z.B. in der Psychologie des Yoga) durch die »sieben spirituellen Kraftfelder« (Bewußtseinszentren) der Chakras über die Intuition in meditative Vorstellungsbilder verwandelt. Die chinesische Medizin vermittelt hierüber ein uraltes Wissen, das heute im westlichen Abendland weitreichende Verbreitung und zunehmende, auch wissenschaftliche Anerkennung gewonnen hat. (Qi Gong Übungen, Tai Ji als Mediation in Bewegung und Shiatzu als japanische Fingerdrucktherapie). Die in der ganzen Welt verstehbare Sprache ist das symbolische Bild. Das Symbol ist psychische Energie, die in jeder Gestalt gewordenen Materie in Farbe, Form, Dynamik, Ton, Sprache und Gestik gestaltet werden kann.

Als Beispiel aus der Praxis soll hier ein Traum mitgeteilt werden, der von einer Augenärztin, in Klinik tätig, verheiratet, einen Sohn, geträumt wurde. Ihr primärer Kommentar: »... absolut nicht verstehbar, aberwitzig, fremd, eigentlich nur wie in einem Märchen...« Als auslösende Ursache meinte sie nach längerem Nachdenken: »... na ja, vielleicht hat es etwas mit Ostern zu tun oder auch mit Pfingsten oder so...«

Der Traumtext: »Ich bin in einer mittelalterlichen Stadt, viel Fachwerk, Pferdewagen, bäuerlich gekleidete Menschen. Irgend ein Platz, wie Marktplatz, oder besser Kirchenplatz, so Mitte des Ortes.

Und eine großmächtige Kirche, fast ein Dom, hoch und sehr gotisch. Ich bin da fremd, allein, aber – ganz merkwürdig – mit irgendetwas vertraut, fast so, als ob ich *da hingehöre*. Ich sehe so über den Platz – und ganz plötzlich ist es Nacht geworden, die Stadt ›schläft‹ und ist wie im oder unter Wasser. Und dann sehe ich auch plötzlich – über dem Wasser ein schwebendes Mädchen. Sie ist ganz durchsichtig und bewegt sich unendlich zart mit kaum wahrnehmbaren Bewegungen. Hinter ihr, größer als das Mädchen, schwebt eine große leuchtende Rose, durch deren Mitte hindurch ich ›blühendes Leben‹ sehen kann (Wie ein lebendig gewordenes Bild von Breughel). Das Bild verschwindet plötzlich, und es ist wieder der Platz in der Stadt da. Es knien jetzt alle Menschen am Straßenrand und eine Prozession von Mönchen zieht auf die Kirche zu. Sie gehen sehr langsam, aber alle im gleichen Rhythmus und hatten Mönchskutten an, die in allen Rottönen leuchteten. Dann knien auch die Mönche nieder. Der Weg, den sie gegangen sind, *bedeckt sich* mit einem wunderschönen grünen Teppich, der über die aufwärtsführenden Kirchenstufen bis in das Heiligtum hineinreicht. Es herrscht vollkommene Stille. In dem hohen Raum steht ein riesiges *goldenes* Kreuz, dessen freie Enden sich wie *Lilien* öffnen, während das Kreuz sich unaufhörlich dreht.« Es wird verstehbar, daß die Dimension dieses Traumes spontan eine gewisse Abwehrhaltung im Bewußtsein der Träumerin provozierte: »… nicht verstehbar, aberwitzig fremd…« denn die Numinosität wird im dynamischen Mosaik der Traumbilder ohne Weiteres spürbar. Sie übersteigen die aktuelle Erkenntnisfähigkeit, faszinieren aber gleichzeitig durch das Geheimnisvolle, aber auch untergründig irgendwie Erschreckende, weil nicht wirklich Verstehbare, das »ganz andere«, als das sogenannte Normale.

Obwohl der Traum fast wie eine sachliche Reportage berichtet wird, zeigt sich im Traumdialog, daß die Bilder des Traumes eine starke Wirkung hinterlassen haben. Der bewußte Versuch, diese Wirkung zu verkleinern oder lächerlich zu machen, gelingt nur schwach. »Ich kann mit sowas überhaupt nicht umgehen und hab' damit auch nichts am Hut… das Kreuz und wie sich das drehte und die sich öffnenden Lilien… das war ein Gefühl, als würde ich abgehoben vom Erdboden…«

Im Interesse des Kapitel-Themas (die Intuition als Ich-Funktion) soll hier nicht näher auf die weitreichende Bedeutung des Traumes eingegangen werden, sondern das Typogramm der Träumerin in den Vordergrund gestellt werden.

Das Anfangstypogramm zu Beginn des Individuationsweges hatte folgende Signatur: erstaunlich gut differenzierte, bewußtseinsfähige und introvertiert eingestellte Empfindungsfunktion (im Beruf trainiert); sehr libidostarke, extravertiert eingestellte Intuition, weniger deutlich bewußt, aber offensichtlich potentiell von einem Begabungskomplex zusätzlich energiegeladen. (Die Aktion im Traum wird also auch hier primär von der Wahrnehmungsebene bestimmt). In der polaren Ebene scheinen gute Kontaktmöglichkeiten zu bestehen. Die urteilende Ebene mit der Polarität von Denken/Fühlen zeigt eine rasch und bewußtseindeutliche Denkfunktion, gut trainiert, aber mit kollektiven Normen geschient. Die Fühlfunktion mit introvertierter Einstellung erschien deutlich komplexbesetzt und sehr verletzbar.

Dieser Traum enthüllte für die Patientin eine für sie bis dahin unbewußte (unbekannte) Fähigkeit, urbildhafte Zusammenhänge (archetypische Engramme) in zwar vom Ich-Bewußtsein abgelehnte, aber vom Unbewußten mosaikhaft zusammengefaßte Aktionsbilder zu intuieren. Das geistige Element in den Bildern kann im analytischen Dialog (speziell bei der Frage: warum träumen Sie das denn?) für sie selber erstaunlich »einleuchtend« assoziiert werden und blockiert sie schließlich bei dem Satz: »... aber mit der Kirche habe ich nichts, aber auch gar nichts zu tun.« Und was sagte der Traum dazu (mit seiner Wahrnehmungsebene und den beiden Ich-Funktionen: Empfinden und Intuieren)? Bei der Erinnerung an das »schwebende Mädchen« und die »Rose«, durch die sie selber das »blühende Leben« sehen kann – verändert sich ihre Haltung und sie ist plötzlich ganz erschüttert von der »reinen Poesie« der Bilder, von der Schönheit und Tiefe dessen, was da »eigentlich« geschieht. Der Traum war ein sehr deutlicher Appell an das Ich-Bewußtsein, die strenge Haltung der urteilenden Ebene selbst einmal in Frage zu stellen, ob richtig wohl wirklich immer richtig und falsch wirklich immer nur falsch ist. Und er versucht, dem Fühlen Mut zu machen, Freude einmal ohne Urteil Freude sein zu lassen. Darf wirklich immer nur das Bewußtsein entscheiden?

Worin aber besteht der *Sinn* dieser Traumchiffren, wenn man die eindrucksvollen Bilder nicht nur als ein schönes Geschenk der Nacht betrachten will? sondern sie der Denk-Funktion zum Nach-Denken anvertraut.

Denn in den urteilenden Ich-Funktionen Fühlen und Denken liegt die kritische (analytische) und einordnende Fähigkeit der grenzfreien und schöpferisch »chaotischen« Intuition gegenüber. Das Wissen um diese Teamarbeit der einzelnen Funktionen mit- und untereinander enthält für die therapeutische Arbeit wichtige Hinweise für die spezifische »analytische Arbeit mit den Ich-Funktionen«.

Die Intuition vermittelt das Sinnfällige (im symbolischen Bild), aber sie kann auch sehr *eigensinnig* sein. Einerseits können die vielfältigen Einfälle zu schöpferischer Gestaltung führen, wenn die Ich-Instanz gestalterische Fähigkeiten entwickelt hat. Aber sie können auch bis zur dynamischen »Verwahrlosung« oder zur geistigen Müllhalde werden. Die Fähigkeit zur Begeisterung kann sich steigern bis zur Inflationsgefährdung, und die Fähigkeit, Grenzen aufzustoßen, kann das Bewußtsein wegschwemmen vom gewollten Inhalt. Hier besteht eine nicht ungefährliche Schwellensituation, in der ein nicht koherentes (schwaches Ich), d.h. ein »funktionsgestörtes« Ich-Bewußtsein sich plötzlich mit Inhalten, d.h. Bildern konfrontiert sieht, die mit archetypischen Energien geladen sind. Speziell haben – wie man immer wieder in der Praxis und ganz allgemein im Alltag erfährt – diese Bilder eine eindrucksvolle Faszinationskraft, von der auch ein Gegenüber, z.B. auch ein Therapeut erfaßt beziehungsweise »begeistert« werden kann.

Wenn aus neurotischen oder psychotischen, aber auch durch Drogen oder bestimmte Mediationsformen, »veränderte Bewußtseinszustände« entstanden sind, und eine Dissoziation im Funktionssystem des Ich-Komplexes hervorgerufen wurde, kann es zu erheblichen, auch bedrohlichen psychischen Zuständen kommen. Auch das in den letzten Jahren zunehmende, oder besser erkannte Borderline-Syndrom gehört in diesen Betrachtungsraum. Die Intuition ist immer ein aktiver und schöpferischer Prozeß. Darin liegt ihre Macht und ihre Gefahr, und dadurch wird sie entweder akzeptiert und hoch gewertet, oder gefürchtet, abgewehrt und vielfach gemindert. Ihre breite Empfangsfähigkeit für die unbewußten Energien macht sie wegen der gelegentlichen Numinosität der Aussagen verdächtig oder wirkt schlicht Neid erregend. Sie hat eine feine Witterung für »Keimendes« – das schon genannte Ahnungsvermögen – und demonstriert damit das unbewußte Wissen (Ur-Wissen, archetypische Engramme) und gleichzeitig das Nicht-davon-Wissen im Ich-Bewußtsein.

Die folgenden Protokollnotizen sollen dazu ein Beispiel aus der Praxis vermitteln. Auch im Dialog mit einem 5jährigen Mädchen(!) zeigte sich die für die Intuition so typische Transparenz (Transzendenz), Durchsichtigkeit und spirituelle Wahrnehmungsfähigkeit.

Das kleine Mädchen hatte lange und stumm ein Bild betrachtet, das ziemlich hoch an der Wand hing und dadurch, in einer eigentümlichen Weise, eine besondere optische Wirkung (»von ganz oben«) erzielte.

Es wurde von einer 75jährigen Frau gemalt, als sie sich mit dem tragischen Schicksal ihrer ältesten Tochter auseinandersetzen mußte. Der tiefe Schmerz dieser Trennung hatte bei dieser Frau ein intensives Ringen um einen »Sinn des Lebens« ausgelöst. »Warum sie mit ihren drei Kindern, warum nicht ich. Ich bin alt…« Auf der Suche nach Antwort von Innen, entstand das Bild: »… ich weiß nicht, was das soll… ein Auge mit Ohren…« Und das wurde zum Thema, das *Hören* führte in den (religiösen) Raum des Gehorsams dem Schicksal gegenüber und nachfolgend auch des Opfers, das sich so mit Trennung und Schuld koppelt. Der Dialog mit dem eigentümlichen Bild wurde für die Frau zu einem Dialog mit sich Selbst – zu einem »… wie früher einmal… vor vielen Jahren, als mein Sohn gefallen war… in Rußland… und ich sterben wollte… ein Gottesgespräch…«

Als das kleine Mädchen aus seiner versunkenen Betrachtung auftauchte, fragte es: »Was ist das denn?« Auf die vorsichtige Rückfrage: »Hast Du das Gefühl, daß es Dich anschaut?« antwortete sie: »Das guckt mich nicht an, aber es sieht mich.« Ich war so verblüfft über die unmittelbare Vermittlung eines geistigen (symbolischen) Inhaltes, daß ich mich zunächst einmal in den »Warteraum des Hörens« verwiesen sah. Nach einer Weile nahm das Kind den Faden wieder auf: »Das ist ein komisches Auge, da ist das Ohr gleich mit dran, das kann ja sehen und hören.« Und nach einer weiteren Pause sprach sie nachdenklich weiter in ihrem Bilddialog und produzierte folgenden erstaunlichen Satz: »Das ist so wie mit dem lieben Gott. Der sieht und hört ja auch alles, wenn man nicht lieb ist. Und ich kann ihn aber nicht sehen. Nie…« Ich fragte sie: »Hast Du Angst davor?«. Sie zögerte sichtlich und antwortete etwas abweisend: »Nein…«. Dann fragte sie plötzlich: »Was ist denn Gott?«. Ich zögerte auch und mußte an die üblichen Wortbanalitäten und Verlegenheitssätze denken, die die Sprache ohne große Mühe zur Verfügung stellt, um unbequeme Kinderfragen zu beantworten. Gleichzeitig aber hatte mich der geistige Alleingang dieses Kindes betroffen gemacht und ich antwortete ihr mit dem, was aus ihren eigenen Worten sich konstelliert hatte und nach Wahrheit verlangte, auch wenn das rationale Denken es vielleicht noch nicht verstand: »Weißt Du, Gott ist Geist, das kann man erleben. Das ist so, wie Du gesagt hast, daß dieses Auge nicht anguckt, aber Dich sieht.« Und ehe ich weiter reden konnte, unterbrach sie diesen philosophisch-religiösen Dialog. Heiter, kindlich, weit weg von allem Ernst, ganz spontan sagte sie: »Ja, aber Gott ist nicht Geister.« Und als ich übersetzte: »Du meinst Gespenster und vor denen hast Du manchmal Angst?« (Ihr Phantasiereichtum produzierte gelegentlich auch Unheimlichkeiten) meinte sie: »… die sind ja näher, die kann man ja auch sehen und die kann man ja auch wegmachen, wenn man das Licht anmacht und dann kommt die Mami oder der Vati.«

Auch bei diesem Beispiel aus dem praktischen Alltag ist die Funktion und auch die über die subjektive Persönlichkeit hinausreichende Wirkung der Intuition und ihrer polaren Entsprechung der Empfindung als, vom Ursprung her, breit entworfene Wahrnehmungsfähigkeit für das Ich-Bewußtsein erfahrbar.

Die Intuition ist also die Wahrnehmungsfunktion für die elementaren Symbole des menschlichen Geistes. Es sind archetypische Bilder, die aus der Tiefe der unbewußten Psyche, dem kollektiven Unbewußten aufsteigen und die geistigen Chiffren aller gewesenen Zeitdimensionen enthalten. Sie sind immer multidimensional, also niemals eindeutig und unterscheiden sich dadurch von aller Semantik (eindeutige Zeichenhaftigkeit). Die Intuition vermag die Oberflächenwahrnehmung der Empfindungsfunktion zu durchdringen und das Hinter- oder Untergründige oder eben das »Innen« zu erfassen. Vor allem vermag sie – wie oben bereits angedeutet – im Teilaspekt das Ganze (auch eine Entwicklungsganzheit) zu schauen, wie z.B. den ganzen Wachstumsvorgang eines Baumes, eines Waldes oder eines Menschen.

Interessanterweise hat schon C. G. Jung darauf hingewiesen, daß man das von ihm entwickelte Funktionskonzept schon bei Kindern deutlich beobachten kann. Er schreibt: »Die Tatsache, daß gelegentlich schon Kinder in den ersten Lebensjahren typische Einstellungen erkennen lassen, nötigt zu der Annahme, daß es keineswegs der Kampf ums Dasein, so wie man ihn allgemein versteht, sein kann, der zu einer bestimmten Einstellung zwingt…«[4]. Dabei konnte festgestellt werden, daß der Arbeitsbereich des Ich-Komplexes bei allen Menschen als vollständiger Entwurf angeboren und geplant ist, aber auch in den Frühphasen mächtigen Störfeldern ausgesetzt sein kann. Der phänomenologische und psychodynamische Reichtum an Variationsmöglichkeiten in der jeweiligen Verhaltensaktualität kann allerdings überwältigend und (bei mangelnder Erfahrung) auch recht verwirrend sein. Aus diesem Grunde sollen zum Abschluß dieses Kapitels noch einmal zwei Kinder zu Wort kommen, die in ihrer Naivität in geradezu drastischer Weise ihre Funktionspolarität demonstrierten.

Es handelte sich um den 12jährigen Marian und den fast 11jährigen Alfred.

Bei Marian steht im Protokoll: Das »Eigentlich-Kind«. Eigentlich ist alles gar nicht so schlimm. Eigentlich kommt die Mutter nur, weil die Lehrerin es gesagt hat. Eigentlich versteht sie es gar nicht. Man tut doch alles… Eigentlich sei er ja auch recht begabt, aber dann würde er manchmal nicht aufpassen, nicht zuhören, abgelenkt sein. Der Vater würde darüber klagen, daß er ungeschickt sei, im Gegensatz zu dem jüngeren Bruder, der dem Vater beim »werkeln« so geschickt zur Hand ginge. Der Geigenlehrer hätte gesagt, daß er manchmal etwas ganz anderes Spiele, als auf dem Papier stünde, daß das aber meistens recht gut klingen würde. Eigentlich sei er über Durchschnitt begabt, aber er brauche viel Zeit.

Im diagnostischen Vorfeld wird er mit dem TFT-Test (Tier-Familien-Test) konfrontiert, allerdings ohne Zeichnen, sondern mit dem Wortangebot: »Wenn du ein Zauberer wärst und könntest alle Menschen, auch deine Familie, in Tiere verzaubern, in was für ein Tier würdest du dich verzaubern?«

Er antwortete nachdenklich: »Das würde ja ein Symbol sein.« Auf die Nachfrage: »Was meinst du damit?« sprach er nachdenklich weiter: »Na ja, das bin ja nicht ich, aber es würde an meiner Stelle sein. Und ich wäre ja auch in ihm drin. Nur das Äußere wäre ja verwandelt.« Die Schnelligkeit, mit der hier das »Objekt« Zauberer in einen hintergründigen Begriff übersetzt und dann subjektiv dynamisiert wird (ich bin ja nicht ich – und ich bin auch in ihm drin) zeigt eine faszinierende Arbeitsfähigkeit zwischen den beiden geistigen Funktionen des Denkens (intellektuell) und der Intuition (spirituell), die ein so überzeugendes »Mosaik« entstehen lassen, daß hier der energetische Zustrom eines Begabungskomplexes vermutet werden konnte. Dem entsprach auch seine Fortsetzung in der Testphantasie. Er verwandelte sich in einen Raubvogel und interpretierte die Frage, was denn dieses Tier Besonderes könne: »Er kann fantastisch sehen, viel besser als die Augen eines Menschen. So als hätte er elektronische Augen.« Und dann kam das Überraschende, was man bei Kindern immer wieder einmal erleben kann, die noch nicht so abgespalten oder hart dissoziiert sind in ihren psychischen Funktionen. Als er gefragt wurde, ob er denn auch so gut sehen könne, antwortete er: »So natürlich nicht. Aber manchmal sehe ich etwas ganz schnell, es fällt mir ein, wie Gedanken, aber es sind keine Worte, vielleicht Bilder, aber das ist es auch nicht so ganz (außersinnliche Wahrnehmung, denn die Sinnesorgane sind es ›auch nicht so ganz‹) z.B. wenn ich übe, beim Geigenspiel, dann kommt mir manchmal eine neue Melodie (das innere Ohr?) Aber wenn ich sie zu spielen versuche, ist sie weg, oder falsch, so als würde ich sie nicht richtig erreichen…« Und etwas traurig fügte er hinzu, der Geigenlehrer meine halt, er müsse noch viel üben und Notenlesen, bevor er selber einmal komponieren könne. Der Lehrer trainiert also die Empfindungsfunktion – vielleicht zu Recht – und verläßt sich auf die Intuition und deren Begabung.

Jedenfalls konnte sich Marian in seiner Spezifität und aktuellen Individualität eindrucksvoll darstellen, seine geheimen und hochfliegenden Sehnsüchte formulieren und andeuten, wie der Weg vielleicht laufen könnte, der ihn zu seiner jeweiligen (altersgemäßen) Vollständigkeit führte. Sicherlich waren dabei auch Wachstumsschwellen für die Eltern zu überwinden, die im allgemeinen für keinen der Beteiligten leicht zu leisten sind.

Für Marian jedenfalls wäre es wichtig, daß seine »eigentlich« so begabten, extravertiert eingestellten Ich-Funktionen – das Denken und Intuieren – mit der schnellen, aber eben auch gelegentlich flüchtigen Reaktionsweise, subjektiv angeschlossen werden an die deutlich introvertierte Empfindungsfunktion und die ebenfalls deutlich introvertierte Fühlfunktion. Sie müssen gefördert und nicht gemindert werden, bis sein eigenes Ich-Bewußtsein ein besseres Wissen um seine eigenen Möglichkeiten erfahren hat. Auch er steht vor der inneren Frage: Wer bin ich eigentlich?

Einen ganz anderen Eindruck vermittelte der Dialog mit dem etwas jüngeren Jungen Alfred. Die Eltern hatten sich über seine Aufsäßigkeit, besonders der Mutter gegenüber, beklagt, auch über Schulschwierigkeiten und den »ewigen Streit« mit dem Bruder. Auch er wurde mit dem TFT-Test konfrontiert und der Vorstellung, ein Zauberer sein zu können, der alle Menschen, auch die Familien in Tiere verzaubern könne.

Die Aufforderung, sich selbst als Zauberer vorzustellen, wurde spontan und energisch abgelehnt: Das gäbe es ja nicht und er wolle sich nicht in ein Tier verwandeln.

Auf die Frage, ob er sich darüber ärgere, antwortet er (schon etwas gereizt): »Ach, das ist so'n alberner Kinderkram und ich bin doch einfach kein Tier…« Die konkret realistische Empfindungsfunktion verweigert sich der Phantasie. Er wird an die Fernsehsendung über »Pan Tau« erinnert und sagt prompt: »Das ist ja auch eine Rolle und nicht wirklich.«

Auf das veränderte Angebot: wir könnten ja mal ein Spiel spielen, bei dem er die »*Rolle* des *Zauberers*« übernehmen würde, konnte er dann eingehen. Dabei blieb seine Individualität offensichtlich unangetastet.

Seine »Familien-Zauber-Phantasie«: Er verwandelt sich in einen Hund, den hätte er ja auch, den mag er auch, mit dem könne er ja dann auch richtig reden. Der *Bruder* sei auch ein Hund, aber ein *kleinerer*.

Der *Vater* sei auch ein Hund, er wüßte nicht so richtig, was für einer, oder nein, der sei ein *Seelöwe!*, so wie im Fernsehen mit einem dicken Bart, wenn man aber an ihn ran will, taucht er weg. Die *Mutter* sei eine *Kuh*, die gäbe ja viel Milch, würde immer muhen und hätte Hörner und sei dumm – »eine dumme Kuh!«.

Bei dieser »Tierfamilie« spürt man zunächst die blasse äußere Realitätsbeziehung: einen Hund besitzt er, Ferien auf einem Bauernhof finden regelmäßig statt und der Junge darf viel Fernsehen. Hier hat sein Bewußtsein spitzbübisch und fast ironisch die Zaubererrolle gespielt und mit einem beinahe genußvollen »… eine dumme Kuh!« beendet. Unbewußt aber werden über die introvertierte Intuition recht deutliche Konfliktsignale gesendet. Der Bruder ist in der bewußten Realität deutlich größer und älter, der Vater ist zwar mächtig und hat vor niemandem Angst, aber man kommt nicht an ihn ran, dann taucht er weg und die Mutter hält (unbewußt) die »drei Männer« im oral-kaptativen Bedürfnisraum fest.

Auch hier zeigt die nur kurze und ausschnitthafte Vermittlung aus den Protokollnotizen einer diagnostischen Untersuchung des Kindes Alfred, mit welcher Klarheit und Deutlichkeit das Ich-Funktionssystem phänomenologisch erfaßbar (diagnostizierbar) ist.

Damit soll der einführende Einblick in die Beziehungs- und Verhaltensmöglichkeiten der breiten Wahrnehmungsebene abgeschlossen werden und der urteilenden Ebene mit der Fühl- und Denkebene den Platz freigeben.

Die polare Dynamik der urteilenden und wertenden Ich-Funktionen

Fühlen und Denken

Das Fühlen mit der Basischiffre: Angenehm und/oder unangenehm

In der Analytischen Psychologie wurde der Begriff des Fühlens als Ich-Funktion von C. G. Jung als rationale und wertende Funktion dem Denken gegenübergestellt und als dessen polare Ergänzungsfunktion betrachtet. Was aber ist der Unterschied zwischen den im allgemeinen Sprachgebrauch austauschbaren Begriffen: Fühlen und Gefühl? Zunächst umfaßten beide Begriffe relativ undifferenzierte Erregungszustände mit affektiven, aggressiven und anderen emotionalen, mehr oder weniger komplexhaften Gemützuständen.

Erst etwa im Beginn des 18. Jahrhunderts wird das »Gefühl« bewußtseinsdeutlicher und es begann eine Zeit, in der man von »Gefühlsseligkeit« sprach, die auch als Zeit des »Sentiment« bezeichnet wurde. Mit »Gefühl« assoziiert sich seitdem das »Sentimentale«, was sich leicht auch mit dem Begriff von Kitsch koppeln kann, oder als Lächerlichkeit nicht ernst genommen wird.

Bei den schlesischen Dichtern benutzte man eher den Begriff »Fühle« und im niederländischen Sprachraum kennt man das Wort Gevoelen. Eine breite Wortskala entfaltet sich im Inhaltsraum des Gefühls:

Abscheu, Affekt, Angst, Antipathie, Empathie, Ergriffenheit, Erschütterung, Eifersucht, Freude, Güte, Haß, Leidenschaft, Liebe, Minderwertigkeitsgefühl, Mißtrauen, Lust, Unlust, Trauer, Reue, Schwermut, Schuldgefühle, Zorn…

Der Variationsreichtum macht es verstehbar, daß das Gefühls/Fühl-Paar immer wieder Schwierigkeiten bereitet, wenn es sich um eine Antwort auf die Frage: *»Was ist Fühlen?«* handelt.

Im Laufe der allgemeinen Ich-Bewußtseinsentwicklung hat sich erwiesen, daß, wie C. G. Jung es formuliert, die vier »Grundfunktionen sich sowohl genuin wie auch essentiell von anderen Funktionen unterscheiden«.

Er benutzt dabei sein Erfahrungswissen und schreibt vom »Fühlen« und an dieser Stelle nicht von Gefühl. »Ich unterscheide daher einen Denk-, einen Fühl-, einen Empfindungs- und einen intuitiven Typus.«[4]

Um die Wertungsfähigkeit der Fühlfunktion erklärbar zu machen, benutzt C. G. Jung die beiden Begriffe des »Annehmens und Abweisens«, die heute entsprechend der extrem subjektiven Vorganges der Fühlmodalitäten mit den Begriffen angenehm/unangenehm benutzt werden. Das hohe Maß an Subjektivität erschwert es, besonders für die Denkfunktion, die Fühlfunktion überhaupt als wertungsfähige (urteilsfähige) Funktion zu erkennen, bzw. anzuerkennen. So kann es »Streitgespräche« geben, bei denen zwei Partner kontinuierlich aneinander vorbeireden und sich z.B. das intellektuelle Begriffsvermögen als unfähig erweist, »das Wesen des Fühlens in einer begrifflichen Sprache zu formulieren, da das Denken einer dem Fühlen inkommensurablen (nicht vergleichbar) Kategorie angehört...«[4] »Diesem Umstand ist es zuzuschreiben«, schreibt Jung, »daß keine intellektuelle Definition jemals in der Lage sein wird, das Spezifische des Gefühls (Fühlens) in einer nur einigermaßen angemessenen Weise widerzugeben.«[4] Dazu paßt der bekannte Satz, welchen J. W. Goethe seinen Faust sagen läßt: »Gefühl ist Alles, Name (Begriff) ist Schall und Rauch, umnebelnd Himmelsglut...«; und von Jean Paul findet sich eine philosophische Bemerkung, die, sehr knapp formuliert, gut ins Thema paßt: »Das Gefühl findet, der Scharfsinn (das Denken) weiß die Gründe...«, womit zur Fühlfunktion die Denkfunktion polarisierend assoziiert wird. Eine besondere Rolle spielt die Fühlfunktion bei allen Formen von *Sucht*. Die Abhängigkeit von einer Droge (ganz gleich, welches Objekt dazu benutzt wird) zeigt in besonders deutlicher und auch bedrängender Weise, welche Libidokraft gerade in der Fühlfunktion abgerufen werden kann. »... ich weiß, daß es falsch ist, aber ich kann es nicht lassen..., ich *fühle* mich nur dann wohl, wenn ich die Droge nehme oder habe...«

In diesen Lebenssituationen dominiert das Fühlen in hohem Maße das Ich-Bewußtsein. Es übt unter Umständen einen kaum auflösbaren Zwang aus.

Fühlen ist Prozeß und Zustand. Es aktiviert Handlung, kann eine »Stimmung« umfangen und einen Gefühlston (z.B. in der Stimme) hörbar werden lassen.

Die leiseren Möglichkeiten der Fühlfunktion (speziell bei introvertierter Einstellung) kann sich als subliminale »warme Atmosphäre« oder »Beziehungsstimulanz« bemerkbar machen. Andererseits kann sie eine fast verbergende Wirkung haben, so daß jemand als gefühllos, gefühlsarm, cool oder abweisend erlebt wird. Bei introvertierter Einstellung äußert sie sich nicht nur *langsam* sondern oft auch gar nicht. Die mehr auf das äußere Objekt, also extravertiert eingestellte Fühlfunktion läßt sich nur selten ins Abseits drängen. Als »Alleinherrscher« (d.h. ohne Koppelung mit einer anderen Funktion) vermag sie, z.B. in einer Gruppensituation, ein animierend verbindendes, aber unter Umständen auch ein aggressiv, unangenehm wertendes Klima zu verbreiten. »Kampf-Hahn-Gegacker« oder »Streit-Hammel-Gespräche« können sich dann als erhebliche Spannungsfelder wirksam erweisen. Die Subjektivität der Fühlfunktion kann eine erstaunliche Explosivität entwickeln, die wie ein Sturmwind jeden Widerstand hinwegzufegen versucht. Das Fühlen hinterfragt selten sich selber, interpretiert aber das Subjekt/Objekt mit subjektivem Maßstab, in der festen Überzeugung, daß dieser für das Gegenüber der allein Richtige sei. Bei einer differenzierten, d.h. vom Ich-Bewußtsein her häufiger beobachteten Fühlfunktion, kann sich in einem hohen Maß auch Ein-Fühlung, Mitgefühl, Feingefühl, Taktgefühl entwickeln.

In der Tätigkeit der Fühlfunktion (extravertiert/introvertiert) kann eine eigentümliche »Klugheit« beobachtet werden, die von einem nicht immer deutlich bewußt/unbewußtem Wissen gesteuert zu werden scheint. Es ist möglich, daß sie häufiger bei weiblichen Menschen auftaucht, was mit der primären Meinung von C. G. Jung übereinzustimmen scheint, daß das Fühlen bei Frauen, das Denken bei Männern zu beobachten sei. (Er hat dies später korrigiert.) Meist verbindet sich die Fühlfunktion mit einer »Nachbarin«, also entweder mit der »ahnungshaften Intuition, oder mit der sinnlichen Wahrnehmungsfähigkeit der Empfindung«. Dies kann überzeugend, aber auch »überstülpend«, überfahrend, besitzergreifend oder – bei affektiver Aufladung und extravertierter Einstellung – überschwemmend wirken. Die Fühlfunktion kann ein in manchen Situationen überraschendes Maß an Mut und Durchhaltekraft in emotionalen Streß-Situationen aufbringen.

Hierzu möchte ich aus einer therapeutischen Familiensitzung berichten. Anwesend waren die Mutter, der Vater, der 9jährige Sohn, die 14jährige Tochter und das sechs Monate junge Baby (dazu der Therapeut und zwei Protokollanten). Das Gespräch war von Beginn an stark aufgeladen. Der Vater hatte große, berufliche Sorgen (»... er hat nie Zeit, denkt nur an die Zukunft, hat kein Verständnis für mich oder die Kinder«); die Mutter fühlt sich allein gelassen mit allem, was im Hause anfällt, fühlt sich, so kurz nach der Entbindung, noch geschwächt; die Kinder erlebt sie als streitend, aufmüpfig und ich-bezogen. Und die Kinder? Das Mädchen hat die Beine über die Sessellehne gehängt und liest, wirft nur ab und zu einen verstohlenen Blick auf den Vater oder die Mutter. Und der Sohn spielt – zunehmend lauter werdend – mit Bausteinen, Autos und Treckern.

»Glaube, Liebe, Hoffnung, diese drei…« schienen hier von einem grauen Alltag vernebelt oder erdrückt zu sein. Die Familie war wie in Einzel-Teile aufgespalten, gleichzeitig aber wortfähig, vom eigenen Kummer zu sprechen. Das Baby unterbrach die Fortführung des Gespräches und die Mutter wendete sich ihm zu, um es »zu stillen«! Symbolisch wirkte dies wie eine Aufforderung, das Gespräch in eine andere Ebene zu transponieren, die Gemeinsames für alle anbot. Dies bot sich in diesem Fall mit der Frage nach einem »Märchen« an, denn alle waren gleichermaßen unzufrieden, fühlten sich »ungestillt«, erwarteten vom anderen, was im eigenen Inneren nicht fruchten wollte. Das »du bist schuld…« war der Familienball, der bei jedem schmerzhaft ins Tor knallte.

Die (aus vorherigen Sitzungen bereits bekannte) Frage nach einem »Märchen« wurde nach längerem Schweigen von der Mutter beantwortet und rief zunächst Betroffenheit hervor: Der treue Johannes![89]

Die Betroffenheit bezog sich darauf, daß außer der Mutter, niemand in der Familie das Märchen kannte. Die Reaktionen waren deutlich emotional getönt. Der Sohn: »… treue Johannes, so'n Quatsch…«; die Tochter: »… blöder Name…«; der Vater: »… das soll wohl ein Hinweis sein…«; die Mutter blieb freundlich zurückhaltend und ganz auf sich bezogen: »… Ich mag das sehr. Es ist voller Gefühle, früher habe ich dabei immer weinen müssen. Da ist Liebe und viel Hoffnung…«. Alle schauten den Vater an.

Und er las. Er begann mit der vertrauten Anfangschiffre: »Es war einmal ein alter König, der war krank und dachte: Es wird wohl das Totenbett sein, auf dem ich liege. Da sprach er: ›Laßt mir den getreuen Johannes kommen.‹ Der getreue Johannes war sein liebster Diener und hieß so, weil er ihm sein Leben lang so treu gewesen war.«

Der Vater hatte die wenigen Zeilen gelesen und machte jetzt eine kurze Pause. Alle schwiegen. Des Vaters dunkle und jetzt ganz warme Stimme fuhr fort: »Und der König gibt dem Diener seine Anweisungen für seinen jungen Sohn: ›Getreuester Johannes, ich fühle, daß mein Ende herannaht und da habe ich keine andere Sorge, als um meinen Sohn… Er ist noch in jungen Jahren, wo er sich nicht immer zu raten weiß und wenn du mir nicht versprichst, ihn zu unterrichten in allem, was er wissen muß, und sein Pflegevater zu sein, so kann ich meine Augen nicht in Ruhe schließen.‹ Da antwortete der getreue Johannes: ›Ich will ihn nicht verlassen und will ihm mit Treue dienen, wenn's auch mein Leben kostet‹.«

Diesmal wurde der Familienvater von seinem Sohn unterbrochen, der aufstand und sich neben den Vater setzte. »Warum muß denn der Vater sterben? Warum kommt denn da Niemand und heilt ihn? Und wo ist denn die Königin?«

Die Fragen des Kindes konnten vom Märchentext her nicht beantwortet werden. Die beiden saßen auf einmal »allein, wie auf einer privaten Bühne« und wir anderen war Zuschauer – Zuhörer – geworden. Ob der Vater *fühlte*, was der Sohn jetzt von ihm brauchte? Er legte das Buch auf den Stuhl neben sich und und wendete sich ganz dem Jungen zu: »Weißt du«, sagte er dann, »der König war viel älter als ich, so wie der Großvater, und seine Königin war auch schon ganz alt und deswegen schon gestorben. Und er war nun ganz müde vom vielen Regieren. Aber er wollte, daß sein Sohn auch ein guter König wird und darum sagte er das alles zu seinem treuen Diener.«

»Und dann stirbt er?« Die Frage klang etwas bänglich. Der Vater reagierte freundlich, aber konsequent: »Das weiß ich auch noch nicht. Aber das wollen wir jetzt zusammen lesen.« Der Sohn war wohl nicht ganz einverstanden, schwieg aber, stand auf und setzte sich auf den Boden vor die Füße seiner Mutter. Die Mutter hatte das Baby, das wieder eingeschlafen war, in den Kinderwagen gelegt und hatte die Hände frei. Sie strich dem Jungen einmal kurz über den Kopf.

Und der Vater las weiter.

Wir erfahren nun, daß es ein großes Schloß ist, mit vielen kostbaren Schätzen, und daß der Sohn ein reiches Erbe übernehmen und verwalten muß zu Gunsten seines Volkes, wie es der Vater getan hat. Aber man hört auch von einem besonderen Geheimnis, was gefährlich ist für den Sohn und welches in einem verschlossenen Zimmer aufbewahrt wird. Der Diener muß den Schlüssel bewahren und darf die Türe vor dem Sohn nie öffnen. Denn in diesem Zimmer ist »das Bild der Königstochter vom goldenen Dach verborgen. Wenn er das Bild erblickt, wird er eine heftige Liebe zu ihr empfinden und wird in Ohnmacht niederfallen und wird ihretwegen in große Gefahren geraten.«

Hier unterbricht diesmal die Tochter den Vater und moniert: »… immer diese Geheimnisse… warum stellen die denn das Bild nicht einfach in einen Keller, oder schmeißen es weg oder sonst wie… Und warum ist es denn so gefährlich, wenn der Prinz sich in die Prinzeßin verliebt? Einfach in Ohnmacht fallen… was soll das denn…?« Zornig, unwirsch und ein wenig ängstlich fühlt sie sich sehr getroffen und muß abweisen. Selber eine kleine Prinzeßin unterm Dach – sie schlief tatsächlich in einer Dachstube – selber an der Schwelle der pubertären Entwicklungsphase, schon tief im Beunruhigungsraum ständig neu aufbrechender Gefühle und aufregender Begegnungen mit »Prinzen und Nicht-Prinzen«, meldet sich bei ihr dringlich die Fühlfunktion, die trotz aller Aufklärung, eben nicht genau weiß. Der »getreue Johannes« im Märchen hatte ja auch auf alle mögliche Weise versucht, den Prinzen von seiner Neugier abzubringen. Aber die Zeit war eben bei ihm einfach da, wo er dem Mysterium des »anderen Du« begegnen mußte. Und der treue Johannes ist es ja auch, der nun, nachdem der Prinz in einen neuen inneren Lebensabschnitt eingetreten ist, mit viel Klugheit, Einfühlungsvermögen und Hoffnung auf ein gutes Gelingen der vorausgesagten Gefährdung zu begegnen versucht. Der Prinz ist ausschließlich mit seinen Liebesgefühlen beschäftigt, denn er kann das Bild von der »wunderschönen Prinzeßin« nicht vergessen. Und er fordert von dem Diener die Erfüllung seiner Wünsche.

Hier unterbricht die bis dahin versunken lauschende Mutter mit dem Wort: »... also – so was von Egoismus, der denkt doch wirklich nur an sich. Der sagt zwar, daß er die Prinzeßin liebt, aber er ist doch eigentlich eiskalt...« Der Vater sah seine Frau einen kurzen Augenblick an und antwortete sehr direkt: »Du meinst hier wohl eigentlich mich. Weil ich ja auch – zumindest bei meiner Arbeit – mehr an mich, als an Dich denke, als an Dich und zuhause. Und Du hast eben keinen treuen Johannes... aber ich bin oft sehr traurig darüber. Und das weißt Du nicht.« Die gefühlsgeladene Spannung blieb im Raum und setzte sich in kleine, fast unterschwellige Aufeinander-zu-Bewegungen um, die kaum über die jeweilige Stuhlbreite hinausführte. Dann sagte der Sohn mit lauter Stimme: »Ich muß mal. Wo ist das hier?« Er wußte es ganz genau, aber er setzte mit seinen Worten die ganze Gruppe in Bewegung und rief allgemeines Lachen hervor. Die Unterbrechung fiel mit dem Stundenende zusammen, und der Vater schloß mit einem leisem: »... eigentlich schade...« das Märchenbuch. Aber das »Auf Wiedersehen« hatte so etwas von »bald« oder »morgen« und hinterließ ein »warmes Gefühl« von innerer Verbundenheit an einem gemeinsamen Erlebnis.

Es fanden noch eine ganze Reihe von Sitzungen statt, in denen das Märchen in bemerkenswerter Weise die Gefühle der Familie in Bewegung und Aufregung versetzte. Jeder hatte das Märchen »allein« gelesen, aber auch großen Wert darauf gelegt, es gemeinsam zu hören. Die mächtige Durchhaltekraft des Johannes, seine weitsichtige Klugheit, sein eigenes Geheimnis, über das er nicht sprach – daß er die Sprache der Tiere verstand – und seine Liebesfähigkeit, die das eigene Leben hingibt, um dem anderen das Leben und das Glück zu erhalten – hatte die kleine Familie zu neuen Gesprächsebenen aktiviert. Da waren ja »zwei Kinder« getötet worden. Der Prinz hatte tiefes Leid kennengelernt und war aus seiner Egozentrik aufgewacht. Die Prinzessin/Königin war Mutter geworden, liebte ihren Mann, hatte ihre Gold-Liebe vergessen und weinte um den treuen Johannes.

Das Wandlungsgeschehen läuft auch in diesem Märchen über die archetypische Chiffre von Tod und Auferstehung. Das besonders stark wirkende »movens« wird hier in bestimmender – wie sich in der kleinen Familie zeigte – und erneuernder Weise an die Fühlfunktion delegiert. Ein Wort von der Mutter, die ja den Einfall gerade zu diesem Märchen hatte, steht noch im Protokoll: »Das ist ein keusches Märchen. Es geschieht ganz viel. Aber es gibt keine großen Worte. Und wissen Sie, da ist noch etwas geschehen. Keiner hat es erzählt. Aber ich sage es jetzt Ihnen. Als mein Mann den letzten Satz in dem Märchen gelesen hatte: ›Da lebten sie zusammen in Glückseligkeit bis an ihr Ende…‹, da sagte meine Tochter plötzlich – und es war fast so, als wollte sie anfangen zu weinen – und jetzt wollen wir ein Fest feiern, ein Glückseligkeitsfest mit Lampions im Garten…« Im Zusammenhang mit dem Kapitelthema der Fühlfunktion hat der Gesamttext des Märchens vom »treuen Johannes« eine so umfassende Symbolik, daß noch einmal einige kurze Überlegungen als Ergänzung folgen sollen.

Der »alte König« im Märchen vermittelt das übliche Bild des Vater-Königs (patriarchaler Archetyp), der bereits die eigene Lebensschwelle erreicht hat und spürt, daß er sich aus dem Vater-Sein zurückziehen muß, um dem Ich-Sein des Sohnes das Erbe überreichen zu können. Er hat das typische Alterswissen (Ur-Wissen) von den Gefahren des Lebens schlechthin. Und er hat auch den menschlich verstehbaren, aber letztlich »sterilen« Wunsch, den Sohn davor zu bewahren. Er weiß also nicht, daß dessen Lebensplan schon geschrieben ist.

Das etwas »lärmende« Signal des »letzte-Tür-Verbotes« setzt ja in vielen Märchen das eigenständige Leben des jeweiligen Protagonisten (Hauptdarstellers) in Gang und ist fast immer mit dem Tod verbunden. Es sind die archetypischen Signaturen des Anfangs und der Neuschöpfung.

Die »dienende Gestalt« des »getreuen Johannes« ist nicht nur Wegweiser für den Prinz-Sohn, sondern lebenswichtiges Erbe für den jungen König. Als lebendige Person übernimmt er fast die Rolle eines Pflegevaters. Als »Funktion« aber wird er Führer für den Initiationsweg des Kronprinzen. Geduldig erprobt er bei diesem die Wahrnehmungsfähigkeit all dem Reichtum gegenüber, ohne daß dem Leser des Märchens ein Echo durch den Prinzen selber vermittelt wird. Erst bei der verschlossenen Türe beginnt bei dem werdenden jungen König eigener Wille, energisches Durchsetzen und aktives Wollen. Hier wird das Signal erlebbar, daß das eigenständige Leben mit der »geöffneten Tür« beginnt. Das Folgende vollzieht sich im Märchen nach Vorhersage und hinterläßt vielleicht ein »Aha«, weil man es ja im Grunde erwartete oder schon wußte.

Der Prinz-König jedenfalls ist in diesem Augenblick »ohne Macht« (Ohnmächtig), das heißt zutiefst abgetaucht in sein eigenes Unbewußtes. Liegt darin vielleicht der tiefere Sinn dieser Märchensequenz? Auslöser jedenfalls ist das Bild der »schönsten Frau der Welt«. Wenn man es als inneren Seelengrund des Ohnmächtigen betrachten will, dann begegnet ihm hier ein Abbild seiner eigenen Seele, dem dem mächtigen, sehr »reichen« Anima-Potential.

Sein Suchweg führt in zunächst also ganz zu sich selbst, quasi in den Zustand einer vollkommenen *Egozentrizität*. Alle Handlung wird weiterhin an den »Diener« delegiert, der seinen Ich-Funktionskomplex voll zur Verfügung stellt: Johannes prüft alle Realitäten (Empfindungsfunktion), denkt intensiv nach (Denk-Funktion), sammelt gute Einfälle (Intuitions-Funktion) und fühlt sich (Fühlfunktion) tief mit dem jungen König verbunden.

Der Prinz-König läßt ihm völlig freie Hand und alles vollzieht sich nach den klugen Vorstellungen des treuen Dieners.

Johannes entwickelt sich zu der immer deutlicher werdenden Zentralfigur, neben der die anderen Märchenfiguren fast verblassen. Die Liebesgeschichte zwischen dem jungen König und der schönen Prinzessin wird neben dem Reichtum an Gold und der Liebe der Prinzessin eben zu diesem Gold kaum erwähnt.

Das Märchen hatte etwas von der magisch-dämonischen Kraft der psychischen Energie ins Bild steigen lassen: das gefährliche Bild der Prinzessin, die sprechenden Vögel, das mörderische Pferd, das tötende Brautkleid und den drohenden Tod beim Tanz. Der treue Johannes vermag all diesen Verführungen zu widerstehen, weil er den Weg von Lösung und Opfer weiß. Er *fühlt* sich durch seinen Treue-Eid an den König und dessen Sohn gebunden. Seine Fühlfunktion steht ihm in diesem Fall als stärkste Trägerfunktion für das Ich-Bewußtsein zur Verfügung.

Für das Erkennen dieser dynamischen Arbeitsmöglichkeiten der Ich-Funktionen ist die Erfahrung der ergänzenden Polarität in den jeweiligen Funktionsebenen sehr hilfreich. Wie versteht sich das Fühlen mit dem Denken, bzw. das Denken mit dem Fühlen? Wenn das eine guten und vom Ich-Bewußtsein her dynamisch benutzte Arbeitsgemeinschaft ist, kann es, wie im Beispiel des treuen Johannes schöpferisch und Leben schützend sein. Wenn aber Dominanzen und Libidoverschiebungen, oder Komplexenergien dazwischen funken, kann es zu erbitterten inneren Streitsituationen kommen. Und nicht so selten wird dann wohl auch ein »versteinerter Johannes« im Schlafzimmer stehen, der »Glaube, Liebe, Hoffnung« braucht, um ein »Glückseligkeits-Fest« feiern zu können für neues Leben.

Aus der oben geschilderten Gruppensituation mit den Eltern und Kindern blieb noch ein zweites Abschiedswort von der Mutter im Protokoll, als sie von dem »Glückseligkeits-Fest« ihrer Tochter sprach und kurz allein zurückgeblieben war: »Das Schönste war, daß mein Mann und ich ein Glückseligkeits-Fest feiern konnten, also wieder ›König und Königin‹ wurden.«

Das Denken mit der Basis-Chiffre richtig/falsch

»Nur die Gedanken
bewirken den Kreislauf der Gebur-
ten;
was jemand denkt; das ist er;
dies ist das alte Geheimnis.
Der Mensch strebe nach Reinigung
seiner Gedanken.«
Maitrayana-Brahmana-Upanishad

»Arbeite an der Reinigung
deiner Gedanken:
wenn du keine
schlechten Gedanken mehr hast,
so wirst du auch
keine schlechten Taten
mehr begehen.«
östliche Weisheit

In dieser Betrachtung gesellt sich die Denkfunktion als vierte zu dem Quartett der Ich-Funktionen. Die Zahl vier bietet sich in der Analytischen Psychologie zu einer Vielzahl von Amplifikationen an, so daß C. G. Jung – sicherlich vielfach und immer wieder befragt – folgende Antwort gibt:

»Man hat mich schon fast vorwurfsvoll gefragt, warum ich gerade von vier Funktionen spreche und nicht von mehr oder weniger. Daß es gerade vier sind, hat sich zunächst rein empirisch ergeben. Daß aber mit vier eine gewisse Totalität erreicht ist, kann folgende Überlegung zeigen.

Die Empfindung stellt fest, was tatsächlich vorhanden ist. Das Denken ermöglicht uns zu erkennen, was das Vorhandene bedeutet, das Gefühl, was es wert ist, und die Intuition schließlich weist auf die Möglichkeiten des Woher und Wohin, die im gegenwärtig Vorhandenen liegen. Damit dürfte die Orientierung im Gegenwärtigen ebenso vollständig sein, wie die geografische Ortsangabe nach Breite und Länge. Die vier Funktionen sind etwas wie die vier Himmelsrichtungen, ebenso willkürlich und ebenso unerläßlich wie diese. Nichts hindert, die Kardinalpunkte um beliebig viele Grade nach dieser oder jener Seite zu verschieben und ihnen überdies noch andere Namen zu geben. Es ist nur eine Frage von Konvention und Verständlichkeit.

Aber eines muß ich bekennen, daß ich diesen Kompaß auf meinen psychologischen Entdeckungsreisen auf keinen Fall mehr missen möchte, nicht etwa bloß aus dem naheliegenden, allzumenschlichen Grunde, daß jeder in seine eigenen Ideen verliebt ist, sondern wegen der objektiven Tatsache, daß damit ein Maß- und Orientierungssystem gegeben ist, das eine *kritische Psychologie*, die uns so lange gefehlt hat, ermöglicht.«[4]

Ein Funktionskomplex, wie in diesem Falle der Ich-Komplex mit Denken/Fühlen – Intuieren/Empfinden, hat vom genetisch-archetypisch-psychodynamischen Entwurf her eine Struktur, ist aber vor allem kontinuierlicher Prozeß. Die Prozeßhaftigkeit, d.h. die aktuelle Veränderbarkeit der Aktion und Reaktion der einzelnen Funktionen, ermöglicht im geistigen Sinne Wachstum und Wandlung. Die Beziehungs- und Erkenntnisfähigkeit – Bewußtseinsentwicklung und Bewußtheit – ist dabei individuell von entscheidender Bedeutung.

C. G. Jung spricht von einer »gewissen Totalität« im Zusammenhang mit dem Ich-Komplex und in der »religiösen Sprache Indiens« liest man über den Begriff eines »konzentrischen Diagrammes«, in dem Kreis, Viereck und die Beziehungsdynamik von Zentrum und Peripherie als Ganzes gestaltet wird, um einen meditativen Prozeß darzustellen. Das Prozeßhafte und die Bedeutung läßt an einen Vergleich mit einem Mandala denken. In der tantrischen Tradition (Buddhismus in Tibet) kennt man den Begriff des *äußeren* Mandala, der in auffallend realistischer Weise das psychische Beziehungssystem in ein autonomes Ordnungsgefüge projiziert.

»Wir leben in ständigen Beziehungen zur gewöhnlichen Welt, das heißt, der Welt der Ayatanas oder der sechs Sinneswahrnehmungen: Sehen, Hören, Riechen, Schmecken, Fühlen und Denken, der Vorgang, der die fünf anderen koordiniert. Im Buddhismus wird das Denken als einer der Sinne angesehen. Unsere verschiedenen Wahrnehmungen werden fortwährend zu einem Mandala geordnet. Mit Mandala meinen wir ineinandergreifende Beziehungen und nicht einen außergewöhnlichen magischen Kreis. Mandala ist einfach die Zuordnung eines Punktes zu einem anderen.«[90]

Die Bewußtseinsentwicklung im westlichen Abendland – man könnte auch formulieren: unter dem geistig-spirituellen Schutzdach des christlichen Mythos – hat für das Ich-Bewußtsein und die Differenzierung des Ich-Komplexes einen anderen Verlauf genommen. Die Denkfunktion ist zwar nach wie vor mit den anderen Ich-Funktionen (siehe die Annäherungsfelder) informativ und arbeitsmäßig verbunden, besitzt aber auch eine Spezifität, die sie von den anderen deutlich unterscheidet.

»Das Denken ist diejenige psychologische Funktion, welche ihren eigenen Gesetzen gemäß, gegebene Vorstellungsinhalte in (begrifflichen) Zusammenhang bringt. Es ist apperzeptive Tätigkeit und als solche zu unterscheiden in aktive und passive Denktätigkeit. Das aktive Denken ist eine Willenshandlung, das passive Denken ein Geschehnis.«[4]

Vom Entwurf seines Entwicklungs*planes* her, war das Denken ursprünglich ein aktiver und mehr oder weniger zielgerichteter Erkenntnisprozeß, der schöpferisch-geistiger Tätigkeit dienen sollte. Vom Erbe der alten und älteren Bewußtseinsentwicklung her war sie eine Funktion, die der Suche nach Möglichkeiten der Lösung sowohl praktischer wie aber auch theoretischer Probleme, die sich eben aus der zunehmenden Differenzierung des Bewußtseins ergaben, annehmen und an ihr wachsen sollte. Dadurch entwickelte sich nicht nur die Wertungs- und Urteilsfähigkeit der Denkfunktion, sondern sie erhielt im Laufe der Jahrhunderte den Beurteilungsaspekt, eine besonders *wertvolle* Funktion zu sein.

Anlagemäßig impliziert das Denken, das analytische Denken (urteilen), zugleich die Fähigkeit zur Synthese, also dem synthetischen Denken. In diesem Zusammenhang ist es interessant, die Ich-Funktionen und speziell die Denkfunktion im Traum zu beobachten. Im Gegensatz zum Bewußtsein, in dem die Chiffre: »... ich denke, daß...« relativ häufig zu beobachten ist, kommt im Traum das Denken seltener »zu Wort«. Dagegen spielt die Wertung, und dabei häufig die »Abwertung« eine nicht geringe Rolle. Hierfür mag der folgende Bericht ein beziehungsreiches Beispiel sein: Es ereignete sich vor vielen Jahren in einer studentischen Arbeitsgruppe der philosophischen Fakultät. Das Leitthema der Gruppe war, jeder müsse einen Standpunkt vertreten mit einer bestimmten philosophischen Idee oder einem bestimmten Gedanken, Lehrsatz oder ähnlichem und versuchen, ihn so klar, aber auch so unabweisbar darzustellen, auch wenn er sich nicht damit (subjektiv) identifizieren könne. Die daraus entstehenden Streitgespräche sollten nicht in Aggressivität oder Entwertungsversuchen eskalieren, sondern in Akzeptanz des anderen und Bestehen-Können im eigenen geübt werden. Aber die Heftigkeit der Diskussionen zerstörte oft das gegebene Maß und viel seltener konnte, trotz verschiedener Standpunkte, ein Mehrfach-Maßstab zugelassen werden. Einmal war die Diskussion besonders heftig verlaufen und eine Studentin hatte, nach schreiender Verteidigung und Beschimpfung die Gruppe verlassen. Sie war sehr unglücklich und kam sich als Versager vor. In der folgenden Nacht hatte sie einen Traum: »Es ist Gruppentreffen. Ich komme etwas zu spät. (Das kommt bei mir ja nie vor.) An der Haustür ist keine Klingel. Ich denke: das gibt's doch nicht. Ich klopfe an die Tür. Nichts rührt sich. Ich drücke gegen die Tür und da öffnet sie sich ganz leise und leicht. Es ist vollkommen dunkel und ich finde mich nicht zurecht, finde die Tür nicht und höre auch nichts. Dann erkenne ich eine Treppe, gehe sie runter, sie ist ziemlich lang und da ist auch ein Raum, in dem ein ganz schwaches, dämmriges Licht herrscht. Und ganz plötzlich schrien alle durcheinander, ich konnte nur einzelne Worte schwach erkennen, wobei die Worte ›besser‹ oder ›schlechter‹ vielleicht vorkamen. Dann ging plötzlich eine Tür auf und es erschien in dem Dämmerlicht eine große Gestalt, merkwürdig, wie eingehüllt in ein großes Cape, gleichzeitig aber auch wie durchsichtig und wie vom Wind bewegt. Alle schwiegen plötzlich wieder – eine merkwürdige Stille –, so wie feierlich oder so, und dann sprach sie, sehr langsam und deutlich, aber auch gleichzeitig merkwürdig unauffällig: ›Es kommt nicht auf die Werte an sich an. Die Objekte und alle Dinge der Welt erhalten ihre Werte erst durch die lebendige‹ – vielleicht sagte sie auch: ›liebende‹ oder so etwas – ›Beziehung, die jemand zu den Objekten herstellt. Alle Werte sind relativ. Alle Werte sind subjektiv‹.«

Für die Träumerin selbst (sie hatte keine analytischen und psychologischen Vorkenntnisse) wirkte diese Traummitteilung sehr beeindruckend und weckte eine scharfe Oppositionshaltung dagegen. Die vom Traum signalisierte Aufhebung der objektiven Wertkategorien verunsicherte sie zutiefst und sie versuchte, sich in die »klare Begrifflichkeit« philosophischer Definitionen zu retten. Daß der Traum sie gerade auf ihre »starre« Prinzipienhaltung absoluter Werte aufmerksam machen wollte, konnte sie absolut nicht einsehen. Genau hier aber lag ihre schwierige Position in der Gruppe. Zu ihrem Erstaunen weckte gerade dieser Traum, von dem sie sehr zögernd etwas in der Gruppe mitgeteilt hatte, ein beinahe stürmisches Interesse. Das Orakelhafte dieser sichtbar/unsichtbaren Gestalt im Zwischenzustand von Licht und Schatten

(Dämmerung) bewirkte eine sonderbare und erstmalig beinahe »standpunktfreie« Gesprächssituation, in der – verunsichert und erstaunt – die Objektivität eines Seins neben die Subjektivität eines Erlebens als zwei *gleichwertige* Möglichkeiten angeschaut werden konnten.

Die Gesprächsrunde zweifelte den Traum zwar an, meinte, so etwas könne man doch gar nicht träumen. Andererseits hielten sie es aber auch für absolut unwahrscheinlich, daß sich gerade diese Gesprächspartnerin so etwas ausgedacht haben könnte. Bei der offenen und affektfreien Diskussion darüber blieb die Betroffene ungewohnt offen, konnte ihren eigenen »Unglauben« und Ärger über den Traum glaubwürdig vermitteln und – und das war ganz anders als sonst – zeigte sich dankbar für die Akzeptanz in der Gruppe.

Der Trauminhalt aber blieb für eine Weile als geistig-schöpferisches Produkt wie ein geheimer »Wächter der Werte« in der Gruppe wirksam.

Ein Buddha-Wort faßt es in ein symbolisches Bild, das dem Traumbild der jungen Studentin sehr nahe kommt:

»Dem Sonnenaufgang
geht als Vorläufer
und als erstes Anzeichen die
aufsteigende Morgendämmerung
vorauf.
Ebenso geht allen
heilsamen Eigenschaften
und Entwicklungen
als Vorläufer und als
erstes Anzeichen
die rechte Anschauung vorauf.«
(Der Erwachte)

Entsprechend der Wichtigkeit dieser im Wesentlichen (bisher) beim Menschen ausgebildeten Funktion und den Fähigkeiten des Denkens, gibt es ein entsprechend großes Forschungsmaterial, das im Entwicklungsbereich der Kognitionswissenschaft ein nur noch bei sehr großem Fleiß überschaubares Maß angenommen hat. Das Besondere in dem oben berichteten Traum ist das Wort und damit die Sprache, also einem spezifischen Thema und Problem der Denkfunktion. Allein die kortikalen und subkortikalen, also die physiologischen Zusammenhänge dieser Dynamismen (Mechanismen) im Gehirn und die Verarbeitung aller im Gehirn einlaufenden gegenständlichen (oder sinnlichen) bzw. sprachlichen Informationen sind außerordentlich interessant. Hierbei hat gerade die Beschäftigung mit dem gesamten Bewußtseinskomplex, speziell den Orientierungs- und Objekteinstellungsfunktionen gezeigt, daß es sich dabei um ein dynamisches, ständig aktives komplexes Funktionssystem handelt, das mit den autonomen Energiezentren des kollektiven Unbewußten zusammenwirkt.

In die Überlegungen zur Denkfunktion gehören noch einige Begriffe, die im Umfeld dieser Funktion eine wichtige und viel benutzte Rolle spielen. Dazu gehört der Begriff des Intellektes, oder der Intelligenz, ebenso der Begriff des Verstandes und der Vernunft.

»Der Intellekt ist der Souverän des Wissenschaftsgebietes... Ein anderes ist es aber, wenn die Wissenschaft in ihre praktische Verwendung übertritt. Der Intellekt, der vor dem König war, wird hier bloßes Hilfsmittel, zwar ein wissenschaftlich verfeinertes Instrument, aber doch nur ein Handwerksgerät, das nicht mehr Selbstzweck, sondern bloße Bedingung ist. Der Intellekt und mit ihm die Wissenschaft wird hier in den Dienst der schöpferischen Kraft und Absicht gestellt.«[4]

In manchen Lexika wird man vom Verstand zur Vernunft und von da zur Intelligenz verwiesen, immer mit dem Hinweis auf das Denken. Fähigkeit und psychoenergetisches Potential mischt sich und überläßt letztlich dem Denken selbst, ob es jeweils Vernunft, Verstand oder das Potential der Intelligenz einsetzt.

Der praktische Umgang mit den Ich-Funktionen und deren Beziehung zu den Ur-Komplexen hat phänomenologisch erwiesen, daß das energetische Potential des Begabungskomplexes (siehe die Ur-Komplexe) primär die Menge an Intelligenz zur Verfügung stellen kann, die von der jeweiligen Ich-Funktion angefordert wird und im Lebenstraining jede Ich-Funktion zu differenzieren hilft. Sie stellte die geistig-schöpferische Energie für den Ich-Komplex schlechthin dar. Die Denkfunktion ist allerdings aufgrund ihrer spezifischen Arbeitsweise besonders auf die drei energetischen Zusatzelemente angewiesen und verdeutlich sich bei der Mithilfe des »intellegere«, der Vernunft und des Verstandes. Das kollektive Bewußtsein honoriert eine solche Psychodynamik mit der Anerkennung: »... er/sie ist begabt...«, wobei nicht selten eine begabte Ich-Funktion mit der Person verwechselt wird, besonders wenn sich die »begabte« Funktion mit der Persona koppelt. Dadurch kommt es dann auch gelegentlich zu schmerzhaften Enttäuschungen, wenn die Ganzheit der Persönlichkeit einmal nicht den Erwartungen entspricht.

Ein Mangel an Intelligenz kann bedeuten, daß der Begabungskomplex blockiert wird durch vorgelagerte neurotische Komplexe (z.B. Minderwertigkeitskomplex). Es kann auch bedeuten, daß das fördernde Entwicklungsangebot ungenügend oder falsch, zu groß oder zu klein war und/oder noch ist. Heute kann man auch daran denken, daß genetische Störungen den Begabungskomplex in seinem Potential so verändern, daß seine Wirkung in Frage gestellt werden muß (primär behinderte Kinder).

Die beiden anderen Begriffsgeschwister der Denkfunktion – Verstand und Vernunft – erfreuen sich einer weniger scharfen Kritik und Wertung. Sie haben vor allem im Wissenschaftsbereich keine so gängige Anwendung und sie werden nicht getestet.

Jean Gebser schreibt über diese beiden im Alltagsleben recht bekannten und beliebten Begriffe Verstand und Vernunft:

»›Der Verstand‹«, so sagte mir kürzlich ein weiser Inder, dessen Name mir leider unbekannt ist, ›ist zwar ein guter Angestellter, aber ein schlechter Chef.‹

Das freilich kann man nur *nicht* sagen, wenn er seine weibliche Komponente, die Vernunft, nicht leugnet, ohne deren ergänzende Mitwirkung der Verstand steril wird, oder bestens nur Halbheiten fabriszieren kann.«

Und er fährt fort:

»Der Verstand versteht. Er ist männlich und sein Verstehen ist kein Hören, sondern ein gewissermaßen handelndes Be-Greifen und Er-Fassen;… er bezieht sich vornehmlich auf das Sichtbare und ist, wenn er nicht einseitig, sondern im Einklang mit der Vernunft gehandhabt wird, konstruktiv; er ordnet sich der nicht ungefährlichen, zumeist mehr teilenden als klärenden Alternative des ›Entweder-Oder‹ unter; die Resultate seines Denkprozesses sind entweder richtig, oder falsch.«

Und über die Vernunft assoziierte er:

»Die Vernunft vernimmt (Vernunft leitet sich ja von Vernehmen ab): sie ist weiblich – so wie es die pfeilschnelle denkende Göttin Athene war, die dem Haupte des Zeus entsprang; ihr Vernehmen ist ein empfangendes, also gewissermaßen erduldendes Hören, da das nachklingend Vernommene nachdenkt, so wie das Ohr kein handelndes, sondern empfangendes Organ ist, sie rechnet nicht, sie hat ihre Quelle im Urgrund, und was sie vernimmt, kommt manchmal von sehr weit her, oftmals aus dem Unsichtbaren der Himmel, aber auch der Erde; sie vermag mit ihrer toleranten, ausgleichenden Grundeinstellung des ›Sowohl-Als-Auch‹ voller common sense den polaren Spielformen des lebendig Denkbaren zu entsprechend; Resultate ihrer Denkweise stimmen, stimmen fast immer oder sie stimmen nicht.«

Diese tolerante und humorvoll anmutende Betrachtungsweise läßt Gebser auch beklagen, daß »… wir uns auf eine frevelhafte Weise (im christlichen Abendland):

»… vom lebendigen Denken abgeschnürt (haben), da wir, vor allem seit der Aufklärung, nur seine männliche und patriarchale Komponente, den Verstand gelten ließen und die empfangend weibliche, die Vernunft, leugneten.«[91]

Es sieht so aus, als wäre es die potentielle Kraft des Denkens selbst, die den Aufbruch in ein »neues Bewußtsein« inszeniert. C. G. Jung, Richard

Wilhelm, Lama Anagarika Govinda, Detlef Lauf, K. Japsers, Husserl und Heidegger, um nur einige Namen zu nennen, haben in diesem Jahrhundert den Raum der »steril« gewordenen Denkfunktion aufgebogen und, unter anderem, die Tür in den östlichen Geistesraum aufgestoßen, um Anschluß und Vergleich zu suchen, Altes neu zu erfahren aus dem riesigen Erfahrungsraum älterer Kulturen. Gebser spricht von einer neuen, zukünftig zu entwickelnden »integralen Bewußtseinsstruktur«.

Das geistige Potential der Denkfunktion ist vom Ursprung her im allgemeinen breit und tief dimensioniert. Aber wenn sich die Fähigkeit zur Unterscheidung nicht aus der linear-rationalen (technischen) Denkweise befreit, könnte es sein, daß gerade diese Funktion die Möglichkeit eines neuen Bewußtseinssprunges in die »integrale Bewußtseinsstruktur« nicht nachvollziehen kann. Das mental-rationale Denken fordert Gehorsam dem Gesetz der Logik gegenüber und ver-urteilt, was das objektiv Gegebene durch »the other side« heilsam transzendieren könnte. Ein solches Denken erträgt nur sehr schwer – eigentlich keinen – Widerspruch, wie in der »Gruppensituation« zu beobachten war. Es liegen Stärke und Schwäche sehr dicht beieinander, so daß eine Ich-Instanz schon erhebliche Energien aufbieten muß, damit nach Möglichkeit keine Einseitigkeiten, Ungerechtigkeiten oder Fehlurteile der Denkfunktion passieren.

Es gibt sehr viele Menschen – und bis in die Anfänge dieses Jahrhunderts waren es vorwiegend Männer –, die dem Denken das absolute Primat unter den Funktionsmöglichkeiten des Ich-Bewußtseins zugestanden haben. Dabei war es allerdings vor allem die extravertiert eingestellte Denkfunktion, die mit ihrer schnellen und angstfreien Reaktionsfähigkeit, Aufnahmefähigkeit und Präsenz sich dieser Bevorzugung erfreuen konnte. Der extravertiert eingestellte Denker ist eben tatsächlich leicht und schnell ein »Sieger«, wenn es um Worte geht, selbst da, wo es nur Worte mit wenig Inhalt sind. Dem Schnelldenker muß man deswegen manchmal direkt »ins Wort fallen«, damit ein Dialog überhaupt in der Denkebene möglich wird.

Die positive Möglichkeit einer extravertiert eingestellten Denkfunktion ist die lineare Logik und, auch bei großer Fülle von Objekten, die klare Unterscheidungsfähigkeit, die Konzentration auf das faktisch und objekthaft Wichtige, die Zielgerichtetheit mit Abschätzung der Zwischen- und Endresultate und die breitbasige Verknüpfung großer Denkbereiche (wissenschaftliche Forschung) unter verschiedenen oder ähnlichen gedanklichen Standpunkten. Mit der Fähigkeit zur leichten und schnellen Objektbegegnung, kann sie immens fleißig sein, ohne sich unbedingt an ein Objekt zu binden. Die Fülle der Denkobjekte finden nach Auswahl ihren Platz in der »inneren Bibliothek« der Denkfunktion und sie vermag unter Umständen weit über die eigene Person hinausreichende Pläne zu erdenken. Die extravertiert eingestellte Denkfunktion wird beneidet, gefürchtet, gehaßt, bewundert, benutzt und manchmal auch geliebt. Sie ist anregend und beunruhigend.

Die introvertiert eingestellte Denkfunktion ist in unserem Kulturraum oft eine »leidende Funktion«. Das vermittelten vor allen Dingen Kinder, die mir ihr Leid geklagt haben, die mir gegenübersaßen mit traurigen Augen und dem oft unausgesprochenen Satz: »... mich versteht keiner...«. Der siebenjährige Wolfgang sagte es deutlich: »Der Vater sagt immer zu mir: Denk doch nach, bevor Du solchen Unsinn redest. Aber ich weiß gar nicht, wie ich das machen soll...« Der Vater konnte, als der Sohn ihn fragte, auch nicht erklären, wie er es machen könne, was ihn nicht nur verärgerte, sondern auch verunsicherte, vor allem, weil er Lehrer ist. Im Gespräch begriff er mit einer sehr differenzierten und – wie konnte es anders sein – extravertiert eingestellten Denkfunktion recht rasch, daß sein Sohn weder dumm noch träge oder faul ist, sondern Zeit braucht und Zutrauen und Bestätigung und zwar ganz ausdrücklich vom Vater!

Auch von Wolfgang wurde ein Frühsignal berichtet, welches anscheinend häufiger bei Knaben beobachtet wird, als bei Mädchen. Im Protokoll steht dann: »... er hat wenig, oder erst sehr spät gesprochen, dann aber gleich ganze Sätze«, so, als hätte er empfangend die Worte als Engramme gesammelt und sie innerlich zu ganzen Sätzen gestaltet. Unwissenheit, Ungeduld und kollektive Bewußtseinsnormen können unter ungünstigen Umständen zu einem jahrelangen Schulleiden führen, das von mehr oder weniger deutlichen Minderwertigkeitsgefühlen begleitet wird: »... ich bin nichts, ich weiß nichts, ich kann nichts...«

Wolfgangs Vater war sehr interessiert an dem für ihn ganz fremden, aber für ihn in seinem Beruf »ungeheuer wichtigem Thema von Ich-Bewußtsein und Ich-Funktionen« und sein: »Mein Gott, wie viel kann man da falsch machen, falsch sehen und wie schrecklich ungerecht wird man da dem Kind gegenüber...« klang ehrlich und traurig.

Auf jeden Fall wird die introvertiert eingestellte Denkfunktion, wie die drei anderen Ich-Funktionen auch, vom subjektiven und nicht vom objektiven Faktor bestimmt. Das Objekt wird also durch die Introversion quasi »subjektiviert«. Dadurch wird das Objekt gleichzeitig individualisiert, es wird aus der Kollektivität herausgenommen und bedeutet dadurch für die Funktion, aber auch für die Person, bzw. das aktuelle Ich-Bewußtsein, einen subjektiven Schutz gegen die Objektfülle, die ja grundsätzlich immer vorhanden ist. Der subjektive Erlebnisfaktor: »... so sehe ich es«..., »das bedeutet es eben für mich«, blendet zunächst einmal die objektive Bedeutung eines Objektes aus.

So kann es geschehen, daß z.B. während eines Vortrages, einer Vorlesung, eines Schauspiels oder einer Fernsehdiskussion, aber auch eines Dialoges, für den Partner oder Zuhörer mit einer introvertiert eingestellten Denkfunktion ein »Objekt« ihn persönlich anspricht, beschäftigt, und er dann allen anderen folgenden Mit-Teilungen gegenüber »taub« wird und den Faden zu dem Zusammenhang verliert. Das kann ein Verlust zumindest im aktuellen Beziehungsverhältnis bedeuten. Aber es besteht auch die Möglichkeit, daß ein auf diese Weise »eingefangenes Objekt« zu einem in dem Betroffenen selber ruhendem schöpferischen Potential vorstößt und aus dem Teilstück ein neues Ganzes geschaffen werden kann.

Eine energetische Überbetonung (z.B. neurotische) introversiven Funktionsverhaltens kann zu einer eigentümlichen Verarmung führen, weil eventuell sogar eine Objektsperre zur Wortäußerung eintreten kann. Man kann dann allerdings auch beobachten, daß kompensatorisch im Unbewußten (bes. in Träumen) eine fast überschwemmende Bildfülle auftritt, wodurch autonom ein Libidoausgleich stattfinden kann.

1986 fand in Berlin ein interessantes Experiment statt. Projektleiter war Professor Hans-Ludwig Freese, der zu einem »Philosophiekurs für Kinder« in einem Seminarraum der freien Universität Berlin, eingeladen hatte. Der Andrang von 200 Anmeldungen bei einem Angebot von 50 Plätzen war überraschend.

»Gedanken sind wie Luftblasen in einem Glas Brause«, soll die 10jährige Beatrice gesagt haben, sie seien einfach da und »ich kann sie mir nicht aussuchen«.

Aber woher kommen Gedanken?

Ein in Amerika erprobtes und ins Deutsche übersetztes Philosophieprogramm für Kinder ist der rote Faden, um den sich die Gespräche ranken. Der Text erzählt die Geschichte des Jungen Harry, dem Fragen über Fragen durch den Kopf gehen und der gemeinsam mit seinen Schulfreunden in einer philosophischen Abenteuerreise mögliche Antworten entdeckt. Kinder – so wird weiter berichtet – zerbrächen sich oft den Kopf über Erklärungen und Sinndeutungen und stoßen sehr früh schon auf die ins Bewußtsein drängende Frage des Warum.

Am Ende dieser Betrachtung über die Denkfunktion und ihre polare Ergänzung, die Fühlfunktion soll noch einmal ein Märchen amplifiziert werden, um zu zeigen, mit welcher poetischen Leichtigkeit, Fülle und Tiefe der Dichter in den Bilder- und Wissensschatz des Menschseins seine »Geschichten« intuiert. Ein Kindermärchen, könnte man denken, aber doch auch eines, das sich an das Kind-Sein in jedem Menschen wendet und die Sonne des Bewußtseins leuchten läßt. Es heißt »Die Schneekönigin«, und sie und der Teufel sind zunächst die Hauptpersonen. Dem Teufel zerbricht, bei dem Versuch, den Schöpfergott in einem »teuflichen Spiegel« als häßliche Fratze zu sehen, dieser in Billiarden Splitter, die, kaum sandkorngroß, auf die Erde stürzen und überall eindringen können. Für jeden, der von einem solchen Splitter getroffen wird, verzerrt sich die Welt, wird häßlich und seine Gedanken werden böse und seine Gefühle erstarren zu Eis.

Im Märchen werden zwei kleine Kinder vom »Schicksal« ausgewählt, oder auserwählt, um unter einer dramatischen Lebenschiffre, getrennt voneinander – und über alle Trennung sich liebend –, erwachsen zu werden. Das Mädchen Gerda ist die Trägerin des Fühlens mit solcher Stärke, daß die »Finnin« (weise Frau und Runen-Wisserin) von ihr sagt: »Ich kann ihr nicht größere Macht geben, als sie schon hat! Siehst du nicht, wie groß die ist? Siehst du nicht, wie Menschen und Tiere ihr dienen müssen und wie sie auf bloßen Füßen so gut in der Welt vorwärtsgekommen ist. Sie braucht ihre Macht nicht von uns zu erfahren, die sitzt in ihrem Herzen, und besteht darin, daß sie ein süßes unschuldiges Kind ist.« Vom Denken her betrachtet, scheint alles falsch zu sein, was das kleine Mädchen versucht, um den Nachbarbruder zu finden. Aber der schrittweise Vollzug ihres eigenen Wachstums auf dem schwierigen und schmerzvollen Weg zum Reich der »Schneekönigin« wird zur Bestätigung der Mächtigkeit des Fühlens.

Sieben »Schritte« – und sieben Märchen schildern die Quest, während der von der Schneekönigin geraubte Junge Kay in ihrem Eispalast sitzt, durch die kalten Küsse der Königin eingefroren und erstarrt und das »Verstandes-Eisspiel« spielte. Die Schilderung dieses Eispalastes läßt einen frieren und »der kleine Kay war ganz blau vor Kälte, ja fast schwarz, aber er merkte es doch nicht, denn sie hatte ihm ja den Kälteschauer weggeküßt...«.

Gerda findet ihn und ihre warmen Tränen und Küsse lösen die Eissplitter im Herzen und Auge des Kay. Die Rückkehr im Märchen führt noch einmal über alle Stationen, endet aber im Frühling bei den inzwischen zu klein gewordenen Kinderstühlen. Das Wort, das Kay für die Eiskönigin finden und legen sollte hieß: *Ewigkeit* – ein Wort, das für die Liebe gilt und Leben.

Wie die Erfahrung mit dem Ich-Komplex durch viele Jahre in Theorie und Praxis erwiesen hat, und wie es das labile und dynamische System ja auch bedingt, haben die (Welt/Objekt)Orientierungsfunktionen für die Beziehung zu den Objekten der Außen- und Innenwelt, sehr selten alle die gleiche Stärke, bzw. ausgewogene Libidoverteilung z.B. in ihrer Polarität, oder etwa den gleichen Entwicklungs- bzw. Differenzierungsgrad. Das bleibt aber im allgemeinen sowohl für das betreffende Bewußtsein, wie für die Umwelt unauffällig. Man ist eben so... reagiert eben so... ändert sich vielleicht... oder wird durch Störfelder aufgefordert, über diese nachzudenken.

Es kann unter Umständen ein reizvolles Spiel sein, gerade die Denkfunktion zu benutzen, um über sie und damit über »mich« nachzudenken. Und man wird dabei beobachten, daß es nicht nur nicht leicht, sondern meistens gar nicht möglich ist, über das Denken zu denken, die Denkvorgänge aktuell zu verfolgen, oder sie nachträglich zu reflektieren. Auf jeden Fall gehört ein gut trainiertes Gedächtnis der Denkfunktion dazu, nach Möglichkeit aber auch ein gutes Gedächtnis der Nachbarfunktionen Intuieren und Empfinden. Dadurch würde die Denkfunktion allerdings Signale bekommen, die durch die Besonderheit (Spezifität) der jeweiligen Partnerfunktion »gefärbt« wäre. Das würde die Denkfunktion nicht unbedingt verändern, aber doch eine Nuance dazufügen, die sich phänomenologisch erkennen läßt (Wort-, Bild-Aktionsinhalte).

Psychologisch betrachtet sieht es so aus, als wäre die Denkfunktion diejenige, die sich am spätestens über das Ich-Bewußtsein bemerkbar macht. Sie scheint sich mit der Leistung des Ich-Sagen-Könnens zu koppeln. Damit ist sie wie ihre Funktionsgeschwister auch Erbe vorheriger Strukturentwicklungen.

14. Aber Wer-Was-Wie-Wozu-Bin Ich?

Die Arbeitsmöglichkeiten der Ich-Funktionen lassen sich in den oben geschilderten Verhaltensmodalitäten eines Menschen relativ gut ablesen und einordnen. Am sichersten und vor allem in den Beziehungsmodalitäten zum Unbewußten hin, kommt die Phänomenologie in den unmittelbaren Aussagen des Unbewußten – Träumen, aktiven Imaginationen, unbewußtes Malen – am deutlichsten zum Ausdruck. Darum sollen am Schluß dieses Kapitels das Typogramm und drei Träume als praktisches Beispiel stehen und die lebendige Originalität und einfallsreiche Bildvielfalt im Innenraum der Psyche einer jungen Studentin vermitteln.

Der Grund, sich tiefenpsychologisch beraten zu lassen, war eine aktuelle Krise. Vor »Kurzem« war plötzlich und völlig unerwartet ihr Vater an einem Herzinfarkt verstorben (Endvierziger, Klinikchef). Fast synchron zu diesem, die Familie schwer erschütterndem Erlebnis, ging eine Beziehung, die sie zu einem Komilitonen hatte, auseinander. »... ich bin depressiv,... da ist so Vieles auf einmal sinnlos; ich verliere mich immer mehr, ich weiß oft nicht mehr, wer oder was ich bin, komme mir manchmal so vor, als sei ich schon gestorben... es geht alles weiter, aber wo ist *mein* Weg?...« Das Anfangstypogramm hat im Protokoll folgenden Wortlaut: Die 25jährige Studentin wirkt altersgemäß differenziert, im aktuellen Dialog kontaktfähig, sehr erschüttert, aufnahmefähig. Das Typogramm:

Erstes Angebot: Deutlich schnell reagierende, offensichtlich extravertiert eingestellte Denkfunktion, mit Wissensinhalten eines sehr guten Bildungsniveaus (Vater und in der Großfamilie Akademiker), aber auch durch kollektive »Meinungshaftigkeit« (Mutter auch Akademikerin) etwas eingeengt und »geschient«. Dem gegenüber deutlich introvertierte und dementsprechend auch deutlich langsamere Fühlfunktion (aktuell sehr verletzbar), mit starker und deutlich ichbezogener Libidoladung, die die Anklammerung eines »gefühlsgeladenen Komplexes« vermuten läßt.

Im Verlauf des Dialoges wird auch die Wahrnehmungsebene erkennbar. Sie wirkt im Ganzen origineller und auch individueller, als die urteilende Ebene. Die Empfindungsfunktion reagiert rasch und hat einen geübten Objektbezug. Die Realitätswahrnehmung ist altersgemäß sicher. Ihre Fähigkeit, mit handhabbaren Materialien umzugehen und sie zu gestalten, läßt an ein Begabungspotential denken.

Die introvertiert eingestellte Intuition wirkt deutlich ichbezogen, gut differenziert, bietet ungewöhnlich viele Einfälle an und zeigt eine erstaunliche Amplifikationsfähigkeit. Deutlicher noch, als in der Empfindungsfunktion scheint hier ein Begabungspotential zur Verfügung zu stehen. Es ist von dieser Beobachtung her anzunehmen, daß sich ein Begabungspotential über die ganze Wahrnehmungsebene ausdehnen kann.

Bei der jungen Frau zeigte sich kein ausgesprochen deutlicher Entwicklungsrückstand innerhalb des Ich-Funktionssystems, aber es zeigte sich eine gewisse Urteilsschwäche sowohl den eigenen Möglichkeiten gegenüber, deren wertvolle Inhalte sie oft völlig übersah, wie aber auch im Beziehungs- und Kontaktraum, in dem sie sich kontinuierlich unterschätzte.

Im Initialfeld des analytischen Dialoges träumte sie folgenden Traum: »Es ist in einem weiten Land… nur Horizonte. Da ist ein Haus, eigentlich klein, zumindest von außen gesehen. Ich bin in einem Raum, der ganz wie üblich aussieht mit Fenstern und Tür, einer getönten Tapete und ein oder zwei gerahmten Bildern. Ich kann aber das Haus gleichzeitig von außen sehen und da sind nur drei runde farbige Felder: gelb, blau und grün, keine Fenster und keine Türen.

Ich hatte innen einen hübschen Teetisch gedeckt mit dem Rosenthal-Service dazu die silberne Vase, die ich so mochte, mit Moosrosen gefüllt. Teegebäck stand bereit und das silberne Sahnekännchen. Ich wartete auf Gäste, wußte aber nicht, wer kommen würde und wartete angespannt auf das Erscheinen. Lange hörte ich nichts, lief unruhig hin und her. Dann waren da ganz plötzlich leise Schritte und, als ich mich umdrehte, stand das häßlichste Menschwesen vor mir, mich hämisch angrinsend. Ich erschrak furchtbar, starrte es an und in mir war plötzlich alles wie versteinert… Dann wachte ich auf. Aber der Schreck saß mir noch in den Gliedern und hat mich den ganzen Tag nicht losgelassen.«

Die langanhaltende Nachwirkung spricht für eine besonders intensive energetische Ladung im Bilddetail vom »häßlichsten Menschwesen«. Die Plötzlichkeit, mit der »es« in den Raum »mit leisen Schritten« eindringt, spricht dafür, daß die Intuition dieses Bild signalisiert und damit eine wichtige Thematik annonciert. Die optische Wahrnehmung im Traum bewirkt eine totale »Versteinerung« und Abbruch des Traumbildes. Der schon im Traum einsetzende Schock, läßt auf einen gefühlsgeladenen Komplex schließen, der möglicherweise eben gerade die Intuitionsfunktion benutzt, um sich dem Ich-Bewußtsein anzunähern. Dafür spricht der im Traum zunehmende Spannungszustand beim Warten auf die »unbekannten« Gäste. Es lädt sich etwas auf (gefühlsgeladener Komplex) und das folgende »Ereignis« entlädt sich dann wirklich wie ein Komplex.

Dieses »Menschwesen« bestimmte zunächst den folgenden Dialog. Dabei wird sein Menschenbild etwas konturierter. »Er sah wie ein Zwerg aus, klein mit sehr großen Füßen und sehr großem Kopf, alt, aber mit ganz jungen Augen, hoher Stirn und weißhaarig. Mehr habe ich nicht gesehen.« Märchen-Figuren tauchten auf: Schneewittchen, Zwerg Nase und Rumpelstilzchen. Böses und Gutes mischte sich bei diesen Assoziationen. Aber für die Träumerin konzentrierte sich das Thema auf die Häßlichkeit und enthüllte Inhalte des aufgetauchten »Komplexes«. Es handelte sich um einen mächtigen Minderwertigkeitskomplex. Schon als Kind habe sie schwer darunter gelitten, weil sie sich immer als besonders häßlich erlebt habe. Das galt auch noch, obwohl sie zur Zeit ein ausgesprochen hübsches und wohlgewachsenes Mädchen war. Sie unterstrich allerdings die Meinung von sich durch eine sie geradezu verunstaltende Kleidung. Sie demonstrierte im wahrsten Sinne des Wortes »das häßliche Entlein«. An dieser Stelle ließ sie ihre sonst »im außen« so klar und rasch funktionierende Empfindungsfunktion (Wahrnehmung) im Stich und sie unterlag der energetischen Wirkung des gefühlgeladenen Komplexes, der sich offenbar an die introvertiert eingestellte Intuition angeklammert hatte.

Sie war, wie sie berichtete, die »Älteste« und nach ihr kamen immer die »süßen Kleinen«. (Fünf an der Zahl). Bei ihr lag immer Forderung, selten Anerkennung und: »... als die Mutter starb, (sie war 11 Jahre) war meine Kindheit schon lange beendet und für mich war wenig Liebe übrig geblieben. Gut sollte eigentlich immer sehr gut sein. Ich wartete immer auf ein einziges Mal, den Bonbon ohne Leistung zu bekommen.«

Im Traum ist auch noch in einer anderen Version die Wahrnehmungsebene angeboten. Die konkrete Wahrnehmung des »inneren Gehäuses« mit Tür, Fenstern und dem Teetisch wird vom Traum durch die irrational wirkende Außenseite (die Fenster im Innern sind an der gleichen Mauer) nur durch die farbigen Kreise ergänzt. Extraversion und Introversion bieten also verschiedene Sichtweisen des gleichen Objektes an. Das Ich-Bewußtsein im Traum kann beides wahrnehmen, nimmt es aber auch ohne jede Kritik einfach optisch wahr. Im Dialog ergänzte sie dazu: »Das war schon komisch. Innen war es mir eigentlich vertraut, wie meine Studentenbude, außen war es fremd, eigentlich unheimlich, ohne Fenster und Türen – man kann nicht rein und nicht raus wie eine Festung«. Auf die Frage, ob es das so schon im Traum gewesen sei, meinte sie zögernd: »... nein, eigentlich nicht. Eigentlich ist das erst jetzt so, wenn ich darüber nachdenke.«

Die Wegsuche nach sich selbst und zu ihrem Ich erforderte über längere Zeit eine – auch von den Träumen her angebotene – Intensivierung der Bewußtseinsarbeit zwischen Ich, Ich-Funktionen, Schattenthematik und neurotisierten Komplexen. Ein Traum aus dieser Zeit hat folgenden Wortlaut:

»Ich bin unsichtbar, aber da. Ich sehe mich, aber ich bin nicht Ich. Ich habe keine Stimme, aber ich schreie laut. Es ist stummes Schreien. Ich möchte in einer kleinen dunklen Höhle sein, wo es rund und warm ist, bis es ganz tief in mich hineinreicht...«

Der Traum bricht hier für das Bewußtsein ab, »... aber da war noch etwas, an das ich mich nicht mehr erinnern kann.«

Die erste und spontane Reaktion nach diesem »Traumbericht« – sie konnte sich selber zuhören – koppelte sich eindrucksvoll mit den Lebenserfahrungen der Träumerin. »Wissen Sie, das erinnert mich an die Schwangerschaften meiner Mutter. Da war auch immer wieder jemand unsichtbar da. Und vielleicht haben die ja auch manchmal geschrien, ohne daß es jemand hörte.« Und die regressive Annäherung an die »warme, kleine Höhle« und die »eindringende Wärme« wirkt wie eine Imagination des Urschoßes mit archaischer Vereinfachung.

Auch in diesem Traum wird das Ich-Bewußtsein von der Bilddynamik her – und auch vom Traumbericht her – mit der Wahrnehmungsebene konfrontiert: Wahrnehmung ist angesagt. Im analytischen Dialog aber tauchen wichtige Ergänzungen auf. Die Frage nach dem Fühlen in der Traumsituation, ruft zunächst längeres Schweigen hervor und dann antwortete sie sehr zögernd: »Ich fühlte mich schrecklich allein und es war auch schrecklich kalt. Von daher kam auch der Gedanke an die kleine warme Höhle.« Hier meldete sich, was vorher in ihrem Bericht ausgelassen worden war, nämlich die urteilende bzw. wertende Möglichkeit des Fühlens und Denkens. Dabei wird der Patientin auch deutlicher bewußt, wie oft sie diese wertenden Möglichkeiten gegen sich selber als Abwertungen einsetzte. Dies zeigte sich immer wieder einmal besonders deutlich, wenn sie ihre eindeutig positiven »sozialen« Leistungen und Erfolge (Schule, Studium) mit einem »... was ist das schon, das kann doch jeder...« ab- und entwertete.

Der dritte Traum, der sich für die Betrachtung des praktischen Umganges mit den Ich-Funktionen anbietet, hatte folgenden Wortlaut: »Ich war wie in einem fremden Land, wie Afrika vielleicht und stand am Ufer eines breiten Stromes. Über diesen Strom spann sich ein ganz feiner glänzender Glasfaden. Ich wünschte mir sehr, daß daraus eine Brücke werden würde. Und ich sah, wie sich von beiden Ufern her ein feines Glasgewebe spann. Ich berührte es vorsichtig und stellte fest, daß es ganz hart und zäh war. Dann betrat ich das Gewebe ganz sachte und merkte, daß ich von ihm getragen wurde. Ich ging zum Ufer zurück und betrachtete das bezaubernde Bild dieser beginnenden Brücke aus Glas über einen unvorstellbaren breiten Fluß. Und ich dachte, von Weitem muß – wenn ich darüber gehe – es so aussehen als würde ich durch die Luft laufen und es wäre wie ein Wunder. In mir war so etwas wie Dankbarkeit...« Hier wird ein Synchronizitätsphänomen geträumt und berichtet, das sich aus Wunsch und materiellem Ereignis zusammensetzt und anfaßbare und begehbare Realität wird. Als geistiges oder psychisches Geschehen verstanden, wird hier ein Gegensatz, zwei Ufer, ein Diesseits und ein Jenseits – oder eben zwei Ich-Funktionen miteinander verbunden, in einem gegenläufigen Wachstumsprozeß, der den unvorstellbaren Strom (Lebensstrom) erschaubar werden läßt.

In diesem Sinne können auch die Polfunktionen der Ich-Ebenen – so lehrt es der Traum – miteinander Signale austauschen und sich dadurch von dieser Seite und von jener Seite motivieren und werden, gerade im Gegenübersein füreinander zur Ergänzung.

15. Das Ich-Selbst-Sein

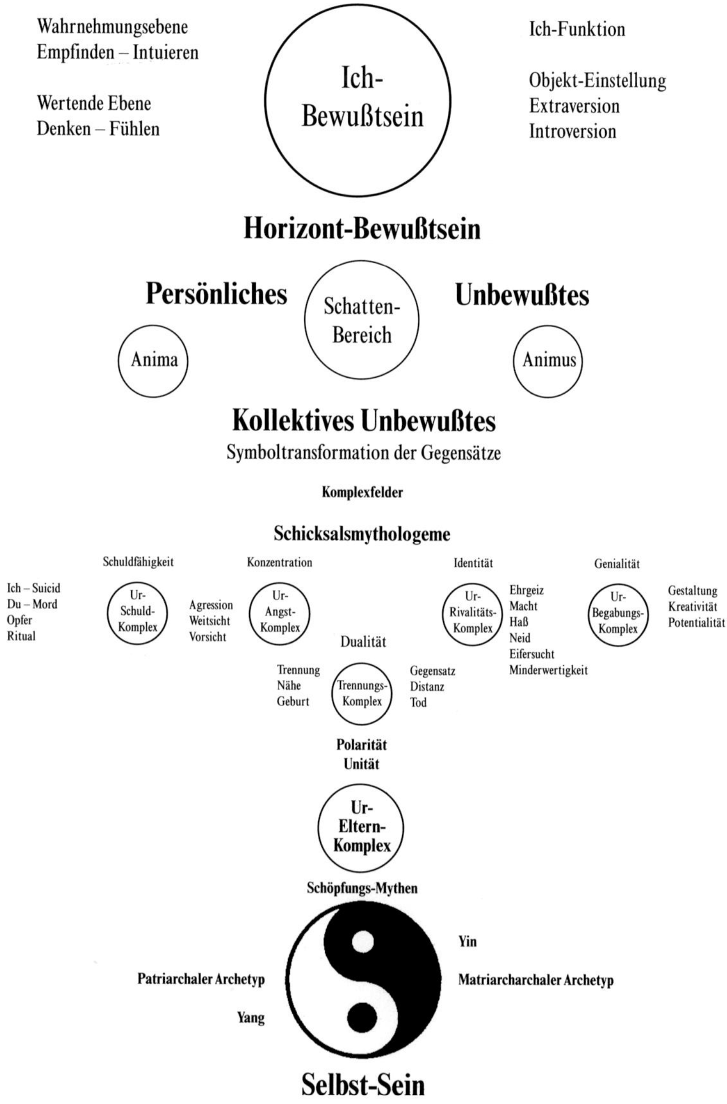

Aus den vielen Einzelfacetten und der ständig begleitenden Weg-Frage der Selbst-Entfaltung und des Ich-Bewußtseins, noch einmal das Angebot, mit sich selbst im Dialog zu sein:

WER BIN ICH?

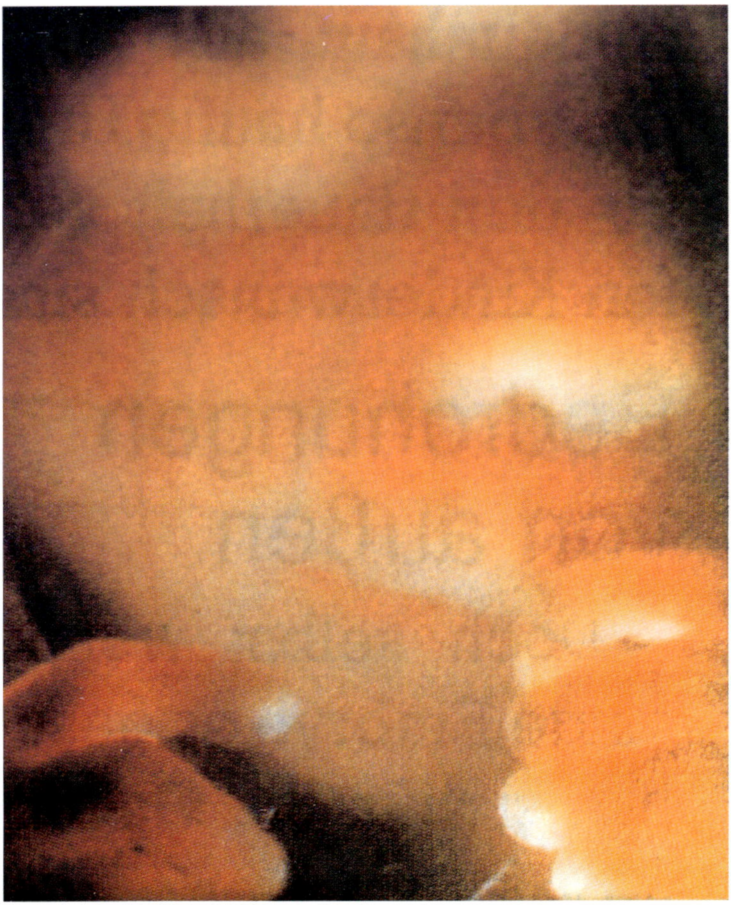

Das Gesicht eines Fötus in der 22. Schwangerschaftswoche

Der Entwicklungsweg der Selbsterfahrung zur Bewußtwerdung hat nun eine Schwellensituation erreicht, in der die »Wer bin ich Frage« in einer neuen Ebene gestellt werden kann.

An Stelle aus dem großen Bild- und Traum-Bild-Material weitere Gestaltungen zu vermitteln, soll ein besonderes Bild die verbindende Tür zwischen Bewußtsein und Unbewußtem öffnen:

Das Ich-Bewußtsein und die Ganzheit der Psyche.

Auslöser für dieses Bild war eine aktive Imagination, die von einer jungen Frau während eines schweren Krankheitszustandes erlebt wurde. (1976)

Aussage zum Bild: »… jemand, der unendlich weit sieht – irgendwie selber wie unendlich – ganz in den Kosmos – wenn man das kann – und in eine Tiefe, die man nicht wissen kann, wenn man nur horizontal sehen kann, ist man in einem Kornfeld, aus dem man gerade heraussehen kann. Und die Spirale lebt im Kreuz. Aus seinen Armen (Kreuzarmen) springt es auf, wie Wasser – Quellen vielleicht…?«

Können Märchen Wegweiser sein – wie Träume?

Im »Werkstattbericht« am Anfang dieses Buches amplifizierte der kleine Konrad wie eine Begleitmelodie das Märchen von der Schneekönigin. Beim Umgang mit der Denkfunktion stellte sich die Erinnerung daran wieder ein, weil es ohne alle wissenschaftliche Basis oder Theorie zeigt, mit welcher poetischen Leichtigkeit, Fülle und Tiefe der Dichter in den Bildern und Wirklichkeiten des Mensch-Seins seine Geschichten intuierte. Also ein »Kindermärchen« könnte man denken, aber doch auch eines, das sich an das Kind-Sein in jedem Menschen zu jeder Zeit wenden kann und die Sonne des Bewußtseins leuchten läßt.

Der dänische Dichter Hans Christian Andersen schrieb es und gab ihm den Namen: »Die Schneekönigin in sieben Geschichten«.[11] Andersen war ein Kind der Ärmsten unter den Armen. Er besuchte keine Schule, hungerte viel, bettelte und stahl sicherlich gelegentlich. Es kümmerte sich niemand darum. Sein Vater starb früh. 14jährig verließ er die Mutter und wanderte nach Kopenhagen. Er schloß sich einer Theatergruppe an und machte alles, was man von ihm verlangte – als Statist, im Chor, im Ballett – und erntete überall Mißerfolge. Sein »Dennoch«, seine Durchhaltekraft hat schließlich aufmerksam auf ihn werden lassen, und es fanden sich Gönner, die ihn, 18jährig, in eine Schule schickten, in der er eifrig, obwohl wesentlich älter als die anderen Kinder, und mit Erfolg lernte.[11]

Natürlich spiegelt sich solch eine wie von Lebens-Runen gezeichnete Psyche in den schöpferischen Märchenbildern wider. Ihre Symbolik wird hintergründig, obwohl sie wortleicht und farbenprächtig den Leser und vor allem die Kinder entzückt.

Das Märchen beginnt in der ersten Geschichte mit »Hölle und Teufel« und dem unheimlichen »Teufelsspiegel«, der alles verzerrt und häßlich macht. Die Teufel wollen ihn dem Gott selber vor das Antlitz halten, aber auf dem Weg dahin fällt er in die Tiefe, stürzt auf die Erde und zerspringt in »hundert Billionen/Millionen und noch mehr Stücke«. Auch das winzigste Stückchen war vergiftet mit der bösen Botschaft von Verzerrung, Häßlichkeit und eisiger Starre. Wenn es einen Menschen traf, veränderte und verzerrte es seinen Blick, oder alle gefühlshaften Beziehungen starben. Er wurde einseitig, stur und starr und geriet in kurzsichtige, fixierte oder zwanghafte Verhaltensweisen.

Der zersprungene Spiegel im Märchen ist der Auslöser für den Ablauf der nächsten Geschichten und zeigt ein individuelles Schicksal. Kollektiv aber steckt in diesem Spiegelthema die »Selbstbespiegelung«, die »Schattenthematik«, das: »… du bist Schuld und ich habe recht…«, das Verdrängen, verleugnen, die Projektion alles Häßlichen und Bösen auf die Umwelt und die anderen. »Zwei Kinder – ein kleiner Junge, Kay, und ein kleines Mädchen, Gerda« – beherrschen die zweite Geschichte. Kay steht von Beginn an im Vordergrund mit seinen schnellen und sicheren Reaktionen und kurzsichtigen, fixierten oder zwanghaften Verhaltensweisen.

Das »Böse« wird im abendländischen Kulturraum am häufigsten mit dem Teufel identifiziert – auch in Märchen – und mit ihm zusammenhängend die Hölle als Ort der Folter, der Qualen und Ängste. Die Ausweglosigkeit der »Höllenspiegel Imagination« enthält wohl viel von der frühesten Lebenssituation des Kindes H. C. Andersen und steht daher wohl als »Vorspiel in der Hölle« in der ersten von den »sieben Geschichten« des Märchens. Und natürlich wird der zersprungene Spiegel der Auslöser für kollektives und individuelles Schicksal, wobei der Dichter mit hoher Kunst das Kollektive und das Individuelle erlebbar werden läßt.

Wenn man einen winzigen, »sandkornkleinen Spiegelsplitter« im Auge oder im Herzen hat und dazu die Brille der Symbole aufsetzt, kann man den psychischen Entwurf erkennen der hier in dem kleinen Jungen Kay, in seiner Freundin Gerda und der Großmutter ins Bild und Wort geholt wird. In seiner ersten Imagination der Schneekönigin wird andeutungsweise Kays Intuition signalisiert als introvertiert eingestellte Polfunktion zur Empfindung. Und seine ebenfalls introvertierte Fühlfunktion spürt man in seiner Haltung und Verhaltensweise der kleinen Gerda gegenüber. Ihn trifft das Schicksal der »Spiegelsplitter« vom Teufel-Spiegel: ein winziger springt ihm ins Auge und ein anderer in sein Herz. Er begegnet der Schneekönigin und verliert unter ihrem Einfluß seine Beziehungs- und Wahrnehmungsfähigkeit. (Empfindung u. Fühlen) Erst in der »siebenten Geschichte« erfährt man das grausame Geschick, das ihm auferlegt wurde, das seinen allein noch tätigen Gedanken und Denkraum beschäftigte, aber ohne Sinnfindung bleibt, da er von der Ganzheit seines Ich-Bewußtseins und den Schätzen seines Unbewußten abgeschnitten war.

In den nächsten vier Geschichten blüht – wie ein mächtiger Kompensationsversuch – nach der einengenden und immer mehr auch einfrierenden Weltbegegnung für Kay, eine geheimnisvolle Welt mit emotional geladenen Begegnungen in der Natur, mit Tieren, Menschen und bunten Schicksalen auf. Protagonistin ist die zarte, kleine und ängstliche Gerda mit ihrer ganz und gar auf das du (Kay) bezogenen Fühlfunktion (extravertiert). Sie macht sich auf die Suche nach dem Spielkameraden, allein und nur geführt von ihrer Sehnsucht und Hoffnung, daß er noch lebt. Sie fragt viel und jeden aber: »Niemand wußte es, niemand konnte Bescheid geben.« Gerda weiß nicht, ob Kay noch lebt. Aber ihre ahnungsreiche und phantasievolle, schnell objektbezogene Intuition (extravertiert) bringt ihr auf der folgenden Quest viele bunte Einfälle und spannende Abenteuer. Der Weg beginnt mit einem Opfer. Sie zieht ihre nagelneuen roten – man denkt an die Fühlfunktion – Schuhe an und verläßt das Haus. Mit diesen roten Schuhen beginnt das erste Liebesopfer, denn sie liebte sie sehr. Sie wirft sie in den Fluß in der Hoffnung, daß dieser sie zu Kay führt. Sie handelt, ohne nachzudenken. Sie kommt (dritte Geschichte) in den »Blumengarten zu der Frau, die zaubern kann«. Gerda lebt hier glücklich und zufrieden bei der kleinen alten Zauberin, die ihr Gedächtnis für Kay und die Vergangenheit gelöscht hatte. Nur die aktuelle und sichtbare Gegenwart (sinnliche Wahrnehmungen, Empfindungsfunktion) war nicht ausgeblendet und schenkte für kurze Zeit Freude, Sonne und schöne Natur. Die vierte, fünfte und sechste Schicht führt den mühsamen und oft bedrohlichen Weg der kleinen Gerda durch immer neue Abenteuer – und läßt den Leser immer erneut mit Staunen erleben, mit welcher Kraft und Beharrlichkeit alle Schwierigkeiten überwunden werden und am Ziel festgehalten wird.

Wenn man aus den beiden Kindern eines phantasiert, erkennt man in Kay ein männliches Menschlein, dessen Bewußtsein überschwemmt ist von einem wirkungsstarken Fremdpotential, das anscheinend ausweglos an einem Ort mit einem Objekt gefesselt ist. Alle übrige Energie und Dynamik ist abgeschnitten/verdrängt und wird, anstatt für das männliche Ich zur Verfügung zu stehen, im Bilde der kleinen Gerda im weiblichen Potential (Anima), also im Unbewußten von Kay, in überzeugender Weise dargestellt.

Wenn man es dagegen in der Gestalt der Gerda zu »Einem« werden läßt, dann wird ein Kind sichtbar, daß man lieben kann, das man beschützen möchte, das auf dem Schulweg träumt oder einen Igel nach Hause bringt an Stelle des Brotes, das es eigentlich einkaufen sollte. Neben der Fülle bunter Angebote (psychischer Inhalte) übersieht man unter Umständen die bei ihr nicht vermutete, zielgerichtete, konzentrierende Beharrlichkeit, die, als männliches Potential (Kay/Animus), ein nicht ganz leicht zu integrierender Aspekt sein kann und erst allmählich durch bestätigende Zuwendung erfahren werden muß.

Die kühne Gegenüberstellung in Andersens Märchen entspricht zwar durchaus tiefenpsychologischem Wissen, wird aber vom Dichter aus der eigenen archetypischen Tiefe intuiert und in den Bildern von »Junge und Mädchen« imaginiert.

Dem entsprechend heißt die »vierte Geschichte«: Prinz und Prinzessin. Ein Trostmärchen für die leidende Gerda und den mitleidenden Leser, in dem Hilfsbereitschaft, Geborgenheit, Güte und neuer Aufbruch für den schweren Suchweg der kleinen Gerda »in die weite Welt« fortgesetzt wird.

Die fünfte Geschichte führt Gerda in eine archaische Urwelt im Wald und zu den Räubern. Hier begegnen ihr keine phantasierten Ängste, sondern nackte Lebensbedrohung, denn sie soll gefressen werden. Sie wird

»Teufeleien« ausgesetzt, die aber an ihrer Unbösigkeit und Wehrlosigkeit abgleiten und sich allmählich – über die Nacht – in Freundlichkeit verwandeln. Sie lernt bei dem »Räubermädchen« die nackte Realität kennen, die den Augenblick und die Jetzt-Tat bestimmt. »Und Gerda weinte vor Freude.«

Die sechste Geschichte führt nun in den höchsten Norden und sozusagen vor die Türe der Schnee-Königin. Lappin und Finnin sind die letzten, bei denen Gerda Rat und Hilfe sucht. Und die Lappin sagt: »Der kleine Kay ist allerdings bei der Schneekönigin und findet dort alles nach Gefallen und Wunsch und glaubt, es sei der beste Ort der Welt; aber das kommt daher, daß er einen Glassplitter ins Herz und ein kleines Glaskörnchen ins Auge bekommen hat. Die müssen erst heraus, sonst wird er nie wieder ein Mensch, und die Schneekönigin wird ihre Macht über ihn behalten!«

Wer aber gibt Gerda die Macht, das Gespaltene und magisch Gebannte wieder in die dynamische Polarität zu entbinden?

Die Finnin sagt: »Ich kann ihr nicht größere Macht geben, als sie schon hat! Siehst du nicht, wie Menschen und Tiere ihr dienen müssen und wie sie auf bloßen Füßen so gut in der Welt vorwärtsgekommen ist. Sie braucht ihre Macht nicht von uns zu erfahren, die sitzt in ihrem Herzen…«

Unmittelbar wird hier das Kind Gerda von der alten weisen Frau zu ihrer eigenen inneren Mitte geführt, in der das mächtige Kraftpotential verborgen liegt und von jedem aus sich selbst erfahren werden muß. Sie findet den Weg ins eisige Schloß und findet Kay, der »war ganz blau vor Kälte, ja fast schwarz, aber er merkte es doch nicht«, denn »sein Herz war so gut wie ein Eisklumpen.«

Die siebente Geschichte erzählt, »… was im Schloß der Schneekönigin geschah und was später geschah…«. Viele Tränen fließen und die »teuflischen Spiegelglaskörnchen« werden herausgeschwemmt. Der Rückweg weist auf die Zeitdimensionen hin, vorbei an den Schwellensituationen, in denen überall Aufbruch ist zu neuen Erfahrungen mit der Erinnerung an rettende Nähe und Hilfe von »gestern«. Und das Märchen schließt mit dem umhüllenden Satz: »Da saßen sie beide, erwachsen und doch Kinder, Kinder im Herzen, und es war Sommer, warmer gesegneter Sommer.«

Das kosmische Bewußtsein

Wenn man die Summe des bis hierher zurückgelegten Gedanken- und Bilderweges über die Möglichkeit einer Bewußtseinsentwicklung und -differenzierung betrachtet, dann kann der Eindruck entstehen, daß die typischen Ich-Funktionen und ihre breit gelagerte dynamische Funktionsfähigkeit in besonderer Weise potenziert und das Arbeitsgebiet des Ich-Komplexes für »Besonderes« prädestiniert ist. Eindeutig werden die Ich-Funktionen zu Trägern (Transport) der intrapsychischen Symbolphänomene. Die Beziehung zwischen dem Ich und dem Unbewußten (persönlich und kollektiv) läuft über die beschriebenen Strukturen und Komplexfelder.

Jeder kann den gedanklichen Arbeitsprozeß auf den zurückliegenden Seiten nachlesen, kann Theorien vergleichen und die praktischen Hinweise aus dem praktischen Alltag kritisch betrachten. Denn die Erkenntnisse über die Arbeitsfelder und die Arbeitsbewegungen des Ich-Bewußtseins-Komplexes sind das Resultat langjähriger Beobachtungen und spezifisch-diagnostischer Untersuchungen von bewußten und unbewußten Daten (wie im Text immer wieder erwähnt).

Was aber ereignet sich im Nachvollzug in der Psyche des einzelnen? Mit anderen Worten: wie sehen die praktischen Wege aus, um zu neuen Erkenntnissen im Ich-Bewußtsein zu gelangen? Wie erkenne ich die Einzelinstanzen und deren Möglichkeiten in *mir*? Wie und wann kann *ich* die Signale aus *meinem* Unbewußten so übersetzen, daß sie *meine Wegweiser* werden, ohne daß ich auch nur wieder in meinem Ich-Gefängnis lande, weil weder Geist noch Gott, weder New age noch Psychoanalyse mich in das Erleben meines vielleicht doch irgendwie verborgenen Zentrums führen? und die Welt sich *nicht* einengt auf mich als einzig wichtiges Objekt?

Wie kann ich die unendliche Vielfalt im »Schatzhaus« meiner Psyche zu der Ganzheit entwickeln, die über den »Individuationsweg« zu einem kosmischen oder multidimensionalen Bewußtsein führen kann und soll? und von dem Sri Aurobindo und Teihard de Chardin gesagt haben sollen: »Die Zukunft der Menschheit heißt kosmisches Bewußtsein.«[92]

Wenn man dem Begriff des kosmischen Bewußtseins den psychodynamischen Begriff des »kollektiven Unbewußten« gegenüberstellt, kommt es gedanklich zu einer Annäherung der Dimensionen und eine Erweiterung der gesamten Bewußtseinsinstanz ist auf der Basis des »unpersönlichen, allgemeingültigen, archetypischen Kraft- und Energiefeldes« nicht mehr so unvorstellbar. Denn die Phänomene des kollektiven Unbewußten zeigen oft Dimensionen, die das aktuelle Bewußtsein/Ich-Bewußtsein bei Weitem übersteigen und den Eindruck erwecken, daß Raum und Zeit den Endlichkeitsbereich überschritten haben. Dabei kann es sich für das Ich-Bewußtsein ereignen, daß Symbolchiffren aus archaischen Zeitdimensionen aufsteigen und sich in die Aktualität und Individualität mischen und im integrativen Erkenntnisprozeß gerade das Ur-Alte ein kosmisches Seins-Erlebnis provoziert, der (Zeit) Kosmos in mir, ich im Kosmos, oder eine All-Einheit als Körper-Geist-Seele-Ganzheit erfahrbar wird.

Das Ich-Bewußtsein ist also als Funktions-Komplex *kein Endziel*, sondern ein kontinuierlicher Wachstumsprozeß. Das Wissen um diese Möglichkeit liegt archetypisch bereit im kollektiven Unbewußten, als Wissen um die Ur-Polarität und Schöpfungskraft, daß aus der Zwei immer wieder das Eine als neues Wachstum entsteht. Darin liegt Freiheit zu immer neuem Aufbruch aus alt gewordenen Schienen und schief gelaufenden Absätzen. Unendlichkeit und Ewigkeit könnten sich statt dessen aus Begrifflichkeit und mechanistischem Denken in subjektives Erleben wandeln und damit in den Bereich geistiger Dynamik gelangen. Hier liegt letztlich das Ziel des Ur-Entwurfes aus dem Selbst und der Selbstentfaltung: den Weg zu finden aus der Ganzheit in die Multidimensionalität eines mit allem und allen verbundenen Bewußtseins als Gestaltung der individuellen Persönlichkeit.

Ein Wort von Lama Anagarika Govinda mag hier am Ende stehen: »Und so mögen wir zusammenfassend sagen: Wer nur im Physischen lebt, geht mit der Auffassung des Körpers der Vernichtung entgegen.

Wer nur im Bereich Ich-gebundenen Denkens und Fühlens lebt, wird im Ozean der Wandelwelt umhergeworfen und verfällt der Macht des Karma, als Sklave seiner Taten und Begierden.

Wer aber die Ganzheit seines Wesens in der Flamme der Inspiration gewinnt und völlig leuchtend (und somit ›erleuchtet‹) geworden ist, der nur hat wirklich Unsterblichkeit gewonnen«.[81]

Literaturverzeichnis

[1] Olbrist, Willy: Archetypen, Natur- und Kulturwissenschaften bestätigen C. G. Jung. Walter, Olten und Freiburg, 1990

[2] Blank, Gertrude und Rubin: Angewandte Ich-Psychologie (Konzepte der Humanwissenschaften). Klett, Stuttgart, 1975

[3] Jung, Carl Gustav: Die Beziehung zwischen dem Ich und dem Unbewußten (G. W. 7). Rascher, Zürich und Stuttgart, 1928

[4] Jung, Carl Gustav: Psychologische Typen (G. W. 6). Rascher, Zürich und Stuttgart, 1964

[5] Wilber, Ken: Psychologie in der Wende. Scherz, Bern, München und Wien, 1985

[6] Jung, Carl Gustav: Psychologie und Alchemie (G. W. 12). Walter, Olten und Freiburg, 1972

[7] Dawkins, Richard: Das egoistische Gen. Springer, Berlin, Heidelberg, New York, 1978

[8] Eschenbach, Ursula G.: Ist Widerstand vielleicht Wider-Stand? (Schleswig-Holsteinisches Ärzteblatt). Ärztekammer Schleswig-Holstein und Kassenärztliche Vereinigung Schleswig Holstein, 36. Jahrgang, 10/1983

[9] Neumann, Erich: Das Kind. Rhein-Verlag, Zürich, 1963

[10] Jung, Carl Gustav: Symbole der Wandlung (G. W. 5/2). Walter, Olten und Freiburg, 1973

[11] Andersen, Hans Christian: Gesammelte Märchen (Bd. 1). Manesse, Zürich, o. J.

[12] Jung, Carl Gustav: Von den Wurzeln des Bewußtseins. Rascher, Zürich, 1954

[13] Aurobindo, Sri: Terminologie zu den Schriften von Sri Aurobindo. Sri Aurobindo Ashram Press, Pondicherry, 1955

[14] Kohut, Heinz: Die Heilung des Selbst. Suhrkamp, Frankfurt, 1979

[15] Laing, Ronald D.: Das geteilte Selbst. dtv, München, 1987

[16] Gruen, Arno, Der Verrat am Selbst. dtv, München, 1990

[17] Jung, Carl Gustav: Aion (G. W. 9/2). Walter, Olten und Freiburg, 1972

[18] Sengai, Kokussi Bunka Shinkokai. Gesellschaft für internationale kulturelle Beziehungen, 1961–1964

[19] Avalon, Arthur/Woodruffe, John: Die Girlande der Buchstaben, O. W. Barth, München, o. J.

[20] MacLagan, David: Schöpfungsmythen. Kösel, München, 1985

[21] Gebser, Jean: Ursprung und Gegenwart (G. W. 2). Novalis, Schaffhausen, 1986

[22] Jung, Carl Gustav: Analyse der Kinderseele (in G. W. 17). Walter, Olten und Freiburg, 1972

[23] Jakobi, Jolande: Der Baum als Symbol (in: Dieckmann, Hans, Meier, C. A., Wilke, Hans Joachim (Hrsg.), Aspekte der Analytischen Psychologie). Karger, Zürich, o. J.

[24] Daniel, Rosmarie: Archetypische Signaturen im unbewußten Malprozeß (Therapeutische Konzepte der Analytischen Psychologie C. G. Jung, Bd. 6). Bonz, Waiblingen, 1993

[25] Neumann, Erich: Ursprungsgeschichte des Bewußtseins. Rascher, Zürich, 1949

[26] Selecta. Max Planck Institut, Göttingen, 1980

[27] Eliade, Mircea: Die Schöpfungsmythen. Wissenschaftliche Buchgesellschaft, Darmstadt, 1980

[28] Hunger, Heinz: Die heilige Hochzeit. Medical Tribune, Wiesbaden, 1984

[29] Eschenbach, Ursula G.: Vom Mythos zum Narzißmus. Vom Selbst zum Ich (Therapeutische Konzepte der Analytischen Psychologie C. G. Jung, Bd. 3). Bonz, Fellbach, 1985
[30] Lexikon der östlichen Weisheitslehren: Buddhismus Hinduismus Taoismus Zen. Scherz, München und Wien, 1986
[31] Daqué, Edgar: Die Urgestalt. Insel, Leipzig, 1940
[32] Rilke, Rainer Maria: Die Duineser Elegien. Fischer, Frankfurt, o. J.
[33] Capra, Fritjof: Wendezeit. Scherz, München und Wien, 1983
[34] Jung, Carl Gustav: Über die Entwicklung der Persönlichkeit (G. W. Bd. 17). Walter, Olten und Freiburg, 1985
[35] Eschenbach, Ursula G.: Symbol und Symptom (in: Therapeutische Konzepte der Analytischen Psychologie C. G. Jung, Bd. 1). Bonz, Fellbach 1979
[36] Jockel, Rudolf: Götter und Dämonen. Holle, Darmstadt und Genf, 1953
[37] Jung, Carl Gustav: Experimentelle Untersuchungen (G. W. Bd. 2). Walter, Olten und Freiburg, 1979
[38] Kast, Verena: Das Assoziationsexperiment (Therapeutische Konzepte der Analytischen Psychologie C. G. Jung, Bd. 5). Bonz, Fellbach, 1980
[39] Eschenbach, Helmut Wolfram: Studie zur Psychologie C. G. Jung. Ein Erfassungsmodell. (Der Landarzt. Zeitschrift für Allgemeinmedizin). 43. Jahrgang 1967
[40] Jung, Carl Gustav: Die Dynamik des Unbewußten (G. W. Bd. 8). Rascher, Zürich und Stuttgart, 1967
[41] Jung, Carl Gustav: (Neue Schweizer Rundschau. III. Jahrgang, Heft 11). März 1936
[42] Jung, Carl Gustav: Zur Psychologie westlicher und östlicher Religionen (G. W. Bd. 11). Rascher, Zürich und Stuttgart, 1963
[43] Jung, Carl Gustav: Über die Psychologie des Unbewußten. Rascher, Zürich, 1943
[44] Neumann, Erich: Die große Mutter. Rhein, Zürich, 1956
[45] Eschenbach, Ursula G.: Die Frau ein unheimliches Wesen. Bonz, Stuttgart, 1965
[46] Jung, Carl Gustav: Die Archetypen und das kollektive Unbewußte (G. W. Bd. 9/1). Walter, Olten und Freiburg, 1972
[47] Jung, Carl Gustav: Mysterium Coniunctionis (G. W. Bd. 14/2). Walter, Olten und Freiburg, 1971
[48] Köder, Sieger und Leroy, Herbert: Und mit Deinem Geist. Vaas Verlag, Ulm, 1980
[49] Sudhir Kakar: Schamanen, Heilige Ärzte. Biederstein, München, o. J.
[50] Neumann, Erich: (in: Acta psychosomatica). Karger, Basel, 1960
[51] Jung, Carl Gustav: Briefe, Bd. 2. (Am 9. 9. 1955 an Bovet, Theodor). Walter, Olten und Freiburg, 1979
[52] Jung, Carl Gustav: Zivilisation im Übergang (G. W. Bd. 10). Walter, Olten, 1974,1981
[53] Ende, Michael: Die unendliche Geschichte. Thienemann, Stuttgart, o. J.
[54] Zwilgmeyer, Franz: Stufen des Ich. Bewußtseinsentwicklung der Menschheit in Gesellschaft und Kultur. Bonz, Fellbach, 1981
[55] Taiko Yamasyki, Shingon: Der esoterische Buddhismus in Japan. Theseus, Zürich und München, 1990
[56] Pelletier, Kenneth R.: Unser Wissen vom Bewußtsein. Rowohlt, Reinbek, 1988
[57] Eliade, Mircea: Mythen, Träume und Mysterien vom Auftauchen. Otto Müller, Salzburg, 1961
[58] Schultz, I. H.: Das autogene Training. Thieme, Stuttgart, o. J.
[59] Happich, Carl: Bildbewußtsein und Bilddenken. Zentralblatt für Psychotherapie. Band 5, 1932
[60] Desoille, Robert: Exploration de l'affektivit subconsiente par la méthode du rêve évveille ditige. D'Artrey, Paris, 1938

[61] Jung, Carl Gustav: Diagnostische Assoziationsstudie. Beiträge zur experimentellen Psychopathologie. Barth, Leipzig, 1906
[62] Jung, Carl Gustav: Psychische Energetik und das Wesen der Träume. Rascher, Zürich, o. J.
[63] Eliade, Mircea: Ewige Bilder und Urbilder. Walter, Olten und Freiburg, o. J.
[64] Jung, Carl Gustav: Erinnerungen, Träume, Gedanken. Rascher, Zürich und Stuttgart, 1962
[65] Jockel, Rudolf: Götter und Dämonen. Nordamerika. Holle, Darmstadt und Genf, 1953
[66] Burgland, Cottie: Mythologie der Indianer Nordamerikas. Vollmer, Wiesbaden, 1970
[67] Linke, Detlef, Bernhard/Kurthen, Martin: Parallelität von Gehirn und Seele. Neurowissenschaft und Leib-Seele- Problem. Enke, Stuttgart, 1988
[68] Springe, Sally T./Deutsch, Georg: Linkes-Rechtes Gehirn. Funktionelle Assymmetrien. Spektrum, Heidelberg, o. J.
[69] Flanagan, Geraldine Lux: Die ersten neun Monate des Lebens. Rowohlt, Reinbek, 1963
[70] Blechschmidt, Erich: Vom Ei zum Embryo. Deutsche Verlagsanstalt, Stuttgart, 1968
[71] Nilson, Lennart: Ein Kind entsteht. Mosaik, München, 1990
[72] Sidenbladh, Erik: Wasserbabys. Geburt und Entwicklung in unserem Urelement. Gerken, Essen, 1983
[73] Tucci, Guiseppe: Geheimnis der Mandala. Barth, München und Wien, o. J.
[74] Chang, Garma C. C.: Die buddhistische Lehre von der Ganzheit des Seins. Das holistische Weltbild der buddhistischen Philosophie. Barth, München und Wien, 1979
[75] Moacanin, Radmilla: Archetypische Symbole und tantrische Geheimlehren. Ansata, Interlaken, 1988
[76] Jung, Carl Gustav: Briefe, Bd. 3 (an Eugen Böhler). Walter, Olten und Freiburg, 1979
[77] Jung, Carl Gustav: Freud und die Psychoanalyse (G. W. Bd. 4). Walter, Olten und Freiburg, 1969
[78] Blohm, David: Die implizite Ordnung. In: Kakuska, Rainer (Hrsg.): Andere Wirklichkeiten. Dranos-Trikont, München, 1984
[79] Jung, Carl Gustav: G. W. Bd. 2; Bd. 6, S. 477f; Bd. 7; Bd. 9/1; Bd. 14/1
[80] Iselin, Hans Konrad: Zur Entstehung von C. G. Jungs »Psychologische Typen«. Sauerländer, Aarga, Frankfurt und Salzburg, 1982
[81] Govinda, Lama Anagarika: Schöpferische Meditation und multidimensiomales Bewußtsein. Aurum, Freiburg, 1988
[82] Chögyam Trunkpa: Mudra. Gesten der Weisheit. Windpferd, o. J.
[83] Ramm-Bonwitt, Ingrid: Mudras-Geheimsprache der Yogis. Bauer, Freiburg, 1987
[84] Wundt, Wilhelm: Grundzüge der physiologischen Psychologie. Leipzig, 1902.
[85] Lexikon der Psychologie. Herder, Freiburg, Basel und Wien, 1980
[86] Thupten, Geshe. Tonbandaufzeichnungen von Dharma Kursen. Verein zur Förderung der Kultur und Weisheit Tibets e.V., 1980
[87] Jaspers, Karl: Allgemeine Psychopathologie. Springer, Berlin, 1923
[88] Zöller, Josephine: Das Tao der Selbstheilung. Ullstein, Berlin, 1987
[89] Grimm, Gebrüder: Kinder- und Hausmärchen (Bd. 1). Manesse, Zürich, o. J.
[90] Chögyam Trunkpa: Feuer trinken Erde atmen. Diederichs, Köln, 1981
[91] Gebser, Jean. G. W. 5/II. Novalis, Schaffhausen, 1986
[92] Wilber, Ken: Halbzeit der Evolution. Scherz, Bern, München und Wien, 1984